21st Century Application-oriented Undergraduate Course for Higher Education · Accounting Series

21世纪高等院校应用本科会计系列

政府会计

Government Accounting

（第四版）

李荣梅　关辉　张红　编著

东北财经大学出版社
Dongbei University of Finance & Economics Press
·大连·

图书在版编目（CIP）数据

政府会计 / 李荣梅，关辉，张红编著. —4 版. —大连：东北财经大学出版社，2017.2（2017.11 重印）
（21 世纪高等院校应用本科会计系列）
ISBN 978-7-5654-2687-2

Ⅰ. 政… Ⅱ. ①李… ②关… ③张… Ⅲ. 预算会计-高等学校-教材 Ⅳ. F810.6

中国版本图书馆 CIP 数据核字（2017）第 018947 号

东北财经大学出版社出版
(大连市黑石礁尖山街 217 号 邮政编码 116025)
网 址：http：//www.dufep.cn
读者信箱：dufep@dufe.edu.cn

大连力佳印务有限公司印刷 东北财经大学出版社发行

幅面尺寸：170mm×240mm 字数：429 千字 印张：21.25 插页：1
2017 年 2 月第 4 版 2017 年 11 月第 9 次印刷

责任编辑：朱 艳 王 玲 责任校对：贝 元
封面设计：沈 冰 版式设计：钟福建

定价：38.00 元

教学支持 售后服务 联系电话：(0411) 84710309

如有印装质量问题，请联系营销部：(0411) 84710711

第四版前言

本书是根据2013年12月修订的《行政单位财务规则》、2014年1月1日起全面施行的《行政单位会计制度》、2016年1月1日起施行的《政府总预算会计制度》、于2017年1月1日起实施的《政府会计——基本准则》、现行的《事业单位会计准则》和《事业单位会计制度》，结合相关法律法规编写完成的。

本书内容包括四篇，共二十四章：第一篇为政府会计总论，主要阐述政府会计的基本理论和政府会计基础；第二篇为财政总预算会计，主要阐述财政总预算会计的基本理论与实务；第三篇为行政单位会计，主要阐述行政单位会计的基本理论与实务；第四篇为事业单位会计，主要阐述事业单位会计的基本理论与实务。

本书理论联系实际，突出内容的实用性、可操作性、前瞻性。本书既可作为高等院校经济管理类各专业的教材，又可作为从事政府会计核算和审计相关工作人员的自学参考书籍。

本书写作分工如下：李荣梅编写第一、九、十五、十六、十七、二十、二十一、二十二章；关辉编写第五、六、七、八、十、十三、十四、十八章；张红编写第十二、十九、二十三、二十四章；刘爽编写第二、三、四、十一章。全书由李荣梅、关辉定稿。

由于编者水平有限，时间仓促，书中难免存在不足和疏漏，恳请各位读者批评指正。

编著者

2017年1月

目 录

第一篇 政府会计总论

第一章 政府会计基本理论 ………………………………………… 1
第一节 政府会计的概念、组成体系与特点 ………………… 2
第二节 政府会计的目标 ………………………………………… 5
第三节 政府会计的信息质量要求 …………………………… 6
第四节 政府会计规范 …………………………………………… 7
第二章 政府会计基础 ……………………………………………… 12
第一节 政府会计核算的基本前提 …………………………… 13
第二节 政府会计核算的基础 ………………………………… 15
第三节 政府会计的确认与计量 ……………………………… 16
第四节 政府会计报告 …………………………………………… 18

第二篇 财政总预算会计

第三章 财政总预算会计概述 ……………………………………… 20
第一节 财政总预算会计的概念与特点 ……………………… 21
第二节 财政总预算会计的信息质量要求与任务 …………… 22
第三节 财政总预算会计要素与会计科目 …………………… 23
第四章 财政总预算会计资产的核算 …………………………… 27
第一节 流动资产 ………………………………………………… 28
第二节 非流动资产 ……………………………………………… 37
第五章 财政总预算会计负债的核算 …………………………… 42
第一节 流动负债 ………………………………………………… 43
第二节 非流动负债 ……………………………………………… 46
第三节 财政借入款和转贷款 ………………………………… 46

第六章 财政总预算会计收入的核算 …………………… 69
第一节 一般公共预算本级收入…………………… 70
第二节 政府性基金预算本级收入…………………… 74
第三节 国有资本经营预算本级收入…………………… 76
第四节 专用基金收入…………………… 77
第五节 转移性收入…………………… 78
第六节 财政专户管理资金收入…………………… 82
第七章 财政总预算会计支出的核算 …………………… 85
第一节 一般公共预算本级支出…………………… 86
第二节 政府性基金预算本级支出…………………… 90
第三节 国有资本经营预算本级支出…………………… 92
第四节 专用基金支出…………………… 93
第五节 转移性支出…………………… 94
第六节 财政专户管理资金支出…………………… 98
第八章 财政总预算会计净资产的核算…………………… 101
第一节 结转结余 …………………… 102
第二节 预算稳定调节基金 …………………… 108
第三节 预算周转金 …………………… 110
第四节 资产基金和待偿债净资产 …………………… 111
第九章 财政总预算会计报表…………………… 114
第一节 财政总预算会计报表及其编制程序 …………………… 115
第二节 财政总预算会计报表的编制 …………………… 118
第三节 财政总预算会计报表的审核与分析 …………………… 129
第十章 财政国库支付执行机构会计…………………… 132
第一节 财政国库支付执行机构的主要业务 …………………… 133
第二节 财政国库支付执行机构的会计核算 …………………… 133

第三篇 行政单位会计

第十一章 行政单位会计概述…………………… 136
第一节 行政单位会计的概念与特点 …………………… 137
第二节 行政单位会计核算原则 …………………… 139
第三节 行政单位会计要素与会计账户 …………………… 140

第十二章　行政单位资产的核算 ………………………… 143
第一节　流动资产 ………………………… 144
第二节　固定资产 ………………………… 157
第三节　无形资产 ………………………… 164
第四节　其他资产 ………………………… 167
第十三章　行政单位负债的核算 ………………………… 174
第一节　流动负债 ………………………… 175
第二节　非流动负债 ………………………… 182
第十四章　行政单位收入的核算 ………………………… 185
第一节　财政拨款收入 ………………………… 186
第二节　其他收入 ………………………… 190
第十五章　行政单位支出的核算 ………………………… 193
第一节　经费支出 ………………………… 194
第二节　拨出经费 ………………………… 201
第十六章　行政单位净资产的核算 ………………………… 203
第一节　财政拨款结转 ………………………… 204
第二节　财政拨款结余 ………………………… 210
第三节　其他资金结转结余 ………………………… 212
第四节　资产基金 ………………………… 214
第五节　待偿债净资产 ………………………… 217
第十七章　行政单位财务报表 ………………………… 219
第一节　财务报表概述 ………………………… 220
第二节　资产负债表 ………………………… 220
第三节　收入支出表 ………………………… 225
第四节　财政拨款收入支出表 ………………………… 228
第五节　会计报表附注 ………………………… 229

第四篇　事业单位会计

第十八章　事业单位会计概述 ………………………… 231
第一节　事业单位会计的概念与特点 ………………………… 232
第二节　事业单位会计核算原则 ………………………… 233
第三节　事业单位会计要素与会计科目 ………………………… 234

第十九章　事业单位资产的核算 …… 237
第一节　流动资产 …… 238
第二节　长期投资 …… 252
第三节　固定资产 …… 256
第四节　无形资产 …… 263
第二十章　事业单位负债的核算 …… 268
第一节　流动负债 …… 269
第二节　非流动负债 …… 276
第二十一章　事业单位收入的核算 …… 280
第一节　财政补助收入 …… 281
第二节　事业收入 …… 283
第三节　上级补助收入与附属单位上缴收入 …… 285
第四节　经营收入 …… 287
第五节　其他收入 …… 289
第二十二章　事业单位支出的核算 …… 292
第一节　事业支出 …… 293
第二节　上缴上级支出和对附属单位补助支出 …… 300
第三节　经营支出 …… 301
第四节　其他支出 …… 303
第二十三章　事业单位净资产的核算 …… 305
第一节　事业基金 …… 306
第二节　非流动资产基金 …… 307
第三节　专用基金 …… 309
第四节　财政补助结转和结余 …… 311
第五节　非财政补助结转 …… 313
第六节　非财政补助结余 …… 315
第二十四章　事业单位财务报表 …… 319
第一节　资产负债表 …… 320
第二节　收入支出表 …… 324
第三节　财政补助收入支出表 …… 328
第四节　会计报表附注 …… 331
参考文献 …… 333

第一篇　政府会计总论

第一章　政府会计基本理论

学习目标

通过本章的学习，掌握政府会计的概念和特点，熟悉政府会计体系的构成，掌握政府会计的目标和信息质量要求，明确政府会计的规范。

第一节 政府会计的概念、组成体系与特点

一、政府会计的概念

从经济学角度讲，政府是管理和使用公共经济资源、履行政府职能的组织体系。政府不仅包括全部政府权力机构，而且包括公立非营利组织。随着政府公共职能的发展，政府的公共服务范围有所拓宽，政府的职能从对社会活动的管理服务扩展到提供对社会有益的公益服务。政府通过出资设立公立非营利组织（称为国有事业单位），向社会提供公益服务。而公立非营利组织履行的职责是政府公共职能的组成部分，公立非营利组织提供公益服务时使用和消耗的也是公共经济资源。因此，公立非营利组织应当属于政府组织体系的组成部分。

政府权力机构是国家权力的代表和执行机关，行使国家公权力，为社会提供纯公共产品。政府权力机构包括：

（1）行政机构，包括中央和地方各级人民政府；

（2）立法机构，包括全国和地方各级人民代表大会；

（3）司法机构，包括最高和地方各级人民法院和人民检察院；

（4）政党和政治协商机构，包括中央和地方各级中国共产党、各民主党派，全国和地方各级人民政治协商会议等；

（5）军队，包括中国人民解放军和中国人民武装警察部队各级组织和单位。

公立非营利组织是主要以精神产品和各种劳务形式向社会公众提供服务，以实现社会效益为宗旨的各类组织机构。公立非营利组织主要指政府财政拨款的事业单位，包括教育、科学研究、勘察设计、勘探、文化、新闻出版、广播影视、医疗卫生、体育、农林牧水、交通、气象、地震、海洋、环境保护、测绘、信息咨询、标准计量和质量技术监督、知识产权、物资仓储和供销、房地产服务和城市公用、社会福利等行业的事业单位。此外，还包括公立的社会团体。

所谓政府会计，是核算和监督各级政府、行政单位和公立非营利组织掌握和使用公共经济资源及其活动情况的会计。它以货币为主要计量单位，对政府财政资金和非财政资金活动的过程和结果，进行完整、连续、系统的核算和监督，以加强政府的预算管理和财务管理，提高公共经济资源使用效益。政府会计是政府宏观管理的重要信息系统，也是政府管理活动的重要组成部分。

政府会计的基本职能主要是核算和监督政府活动中的经济资源情况。政府会计既要核算和监督政府公共管理服务活动中的经济资源情况，也要核算和监督政府公益服务活动中的经济资源情况。

此外，政府会计还应监控预算执行过程的合规性，确保预算得以正确执行；政府应向社会公开核算和报告政府资产与负债状况，提高财政透明度；政府会计是帮助政府履行和明确公共受托责任的重要手段和途径。

二、政府会计的组成体系

政府会计的职能和范畴决定了目前我国政府会计体系的构成。现行的政府会计体系由财政总预算会计、行政单位会计、事业单位会计以及参与预算会计执行的国库会计、收入征解会计等组成。其中，财政总预算会计、行政单位会计和事业单位会计是政府会计体系的基本组成部分，国库会计、收入征解会计作为参与国家预算执行的专门会计，同财政总预算会计、行政单位会计和事业单位会计共同组成了政府会计体系。

财政总预算会计是各级政府财政部门核算和监督政府一般公共预算资金、政府性基金预算资金、国有资本经营预算资金、社会保险基金预算资金以及财政专户管理资金、专用基金和代管资金等资金活动的专业会计。为实现提供国家预算管理服务的职责，财政总预算会计体系与国家预算组成体系相一致，分为五级：中央财政总预算会计、省级财政总预算会计、市级财政总预算会计、县级财政总预算会计和乡镇级财政总预算会计。

行政单位会计是行政单位核算和监督本单位预算执行和财务状况的专业会计。事业单位会计是各级各类事业单位核算和监督本单位预算执行和财务状况的专业会计。根据机构建制和经费领报关系，行政、事业单位会计的组织系统可分为主管会计单位、二级会计单位和基层会计单位三级。

参与预算执行的会计，主要包括中国人民银行在办理国库业务过程中设立的国库会计、税务部门和海关在办理税款征解过程中设立的收入征解会计，它们在国家预算执行过程中，均承担一定的政府会计业务，也属于政府会计的范畴。国库会计是核算和监督预算收入的收纳、划分、报解和库款支拨的专业会计。收入征解会计是核算和监督税收征收机关（税务部门和海关）各项税收的实现、征收、上解、入库、减免的专业会计，包括税收会计和关税会计。

在政府会计体系中，财政总预算会计作为核算和监督本级政府预算收支执行以及财政资金活动的专业会计，掌握本级财政预算收支的全面情况和结果，处于主导地位；行政单位会计、事业单位会计以及参与预算执行的国库会计、收入征解会计在财政总预算会计的业务指导下履行核算和监督职责，并向财政总预算会计报送会计报表。

三、政府会计的特点

服务于政府组织的政府会计，具有与企业会计不同的特点，这些特点主要表现在以下几个方面：

1.具有公共性和限制性

公共性是指政府会计主体（各级政府、各级各类行政单位和事业单位）作为公共部门，以实现公共职能为目的，以公共资金为核算对象，既要考核各级政府公共资金的预算执行情况，又要考核各级政府代表国家意志行使公共财政资源权力的履行情况。政府会计要对政府资源的筹集和使用是否符合预算进行反映，提供有关预算执行情况的会计信息，这成为政府会计的基本目标；政府管理当局受托使用公共财政资源，对资源使用的经济性、有效性和使用效果负有责任，这种受托责任不仅表现为经济或财务方面的责任，而且还表现为政治和社会方面的责任。

限制性是指政府会计主体所核算的资金要受到资金提供者及其代表、国家法律、行政法令、合同协议以及其他约定的限制。政府会计涉及的出资者不要求投资回报和投资回收，但要求按法律规定或出资者的意愿把资金用在指定用途上。资本金的增值性体现了企业投资者的权利，而政府会计核算资金的限制性则体现了政府会计出资者的权利。为此，政府会计要按不同的项目核算资金的使用情况，提供各项资金的收支结余情况，以便考核各项资金的使用效果。

2.具有核算内容和会计主体的广泛性

政府会计既要以一级政府为中心，核算和监督整个政府的财务状况和收支结果，又要提供有关整个一级政府的营运业绩和财务受托责任的会计信息；既要核算、监督非物质生产领域的各项预算收支及其有关财务活动，又要核算、监督物质生产领域上缴的税收、利润和用于物质生产领域的各项支出等有关财务活动，以利于会计信息使用者作出正确的政治、社会和经济判断。其涉及的内容比较广泛。

政府会计包括了诸多会计主体的会计核算。会计核算的空间范围不同，会计主体的内涵也有所不同：可区分为记账主体和报告主体，基金会计主体，单一会计主体和复合会计主体。记账主体是政府会计在进行会计记录时对记账对象范围的界定。报告主体是政府会计在提供会计报告时对报告对象涵盖范围的界定。基金会计主体是以某种资金为核算范围的会计主体。基金会计主体要求对基金建立自我平衡的会计要素及账户体系，对基金主体范围内的资金进行全面的、单独的核算和报告。多数情况下，政府会计主体为单一会计主体，当政府会计的记账主体和报告主体并不重合时，就会出现复合会计主体。

由于政府会计要分别报告不同层级政府组织的会计信息从而形成不同层级政府组织的会计主体，在每级政府内部，又分为政府单位会计主体、政府部门会计主体、政府整体会计主体三个层级。

此外，政府会计体系又包括财政总预算会计、行政单位会计、事业单位会计、国库会计和收入征解会计等。

3.实行双重会计核算基础

《政府会计基本准则》规定，政府会计由预算会计和财务会计构成。预算会计，是指以收付实现制为基础对政府会计主体预算执行过程中发生的全部收入和全部支出进行会计核算，主要反映和监督预算收支执行情况的会计。财务会计，是指以权责发生制为基础对政府会计主体发生的各项经济业务或者事项进行会计核算，主要核算和监督政府会计主体财务状况、运行情况和现金流量等的会计。

因此，政府预算会计采用收付实现制会计核算基础，政府财务会计采用权责发生制会计核算基础。

4.不进行成本核算，不计算盈亏

与企业会计相比，政府会计具有非营利性。政府会计主体不以营利为目的，以收支为主要核算内容，政府会计主体的资源提供者向该单位或组织投入资源不要求任何经济回报，追求的是公共利益。政府会计在核算和监督政府预算收支执行以及事业单位经营收支时，只计算收支和结转结余情况，而不进行成本核算。即使有成本核算，也属于内部成本核算，其目的是加强单位的收支管理。

第二节 政府会计的目标

政府会计目标是政府提供财务信息或编制财务报告的目的，它是指导政府会计准则制定的最高层次，是用于评估现有会计准则、发展未来会计准则的基础。会计目标从本质上讲，有受托责任观和决策有用观，不同政府会计目标决定着政府会计提供的财务信息或编制财务报告的需求。从时间观念看，受托责任观立足于过去，而决策有用观则面向未来。

国际会计准则委员会认为，财务报表或财务报告的目标应同时满足两方面需求：提供对决策有用的信息，反映管理当局受托责任的履行情况，即决策有用观和受托责任观并存的双重目标。

《政府会计基本准则》规定，政府会计主体应当编制决算报告和财务报告。

决算报告（预算会计）的目标是向决算报告使用者提供与政府预算执行情况有关的信息，综合反映政府会计主体预算收支的年度执行结果，有助于决算报告使用者进行监督和管理，并为编制后续年度预算提供参考和依据。政府预算会计目标是评价政府预算管理合规性的受托责任的履行情况，体现了政府预算管理的目标。

政府决算报告使用者包括各级人民代表大会及其常务委员会、各级政府及其有关部门、政府会计主体自身、社会公众和其他利益相关者。

财务报告（财务会计）的目标是向财务报告使用者提供与政府的财务状况、运行情况（含运行成本）和现金流量等有关的信息，反映政府会计主体公共受托责任履行情况，有助于财务报告使用者作出决策或者进行监督和管理。政府财务会计目标是评价政府财务状况、运营业绩等受托责任的履行情况并作出合理决策，体现了政府财务管理的目标。

政府财务报告使用者包括各级人民代表大会常务委员会、债权人、各级政府及其有关部门、政府会计主体自身和其他利益相关者。

因此，我国政府会计目标是受托责任观与决策有用观并存的“双目标”观，在全面反映政府受托责任的同时，提供有助于使用者进行决策的信息，提高政府财政透明度和信息的质量。

第三节 政府会计的信息质量要求

政府会计的信息质量要求是政府会计核算工作应遵循的基本规范。按照我国现行《政府会计基本准则》的规定，政府会计核算的信息质量要求包括可靠性、全面性、相关性、及时性、可比性、可理解性和实质重于形式原则等七个方面。

1.可靠性

政府会计主体应当以实际发生的经济业务或者事项为依据进行会计核算，如实反映各项会计要素的情况和结果，保证会计信息真实可靠。

可靠性是对会计工作的基本要求。会计工作提供信息的目的就是满足会计信息使用者的决策需要，因此，在会计核算工作中，应当做到内容真实、数字准确、资料可靠。真实性原则要求政府会计核算必须以经济业务发生时所取得的合法书面凭证为依据，不得弄虚作假，伪造、篡改凭证，凭证内容要真实、数字要准确、项目要完整、手续要齐备、资料要可靠。只有这样才能满足各信息使用者作出正确决策的需要。

2.全面性

政府会计主体应当将发生的各项经济业务或者事项统一纳入会计核算，确保会计信息能够全面反映政府会计主体预算执行情况和财务状况、运行情况、现金流量等。

全面性要求政府会计报表所反映的信息应做到内容完整、全面。

3.相关性

政府会计主体提供的会计信息，应当与反映政府会计主体公共受托责任履行情况以及报告使用者决策或者监督、管理的需要相关，有助于报告使用者对政府会计主体过去、现在或者未来的情况作出评价或者预测。

信息的价值在于其与决策相关，有助于决策。相关的会计信息有助于财务会计报告使用者评价过去的决策，修改某些预测，从而具有反馈价值；有助于政府会计报告使用者作出预测与决策，从而具有预测价值。

相关性需要政府会计主体在确认、计量和报告会计信息的过程中，充分考虑信息使用者的信息需求，从而有助于信息使用者作出正确的决策。

4.及时性

政府会计主体对已经发生的经济业务或者事项，应当及时进行会计核算，不得提前或者延后。

会计信息具有时效性，其价值会随着时间的流逝而逐渐降低，即使是客观、可比、相关的会计信息，如果不及时提供，对于政府会计报告使用者也没有任何意义，甚至可能误导政府会计报告使用者。因此，会计核算应当遵循及时性，以确保会计信息在失去影响决策的能力之前被提供给信息使用者。否则，时过境迁，失去时效，会计信息便毫无价值。

及时性原则包括记录的及时性和报告的及时性两个方面。记录的及时性是指当期发生的交易事项应当在当期会计账簿和会计报表中及时予以反映；报告的及时性是指会计报表应当在会计期间结束后按规定的日期报出，不得拖延，以便有关部门及时掌握情况、作出决策。

5.可比性

政府会计主体提供的会计信息应当具有可比性。

同一政府会计主体不同时期发生的相同或者相似的经济业务或者事项，应当采用一致的会计政策，不得随意变更。确需变更的，应当将变更的内容、理由及其影响在附注中予以说明。

不同政府会计主体发生的相同或者相似的经济业务或者事项，应当采用一致的会计政策，确保政府会计信息口径一致，相互可比。

可比性可以保证政府会计主体根据国家的统一规定进行核算，使各政府会计主体的会计信息建立在相互可比的基础上，以便会计信息的比较、分析和汇总，从而为信息使用者进行决策和国家进行宏观调控与管理提供必要的依据；同时有利于比较分析同一政府会计主体不同会计期间的会计信息，使其对预算执行和财务状况作出正确判断，以提高各方面预测和决策的准确性。

6.可理解性

政府会计主体提供的会计信息应当清晰明了，便于报告使用者理解和使用。

在会计核算工作中坚持明晰性，就要求会计记录必须准确、简明、易懂，填制会计凭证、登记会计账簿必须做到依据合法、账户对应关系清楚、文字摘要完整；在编制会计报表时，要做到项目勾稽关系清楚、项目完整、数字准确。对复杂的交易或事项应该用规范的文字加以表述，以便于有关部门和人员的理解和利用。

7.实质重于形式原则

政府会计主体应当按照经济业务或者事项的经济实质进行会计核算，不限于以经济业务或者事项的法律形式为依据。

在政府会计工作中，交易或事项的外在法律形式或人为形式并不总能完全真实地反映其实质内容。在政府会计核算过程中，如果遇到经济实质与法律形式不一致的交易或事项，应该不拘泥交易或事项的外在表现形式，而要注重其事实来进行记录和反映。

第四节 政府会计规范

会计规范是管理会计活动、规范会计行为的法律、法令、条例、规章、制度和道德守则等的总称。社会主义市场经济，也是法制经济，运用法律手段管理经济活动，是维护市场经济良好秩序不可缺少的方法。会计工作是经济管理工作的重要组成部分，会计通过记账、算账和报账为信息使用者提供决策有用的信息。为保证会计信息的质量，满足政府内部和外部各有关方面对会计信息的要求，就必须规范信息提供者的行为，而会计规范的制定与实施，对保证会计资料的真实、完整，保证会计信息的质量，维护会计工作良好秩序都将产生重大影响，也为会计职能的发挥提供了法律基础。

我国政府会计规范体系包括会计法律、会计行政法规、会计规章（具体包括会计准则和会计制度）。

1.会计法律

会计法律是规范政府财务活动和会计关系的法律总称，由国家最高权力机关——全国人民代表大会及其常务委员会制定，主要包括《中华人民共和国预算法》（以下简称《预算法》）和《中华人民共和国会计法》（以下简称《会计法》）。

《预算法》是各级政府、行政事业单位开展财务活动应遵循的基本法律。我国现行的《预算法》由第十二届全国人民代表大会常务委员会第十次会议于2014年8月31日通过，自2015年1月1日起施行。《预算法》是规范政府收支行为，强化预算约束，加强对预算的管理和监督，建立健全规范、公开的预算制度的法律。《会计法》是规范各级政府、行政事业单位会计行为的基本法律。我国现行的《会计法》由第九届全国人民代表大会常务委员会第十二次会议于1999年10月31日修订通过，自2000年7月1日起施行。《会计法》是会计法律制度中层次最高的法律规范，是制定其他会计法规的依据，也是指导会计工作、规范会计行为和保证会计资料真实、完整的会计法律。

《预算法》和《会计法》是制定《政府会计准则——基本准则》、《财政总预算会计制度》、《行政单位会计制度》、《事业单位会计准则》、《事业单位会计制度》和行业事业单位财务制度等政府会计制度的主要依据。

《会计法》的制定与实施，对我国会计工作具有重大的现实意义，对开创我国会计工作新局面必将起到重要的作用。它将保证会计人员依法行使职权，使会计工作按照规定的程序进行，发挥会计在维护社会主义市场经济秩序、加强经济管理、提高经济效益中的重要作用。

2.会计行政法规

会计行政法规是指调整经济生活中某些方面会计关系的法律规范。由国务院发布实施或国务院批准财政部发布实施的各种条例、规范和办法等，如《中华人民共和国预算法实施条例》《会计人员职权条例》《总会计师条例》等，对会计工作、会计人员管理等方面都做了明确的规定。

《中华人民共和国预算法实施条例》根据《预算法》制定。1995年11月2日，经中华人民共和国国务院第三十七次常务会议通过，由中华人民共和国国务院于1995年11月22日发布实施，共计8章79条。2015年6月24日，国务院法制办公布了《预算法实施条例（修订草案征求意见稿）》（以下简称《草案》），并向社会公开征求意见。该实施条例充分体现了国库的监督地位和作用。

《会计人员职权条例》是国务院1978年9月12日颁布并实施的，共7章20条。该条例在《会计法》对会计人员职权原则规定的指导下，全面明确了会计人员的职责和相应的权限。

《总会计师条例》是国务院1990年12月31日颁布并实施的，共4章23条。该条例根据《会计法》的要求，明确了设置总会计师的范围、总会计师的职责及权限、总会计师的任免和奖惩等内容。

《会计基础工作规范》是财政部于1996年6月17日颁布实施的，共6章101条。该条例根据《会计法》的有关规定，对会计机构与会计人员的配备、会计人员的职业道德、会计工作的交接、会计凭证的填制、会计账簿的登记、财务报告的编制、会计监督及会计内部管理制度等方面做了明确的规定。

《会计电算化工作规范》是1996年6月10日由财政部发布并实施的。该办法主要就会计电算化的管理部门、会计电算化的基本任务、会计软件的标准、采用电子计算机代替手工记账的基本条件等做了明确的规定。

《会计档案管理办法》1998年8月21日由财政部、国家档案局联合发布，自1999年1月1日起执行。该办法主要就会计档案的内容与种类，会计档案管理的基本要求，会计档案的归档、保管、销毁、交接，会计档案的保管期限等做了明确规定。

《会计人员继续教育暂行规定》1998年1月23日由财政部颁布，自1998年7月1日起施行，共5章27条。主要就会计人员继续教育的目的、任务、内容、形式、组织、实施、检查、考核等做了规定。

3.会计规章

（1）会计准则

会计准则是会计核算工作的基本规范。它对会计核算的原则和会计核算业务的处理做出了规定，为会计制度的制定提供了依据。我国政府会计准则分为基本会计准则和具体会计准则两类。基本会计准则是对会计核算工作必须共同遵守的基本要求所做的原则性规定，一般不直接指导会计实务。具体会计准则是以基本会计准则为依据，对业务事项的会计处理方法和程序所做的具体规定，它直接指导会计实务，具有可操作性。

为了规范政府的会计核算，保证会计信息质量，财政部根据《会计法》《预算法》和其他有关法律、行政法规，于2015年10月23日颁布了《政府会计准则——基本准则》（以下简称《基本准则》），共6章66条。自2017年1月1日起施行。其主要内容包括：

第一章总则。其明确了《基本准则》的性质、制定依据、适用范围，政府会计的构成，进行会计工作的基本前提条件及会计记账方法等。

第二章政府会计信息质量要求。其明确了政府会计的信息质量特征的主要内容，包括可靠性、全面性、相关性、及时性、可比性、可理解性和实质重于形式等七个方面。

第三章和第四章，分别阐述了政府预算会计要素和政府财务会计要素。政府预算会计要素包括预算收入、预算支出与预算结余。政府财务会计要素包括资产、负债、净资产、收入和费用。

第五章政府决算报告和财务报告。政府决算报告是综合反映政府会计主体年度预算收支执行结果的文件。政府决算报告应当包括决算报表和其他应当在决算报告中反映的相关信息和资料。政府财务报告是反映政府会计主体某一特定日期的财务状况和某一会计期间的运行情况和现金流量等信息的文件。政府财务报告包括政府综合财务报告和政府部门财务报告。政府决算报告的编制主要以收付实现制为基础，以预算会计核算生成的数据为准。政府财务报告的编制主要以权责发生制为基础，以财务会计核算生成的数据为准。

第六章附则。其明确了《基本准则》涉及的会计核算、预算会计和财务会计，收付实现制和权责发生制的概念解释，本准则自2017年1月1日起施行。

为了适应权责发生制政府综合财务报告制度的改革需要，规范政府存货、投资、固定资产和无形资产的会计核算，提高会计信息质量，根据《基本准则》，财政部于2016年7月6日颁布了《政府会计准则第1号——存货》、《政府会计准则第2号——投资》、《政府会计准则第3号——固定资产》和《政府会计准则第4号——无形资产》，自2017年1月1日起施行。

四项准则的出台，标志着政府会计准则体系建设工作继《基本准则》出台后又迈出了坚实一步，对进一步规范政府会计主体的会计核算、提高会计信息质量、夯实国有资产管理基础、保障权责发生制政府综合财务报告制度改革的顺利推进具有重要的意义。

（2）会计制度

会计制度是进行会计工作所应遵循的规则、方法和程序的总称。它以《会计法》为依据，根据《基本准则》的要求制定，直接对政府会计核算工作发挥规范作用。

现行的政府会计制度包括2015年10月23日新修订的《财政总预算会计制度》（2016年1月1日起施行）和2013年12月新修订的《行政单位财务制度》、《行政单位会计制度》（2014年1月1日起全面施行）、2012年12月13日新修订的《事业单位会计制度》（2013年起施行）。

本章小结

政府会计是核算和监督各级政府、行政单位和公立非营利组织掌握和使用公共经济资源及其活动情况的会计。政府会计是政府进行宏观管理的重要信息系统，也是政府管理活动的重要组成部分。

政府会计的基本职能主要是核算和监督政府活动中的经济资源情况。

我国现行的政府会计体系由财政总预算会计、行政单位会计、事业单位会计以及参与预算会计执行的国库会计、收入征解会计等组成。

政府会计特点主要表现为：公共性和限制性，核算内容和会计主体的广泛性，实行双重会计核算基础，不进行成本核算和不计算盈亏。

我国政府会计目标是受托责任观与决策有用观并存的“双目标”观，在全面反映政府受托责任的同时，提供有助于使用者进行决策的信息，提高政府财政透明度和信息的质量。

政府会计核算的信息质量要求包括可靠性、全面性、相关性、及时性、可比性、可理解性和实质重于形式等七个方面。

我国政府会计规范体系包括会计法律、会计行政法规、会计规章。

思考题

1.什么是政府会计?其组成体系是怎样的?

2.政府会计具有哪些特点?

3.政府会计的目标是什么?

4.政府会计的信息质量要求有哪些?

5.我国政府会计规范体系包括哪些内容?

第二章

政府会计基础

学习目标

通过本章的学习，明确政府会计核算的基本前提及核算基础，掌握政府会计的确认与计量，了解政府会计报告的构成。

第一节　政府会计核算的基本前提

会计核算的基本前提是对会计工作的客观环境所做的基本假设。市场经济条件下，会计是在一个存在许多不确定因素的经济环境下从事工作的，如会计核算范围有多广，经营期间如何划分，计量基础是什么，币值是否稳定等，这些不确定的因素给会计工作的开展带来了一定的影响，因此在进行会计工作时其难免运用判断和估计。为了避免这种判断和估计的随意性，就有必要确定一些普遍认可的、会计工作赖以存在的基本前提，以保证会计工作的正常进行和会计工作的质量。

会计核算的基本前提是对会计核算的范围、内容、基本程序和方法所做的限定，为会计工作的运行设定一个空间领域和时间范围，会计核算对象的确定、会计方法的选择、会计数据的收集等都是以这一前提为出发点的。会计人员只有明确会计工作的基本前提，才能运用科学的方法对企业的交易或事项进行正确的记录和反映，并对其进行管理和控制。政府会计核算的基本前提包括：会计主体、持续经营、货币计量和会计分期等。

一、会计主体

会计主体亦称会计个体，是指会计所服务的特定单位。进行会计核算，首先应该明确会计主体，解决为谁核算、核算谁的交易或事项的问题。在会计核算工作中，应把主体的交易或事项与其他主体或组织的交易或事项以及投资者的交易或事项区分开来，只有那些影响主体自身经济利益的各项交易或事项才能加以确认和计量。

政府会计主体限定了政府会计核算的空间范围，是持续经营和会计分期这两个前提的基础。只有规定了政府会计主体，政府会计核算才会有明确的范围，在此基础上会计要素才会有空间的归集；也才能正确反映会计主体各会计要素的情况和结果，向有关各方面提供正确的会计信息。

《政府会计基本准则》规定，政府会计主体包括各级政府、各部门、各单位。其中各部门、各单位是指与本级政府财政部门直接或者间接发生预算拨款关系的国家机关、军队、政党组织、社会团体、事业单位和其他单位，但军队和已纳入企业财务管理体系的单位和执行《民间非营利组织会计制度》的社会团体除外。基于社会组织的分类，政府会计主体可归纳为各级政府、各级各类行政单位和事业单位。具体来讲，财政总预算会计的主体是各级政府，行政单位会计的主体是行政单位，事业单位会计的主体是事业单位。

二、持续经营

持续经营是指会计主体在可预见的未来，将根据正常的经营方针和既定的经营目标持续经营下去。换言之，在可以预见的未来，会计主体不停业清算。持续经营规定了政府会计核算的时间范围，即会计主体的经济业务活动将无限期继续存在下去。只有在持续经营的前提下，政府会计主体的经济业务活动才得以进行，会计核算才能使用特有的程序和方法，全面系统地反映会计主体的财务状况和收支状况。政府会计核算所使用的原则、程序和方法都是建立在持续经营的基础之上，只有在这一前提下，会计人员在日常的会计核算中对经济业务才能做出正确判断，对会计处理方法和会计处理程序才能做出正确选择。所以，政府会计核算应当以政府会计主体各项业务可持续正常地进行为前提。

《政府会计基本准则》规定，政府会计核算应当以政府会计主体持续运行为前提；《财政总预算会计制度》规定，财政总预算会计的会计核算应当以本级政府财政业务活动持续正常地进行为前提；《行政单位会计制度》规定，行政单位会计核算应当以行政单位各项业务活动持续正常地进行为前提；《事业单位会计准则》规定，事业单位会计核算应当以事业单位各项业务活动持续正常地进行为前提。

三、会计分期

会计分期，又称会计期间，是指将政府会计主体持续经营的经济业务活动人为地划分为若干个“相等”的时间间隔，以便分期结算账目、编制会计报表，及时向各方面提供有用的会计信息。会计分期是对持续经营前提的必要补充。

《政府会计基本准则》规定，政府会计核算应当划分会计期间，分期结算账目，按规定编制决算报告和财务报告；会计期间至少分为年度和月度。会计年度、月度等会计期间的起讫日期采用公历日期。《财政总预算会计制度》规定，财政总预算会计应当划分会计期间，分期结算账目和编制会计报表；会计期间至少分为年度和月度。会计年度、月度等会计期间的起讫日期采用公历日期；年度终了后，可根据工作特殊需要设置一定期限的上年决算清理期。《行政单位会计制度》和《事业单位会计准则》也规定，应当划分会计期间，分期结算账目和编制财务报表；会计期间至少分为年度和月度。会计年度、月度等会计期间的起讫日期采用公历日期。

四、货币计量

货币计量是对政府会计计量尺度的规定，指政府会计主体在会计核算过程中以货币为计量单位，综合反映政府会计主体的经济业务活动情况。货币计量是会计的基本特征。只有以货币计量为前提，政府会计核算所提供的信息才具有可比性，才能满足信息使用者的需要。以货币计量为前提，还包含假设币值保持不变。因为只有在币值稳定的前提下，对不同会计期间的会计要素的核算才有意义，才可以前后各期加以比较。

《政府会计基本准则》规定，政府会计核算应当以人民币为记账本位币。发生外币业务时，应当将有关外币金额折算为人民币金额计量，同时登记外币金额。《财政总预算会计制度》、《行政单位会计制度》和《事业单位会计准》规定，会计核算应当以人民币为记账本位币，发生外币业务，在登记外币金额的同时，一般应当按照业务发生当日中国人民银行公布的汇率中间价，将有关外币金额折算为人民币金额记账。但编制会计报表时，应该按照编报日期的人民币外汇汇率折算为人民币反映。

第二节 政府会计核算的基础

会计的核算基础有两种，一种是收付实现制或实收实付制，一种是权责发生制或应收应付制。

收付实现制是以款项的实际收付为标准来确认本期收入和费用的一种会计处理方法。其主要原则是：凡是在本期收到款项的收入或支出款项的费用，不管其是否应属于本期，都作为本期的收入或费用处理；相反，凡是本期未实际收到款项的收入或未支付款项的费用，即使应归属于本期，也不作为本期的收入或费用处理。可见，收付实现制在确定本期收入和费用时是以现金实际收付为准的，不考虑应收、应付、预收及预付业务的存在。

权责发生制是以收入和费用的归属为基础，从而确定本期收入或费用的一种会计处理方法。其主要原则是：凡是本期已实现的收入和已经发生或应当负担的费用，不管其款项是否在本期收到或付出，都应作为本期的收入或费用处理；相反，凡是不属于本期的收入和费用，即使款项在本期已经收到或付出，也不能作为本期的收入和费用处理。可见，权责发生制不考虑款项的实际收付，而是以收入和费用应否归属本期为标准。

我国政府会计实行“双会计核算基础”原则。《政府会计基本准则》规定，财务会计采用权责发生制，预算会计采用收付实现制，国务院另有规定的，依照其规定。按照现行政府会计制度规定，各级政府、各级各类行政事业单位的会计核算一般采用收付实现制，部分经济业务或事项采用权责发生制。如《财政总预算会计制度》规定，财政总预算会计的会计核算一般采用收付实现制，部分经济业务或者事项应当按照规定采用权责发生制核算；地方各级财政部门除国库集中支付结余外，不得采用权责发生制列支；权责发生制列支只限于年末采用，平时不得采用。《行政单位会计制度》规定，行政单位会计核算一般采用收付实现制，特殊经济业务和事项应当按照本制度的规定采用权责发生制核算；《事业单位会计准则》和《事业单位会计制度》规定，事业单位会计核算一般采用收付实现制，部分经济业务或者事项采用权责发生制核算。

具体而言，财政总预算会计采用权责发生制的部分业务和事项主要包括应付国库集中支付结余、股权投资、应收股利、应收转贷款的应收利息、应付政府债券和应付转贷款的应付利息等；行政单位会计采用权责发生制的部分业务和事项主要包括国库集中支付的年终结余、应收账款、应付账款和长期应付款等；事业单位会计采用权责发生制的部分业务和事项主要包括国库集中支付的年终结余和经营性业务。

第三节　政府会计的确认与计量

会计确认与计量是会计核算的一项重要程序。会计确认是会计核算的基础，而会计计量又是会计确认的进一步延伸，会计确认与会计计量是紧密相联的。通过会计的确认与计量，为信息使用者提供正确的会计信息。

一、会计确认

会计确认，是指某一项目作为会计要素正式地记入会计主体会计报告的过程。会计确认是会计核算的一项重要程序。

日常发生的大量经济业务，有的属于会计核算和监督的内容，有的不属于会计核算和监督的内容。会计确认就是按照一定的标准或规定，解决哪些项目应作为会计项目加以记录，作为什么要素加以记录，在何时记录等问题。其中，前两个问题属于确认标准问题，第三个问题属于确认时间问题。

会计确认包括初始确认和再确认。初始确认是将经济业务纳入会计核算，通过会计凭证、账簿加以记录的过程。再确认是将初始确认的会计数据加工整理后，列示于会计报告的过程。可见，会计确认贯穿于会计核算的全过程。会计确认应当满足基本确认条件。政府会计要素的确认条件主要包括：

(一) 政府财务会计的基本要素的确认

1.资产

资产是指政府会计主体过去的经济业务或者事项形成的，由政府会计主体控制的，预期能够产生服务潜力或者带来经济利益流入的经济资源。政府会计主体资产的确认必须同时满足以下条件：(1) 与该经济资源相关的服务潜力很可能实现或者经济利益很可能流入政府会计主体；(2) 该经济资源的成本或者价值能够可靠地计量。

2.负债

负债是指政府会计主体过去的经济业务或者事项形成的，预期会导致经济资源流出政府会计主体的现时义务。政府会计主体负债的确认必须同时满足以下条件：(1) 履行该义务很可能导致含有服务潜力或者经济利益的经济资源流出政府会计主体；(2) 该义务的金额能够可靠地计量。

3.收入

依照《政府会计基本准则》的规定，收入是指报告期内导致政府会计主体净资产增加的、含有服务潜力或者经济利益的经济资源的流入。政府会计主体的收入确认应同时满足以下条件：(1) 与收入相关的含有服务潜力或者经济利益的经济资源很可能流入政府会计主体；(2) 含有服务潜力或者经济利益的经济资源流入会导致政府会计主体资产增加或者负债减少；(3) 流入金额能够可靠地计量。

4. 费用

费用是指报告期内导致政府会计主体净资产减少的、含有服务潜力或者经济利益的经济资源的流出。政府会计主体的费用确认应满足以下条件：(1) 与费用相关的含有服务潜力或者经济利益的经济资源很可能流出政府会计主体；(2) 含有服务潜力或者经济利益的经济资源流出会导致政府会计主体资产减少或者负债增加；(3) 流出金额能够可靠地计量。

（二）政府预算会计要素的确认

1. 预算收入

预算收入是指政府会计主体在预算年度内依法取得的并纳入预算管理的现金流入。预算收入一般在实际收到时进行确认。

2. 预算支出

预算支出是指政府会计主体在预算年度内依法发生并纳入预算管理的现金流出。预算支出一般在实际支付时进行确认。

二、会计计量

会计计量，是指根据一定的计量标准和计量方法，确定应记录项目金额的会计处理过程。会计确认离不开计量，只有经过计量，应确认的数据才能最终列入财务报表。会计确认与会计计量是紧密相联的，会计确认是会计计量的基础，没有会计确认就谈不上会计计量，会计计量是会计确认的进一步延伸，没有会计计量，会计确认也就失去了意义。会计核算全过程离不开计量。

会计计量包括计量单位和计量属性两个方面的内容。会计计量单位是指计量尺度的度量单位。会计核算主要以货币为计量单位，但也会辅助采用实物和时间等计量。会计计量属性即会计计量基础，是指用货币计量会计要素时的价格标准。

《政府会计基本准则》规定，资产的计量属性主要包括历史成本、重置成本、现值、公允价值和名义金额。在历史成本计量下，资产按照取得时支付的现金金额或者支付对价的公允价值计量。在重置成本计量下，资产按照现在购买相同或者相似资产所需支付的现金金额计量。在现值计量下，资产按照预计从其持续使用和最终处置中所产生的未来净现金流入量的折现金额计量。在公允价值计量下，资产按照市场参与者在计量日发生的有序交易中，出售资产所能收到的价格计量。无法采用上述计量属性的，采用名义金额（人民币1元）计量。

政府会计主体在对资产进行计量时，一般应当采用历史成本。采用重置成本、现值、公允价值计量的，应当保证所确定的资产金额能够持续、可靠地计量。

《政府会计基本准则》规定，负债的计量属性主要包括历史成本、现值和公允价值。在历史成本计量下，负债按照因承担现时义务而实际收到的款项或者资产的金额，或者承担现时义务的合同金额，或者按照为偿还负债预期需要支付的现金计量。在现值计量下，负债按照预计期限内需要偿还的未来净现金流出量的折现金额计量。在公允价值计量下，负债按照市场参与者在计量日发生的有序交易中，转移负债所需支付的价格计量。

政府会计主体在对负债进行计量时，一般应当采用历史成本。采用现值、公允价值计量的，应当保证所确定的负债金额能够持续、可靠地计量。

此外，《财政总预算会计制度》、《行政单位会计制度》和《事业单位会计制度》均规定，会计核算主体的资产应当按照取得时的实际成本进行计量。

第四节　政府会计报告

按照《政府基本会计准则》的规定，政府会计报告由政府决算报告和政府财务报告构成。

政府决算报告是综合反映政府会计主体年度预算收支执行结果的文件。政府决算报告应当包括决算报表和其他应当在决算报告中反映的相关信息和资料。政府决算报告的具体内容及编制要求等，由财政部另行规定。

政府财务报告是反映政府会计主体某一特定日期的财务状况、某一会计期间的运行情况和现金流量等信息的文件。政府财务报告应当包括财务报表和其他应当在财务报告中披露的相关信息。

政府财务报告包括政府综合财务报告和政府部门财务报告。政府综合财务报告是指由政府财政部门编制的，反映各级政府整体财务状况、运行情况和财政中长期可持续性的报告。政府部门财务报告是指政府各部门、各单位按规定编制的财务报告。

财务报表是对政府会计主体财务状况、运行情况和现金流量等信息的结构性表述。财务报表包括会计报表和附注。会计报表至少应当包括资产负债表、收入费用表和现金流量表。

资产负债表是反映政府会计主体在某一特定日期财务状况的报表。收入费用表是反映政府会计主体在一定会计期间运行情况的报表。现金流量表是反映政府会计主体在一定会计期间现金及现金等价物流入和流出情况的报表。

附注是对在资产负债表、收入费用表、现金流量表等报表中列示项目所作的进一步说明，以及对未能在这些报表中列示项目的说明。

政府决算报告的编制主要以收付实现制为基础，以预算会计核算生成的数据为准。政府财务报告的编制主要以权责发生制为基础，以财务会计核算生成的数据为准。

按照现行的政府会计制度，按政府会计主体的不同，政府会计报表可分为财政总预算会计报表、行政单位会计报表和事业单位会计报表。

财政总预算会计报表是反映政府财政预算执行结果和财务状况的书面文件。财政总预算会计报表按照编制时间，可分为旬报、月报和年报；按照报表反映的经济内容，可分为资产负债表、收入支出表、一般公共预算执行情况表、政府性基金预算执行情况表、国有资本经营预算执行情况表、财政专户管理资金收支情况表、专用基金收支情况表等；按照包括的内容范围，可分为本级报表和汇总报表。

行政单位会计报表是反映行政单位财务状况和预算执行结果的书面文件。行政单位会计报表按照经济内容，可分为资产负债表、收入支出表和财政拨款收入支出表；按照编报时间，可分为月报和年报；按照编报的层次，可分为本级报表和汇总报表。

事业单位会计报表是反映事业单位财务状况、事业成果、预算执行情况等的书面文件。事业单位的会计报表按照经济内容，可分为资产负债表、收入支出表、财政补助收入支出表等；按照编报时间，可分为月报和年报；按照编报的层次，可分为本级报表和汇总报表。

本章小结

会计核算的基本前提是对会计工作的客观环境所作的基本假设。政府会计核算的基本前提包括会计主体、持续经营、会计分期、货币计量。

会计的核算基础有两种，一种是收付实现制或实收实付制，一种是权责发生制或应收应付制。我国政府会计采用“双会计核算基础”。

会计确认与计量是会计核算的一项重要程序。会计确认是会计核算的基础，而会计计量又是会计确认的进一步延伸，会计确认与会计计量是紧密相连的。按照《政府会计基本准则》的规定，会计计量属性主要包括历史成本、重置成本、可变现净值、现值、公允价值等。

按照《政府基本会计准则》的规定，政府会计报告由政府决算报告和财务报告构成。政府决算报告应当包括决算报表和其他应当在决算报告中反映的相关信息和资料。政府财务报告应当包括财务报表和其他应当在财务报告中披露的相关信息。

按照现行的政府会计制度，按政府会计主体的不同，政府会计报表可分为财政总预算会计报表、行政单位会计报表和事业单位会计报表。

思考题

1. 政府会计核算的基本前提包括哪些内容？
2. 简述政府会计的核算基础。
3. 简述政府会计要素的确认条件。
4. 我国《政府会计基本准则》规定的会计计量属性有哪几种？
5. 简述政府会计报告的构成。

第二篇　财政总预算会计

第二章　财政总预算会计概述

学习目标

通过本章的学习，掌握财政总预算会计的概念及财政总预算会计信息质量要求，熟悉财政总预算会计要素和会计科目，明确财政总预算会计的特点，了解财政总预算会计的任务。

第一节 财政总预算会计的概念与特点

一、财政总预算会计的概念

财政总预算会计是各级政府财政核算、反映、监督政府一般公共预算资金、政府性基金预算资金、国有资本经营预算资金、社会保险基金预算资金以及财政专户管理资金、专用基金和代管资金等资金活动的专业会计。其会计主体是中央，省、自治区、直辖市，设区的市、自治州，县、自治县、不设区的市、市辖区，乡、民族乡、镇等各级政府财政部门。

我国实行一级政府一级财政预算，即各级政府都编制相对独立完整的财政收支预算，共分五级政府五级预算。为核算和监督各级政府的财政总预算的执行情况和结果，各级政府在财政部门均设立相应的财政总预算会计。具体设立情况为：中央政府财政部设立中央政府财政总预算会计；省、自治区、直辖市政府财政厅（局）设立省、自治区、直辖市政府财政总预算会计；设区的市、自治州政府财政局设立市、州政府财政总预算会计；县、自治县、不设区的市、市辖区政府财政局设立县、市、区政府财政总预算会计；乡、民族乡、镇政府设立乡、镇政府财政总预算会计。

财政部门对财政资金有不同的管理方式，不同管理方式的财政资金有着不同的来源和用途。因此，财政总预算会计需要对不同管理方式的财政资金分别进行核算。按照对财政资金不同的管理方式，可以将政府财政会计核算的财政资金划分为一般公共预算资金、政府性基金预算资金、国有资本经营预算资金、社会保险基金预算资金以及财政专户管理资金、专用基金和代管资金等。

二、财政总预算会计的特点

财政总预算会计以政府财政性资金的预算收支活动为对象，以提供一级政府宏观经济管理信息为目标，既不同于以营利为目的的企业会计，也与政府会计体系中的行政单位会计、事业单位会计等存在一定的差异。财政总预算会计的主要特点包括：

（1）财政总预算会计为国家预算执行服务，对财政性资金进行核算与监督，为合理调度预算资金提供会计信息，并为宏观经济管理提供信息。

（2）财政总预算会计核算国家的预算收支情况，不进行成本核算和损益计算，但随着财政改革的不断深化，应对预算执行情况进行绩效评价。

（3）财政总预算会计所提供的信息，不仅要符合基本的会计原则要求，还要符合我国《预算法》的要求，以满足人民代表大会、上级财政部门及本级政府对预算管理和财政决策方面的需要。

（4）会计核算基础的选择是为会计目标服务的。财政总预算会计以当期收支为核算重点，提供财政预算管理信息，要求采用收付实现制核算基础，各级政府财政会计按规定将对个别事项实行权责发生制会计基础。

第二节　财政总预算会计的信息质量要求与任务

一、财政总预算会计的信息质量要求

财政总预算会计的信息质量要求是财政总预算会计在组织会计核算时应当遵循的基本原则或指导思想。财政总预算会计在进行会计核算时应当遵循以下要求：

（1）应当以实际发生的经济业务或者事项为依据进行会计核算，如实反映各项会计要素的情况和结果，保证会计信息真实可靠，全面反映政府财政的预算执行情况和财务状况等。

（2）应当与政府财政受托责任履行情况的反映、会计信息使用者的监督、决策和管理需要相关，有助于会计信息使用者对政府财政过去、现在或者未来的情况作出评价或预测。

（3）对于已经发生的经济业务或者事项，应当及时进行会计核算。

（4）提供的会计信息应当具有可比性。同一政府财政不同时期发生的相同或者相似的经济业务或者事项，应当采用一致的会计政策，不得随意变更。确需变更的，应当将变更的内容、理由和对政府财政预算执行情况、财务状况的影响在附注中予以说明。不同政府财政发生的相同或者相似的经济业务或者事项，应当采用统一的会计政策，确保不同政府财政的会计信息口径一致、相互可比。

（5）提供的会计信息应当清晰明了，便于会计信息使用者理解和使用。

二、财政总预算会计的任务

财政总预算会计是财政预算管理中一项专业性较强的工作，其主要职责是进行会计核算，反映预算执行，实行会计监督，参与预算管理，合理调度资金。财政总预算会计的任务主要包括：

（1）进行会计核算。

进行财政各项资金收支、资产负债的会计核算工作，反映政府财政预算执行情况和财务状况。

（2）严格财政资金收付调度管理。

组织办理财政资金的收付、调拨，在确保资金安全性、规范性、流动性的前提下，合理调度管理资金，提高资金使用效率。

（3）规范账户管理。

加强对国库单一账户、财政专户、零余额账户和预算单位银行账户等的管理。

（4）实行会计监督，参与预算管理。

通过会计核算和反映，进行预算执行情况分析，并对总预算、部门预算和单位

预算执行实行会计监督。

（5）协调业务关系。

协调预算收入征收部门、国家金库、国库集中收付代理银行、财政专户开户银行和其他有关部门之间的业务关系。

（6）组织相关工作。

组织本地区财政总决算、部门决算编审和汇总工作；组织和指导下级政府财政总预算会计做好相关工作。

第三节　财政总预算会计要素与会计科目

财政总预算会计要素包括资产、负债、净资产、收入和支出五类。

会计科目是对会计对象具体内容进行分类核算的项目，是对会计要素的进一步分类。财政总预算会计有资产、负债、收入、支出和净资产五个会计要素，会计科目也相应地划分为五大类。目前，根据《财政总预算会计制度》的规定，财政总预算会计科目见表3-1。

表3-1　**财政总预算会计科目表**

类别	编码	科目名称
一、资产类		
	1001	国库存款
	1003	国库现金管理存款
	1004	其他财政存款
	1005	财政零余额账户存款
	1006	有价证券
	1007	在途款
	1011	预拨经费
	1021	借出款项
	1022	应收股利
	1031	与下级往来
	1036	其他应收款
	1041	应收地方政府债券转贷款
	1045	应收主权外债转贷款
	1071	股权投资
	1081	待发国债
二、负债类		
	2001	应付短期政府债券
	2011	应付国库集中支付结余
	2012	与上级往来
	2015	其他应付款

续表

类别	编码	科目名称
	2017	应付代管资金
	2021	应付长期政府债券
	2022	借入款项
	2026	应付地方政府债券转贷款
	2027	应付主权外债转贷款
	2045	其他负债
	2091	已结报支出
三、净资产类		
	3001	预算结余
	3002	基金预算结余
	3003	国有资本经营预算结余
	3005	专用基金结余
	3007	预算稳定调节基金
	3031	预算周转金
	3033	财政专户管理资金结余
	3081	资产基金
	308101	应收地方政府债券转贷款
	308102	应收主权外债转贷款
	308103	股权投资
	308104	应收股利
	3082	待偿债净资产
	308201	应付短期政府债券
	308202	应付长期政府债券
	308203	借入款项
	308204	应付地方政府债券转贷款
	308205	应付主权外债转贷款
	308206	其他负债
四、收入类		
	4001	一般公共预算本级收入
	4002	政府性基金预算本级收入
	4003	国有资本经营预算本级收入
	4005	财政专户管理资金收入
	4007	专用基金收入
	4011	补助收入
	4012	上解收入
	4013	地区间援助收入
	4021	调入资金

续表

类别	编码	科目名称
	4031	动用预算稳定调节基金
	4041	债务收入
	4042	债务转贷收入
五、支出类		
	5001	一般公共预算本级支出
	5002	政府性基金预算本级支出
	5003	国有资本经营预算本级支出
	5005	财政专户管理资金支出
	5007	专用基金支出
	5011	补助支出
	5012	上解支出
	5013	地区间援助支出
	5021	调出资金
	5031	安排预算稳定调节基金
	5041	债务还本支出
	5042	债务转贷支出

财政总预算会计科目，是根据统一性、适应性和简明性设置的。它是各级财政总预算会计设置账户、确定核算内容的依据。各级政府财政总预算会计必须按以下要求使用会计科目：

（1）各级财政总预算会计应当对有关法律法规允许进行的经济活动，按照本制度的规定使用会计科目进行核算，不得以本制度规定的会计科目及使用说明作为进行有关经济活动的依据。

（2）各级财政总预算会计应当按照本制度的规定设置和使用会计科目，不需使用的总账科目可以不用；在不影响会计处理和编报会计报表的前提下，各级财政总预算会计可以根据实际情况自行增设本制度规定以外的明细科目，或者自行减少、合并本制度规定的明细科目。

（3）各级财政总预算会计应当使用本制度统一规定的会计科目编号，不得随意打乱重编。

本章小结

财政总预算会计是各级政府财政核算、反映、监督政府资金活动的专业会计。为核算和监督各级政府的财政总预算的执行情况和结果，各级政府在财政部门均应设立相应的财政总预算会计。

按照对财政资金不同的管理方式，可以将财政总预算会计核算的财政资金划分为一般公共预算资金、政府性基金预算资金、国有资本经营预算资金、社会保险基金预算资金以及财政专户管理资金、专用基金和代管资金等。

财政总预算会计的主要特点包括：为国家预算执行服务，对财政性资金进行核算和监督，为合理调度预算资金提供会计信息，并为宏观经济管理提供信息；核算国家的预算收支情况，不进行成本核算和损益计算；财政总预算会计以收付实现制为收支确认基础。

财政总预算会计有资产、负债、收入、支出和净资产五个会计要素，会计科目也相应地划分为五大类。

思考题

1. 如何理解财政总预算会计的概念？
2. 按照不同的管理方式划分，财政总预算会计核算的资金有哪些？
3. 财政总预算会计有何特点？
4. 财政总预算会计在进行会计核算时应当遵循的要求包括哪些？
5. 财政总预算会计的任务是什么？

第四章

财政总预算会计资产的核算

学习目标

通过本章的学习，掌握资产的概念和内容，熟悉流动资产和非流动资产分别核算的内容，掌握各种资产的核算方法。

财政总预算会计所核算的资产是指政府财政占有或控制的，能以货币计量的经济资源。财政总预算会计核算的资产具体包括财政存款、有价证券、应收股利、借出款项、暂付及应收款项、预拨经费、应收转贷款和股权投资等。

第一节　流动资产

流动资产是指预计在1年内（含1年）变现的资产，包括财政存款、在途款、有价证券、预拨经费、借出款项、应收股利、与下级往来、其他应收款等。

一、财政存款

财政存款是指政府财政部门代表政府管理的国库存款、国库现金管理存款以及其他财政存款等。财政存款的支配权属于同级政府财政部门，并由总会计负责管理，统一在国库或选定的银行开立存款账户，统一收付，不得透支，不得提取现金。

财政总预算会计在管理财政存款中，应当遵循以下管理要求：

1.集中支付，统一调度

国库存款由政府会计集中支付，统一调度。政府的其他职能部门不能支付和调度国库存款中的资金。

2.严格控制存款开户

各级政府的预算资金除财政部门有明确规定者外，都要由总会计统一在国库或指定银行开立存款账户，不得在国家规定之外将预算资金或其他财政性资金任意转存其他金融机构。

3.执行预算，计划支拨

财政总预算会计应根据人民代表大会通过的年度预算和经批准的单位季度分月用款计划从国库存款中拨付存款资金，不得办理超预算、无计划的存款资金拨付。

4.转账结算，不提现金

财政总预算会计的各种资金拨付凭证，只能用以转账结算，不得提取现金。财政部门是资金分配部门，不是财政资金的具体使用单位，采用转账结算，符合财政总预算会计的实际情况，也有利于保护国库存款的安全。

5.在存款余额内支付，不得透支

财政总预算会计只能在国库存款余额内办理资金拨付，不能办理超余额的资金拨付。

（一）国库存款

国库存款科目核算政府财政存放在国库单一账户的款项。“国库存款”属资产类科目，本科目借方记国库存款增加数；贷方记国库存款减少数；借方余额反映国库存款的结存数。

国库存款的主要账务处理如下：

（1）收到预算收入时，借记本科目，贷记“一般公共预算本级收入”“政府性基金预算本级收入”“国有资本经营预算本级收入”等科目。当日收入数为负数时，以红字记入（采用计算机记账的，用负数反映）。

（2）收到国库存款利息收入时，借记本科目，贷记“一般公共预算本级收入”等科目。

（3）收到缴入国库的来源不清的款项时，借记本科目，贷记“其他应付款”等科目。

（4）国库存款减少时，按照实际支付的金额，借记“一般公共预算本级支出”“政府性基金预算本级支出”“国有资本经营预算本级支出”等科目，贷记本科目。

（5）本科目期末借方余额反映政府财政国库存款的结存数。

【例4-1】某市财政收到国库报来的“预算日报表”，列明当日一般公共预算本级收入为1 000 000元，政府性基金预算本级收入为200 000元，国有资本经营预算本级收入为62 000元。应做会计分录：

借：国库存款　　1 262 000

　贷：一般公共预算本级收入　　1 000 000

　　　政府性基金预算本级收入　　200 000

　　　国有资本经营预算本级收入　　62 000

【例4-2】某市财政按计划为该市民政局拨付预算资金，共计560 000元。其中，一般预算资金300 000元，政府性资金260 000元。应做会计分录：

借：一般公共预算本级支出　　300 000

　　政府性基金预算本级支出　　260 000

　贷：国库存款　　560 000

（二）国库现金管理存款

国库现金管理，是在确保国库资金安全完整和财政支出需要的前提下，对国库现金进行有效的运作管理，实现国库闲置现金余额最小化、投资收益最大化的一系列财政资金管理活动。国库现金管理的对象主要是库存现金、活期存款与作为现金等价物的短期金融资产。

通过实行国库现金管理，可以减少闲置现金，最大限度提高国库库存资金的使用效率，促进金融市场创新，减少财政政策对货币政策的“挤出效应”，健全两者之间的协调机制，提高中央政府的宏观调控能力，使社会经济沿着健康稳定的良性轨道发展。

财政部门应该设置“国库现金管理存款”科目，核算政府实行国库现金管理业务存在商业银行的款项。“国库现金管理存款”属于资产类科目，本科目借方记国库现金管理存款增加数；贷方记国库现金管理存款减少数；借方余额反映国库现金管理存款的结存数。

国库现金管理存款的主要账务处理如下：

（1）按照国库现金管理有关规定，将库款转存商业银行时，按照存入商业银行的金额，借记本科目，贷记“国库存款”科目。

（2）国库现金管理存款收回国库时，按照实际收回的金额，借记“国库存款”科目，按照原存入商业银行的存款本金金额，贷记本科目，按照两者的差额，贷记“一般公共预算本级收入”科目。

（3）本科目期末借方余额反映政府财政实行国库现金管理业务持有的存款。

【例4-3】20×6年7月1日，某市财政局通过招标将闲置国库存款400 000元作为定期存款存入甲商业银行，期限为6个月，年利率为5%。应做会计分录：

20×6年7月1日存入：

借：国库现金管理存款　　400 000

　贷：国库存款　　400 000

20×6年12月31日收回：

借：国库存款　　410 000

　贷：国库现金管理存款　　400 000

　　　一般公共预算本级收入　　10 000

（三）其他财政存款

其他财政存款是政府财政未列入国库存款和国库现金管理存款的各项存款，包括实行财政专户管理的资金存款、未设国库的乡（镇）财政在专业银行的预算资金存款等。财政部门应设置“其他财政存款”科目，按照资金性质和存款银行等进行明细核算。本科目为资产类科目，借方记其他财政存款的增加数；贷方记其他财政存款的减少数；借方余额反映其他财政存款的结存数。

其他财政存款的主要账务处理如下：

（1）财政专户收到款项时，按照实际收到的金额，借记本科目，贷记“一般公共预算本级收入”“政府性基金预算本级收入”等科目。

（2）其他财政存款产生的利息收入，除规定作为专户资金收入外，其他利息收入都应缴入国库纳入一般公共预算管理。取得其他财政存款利息收入时，按照实际获得的利息金额，根据以下情况分别处理：

①按规定作为专户资金收入的，借记本科目，贷记“应付代管金”或有关收入科目。

②按规定应缴入国库的，借记本科目，贷记“其他应付款”科目。将其他财政存款利息收入缴入国库时，借记“其他应付款”科目，贷记本科目；同时，借记“国库存款”科目，贷记“一般公共预算本级收入”科目。

（3）其他存款减少时，按照实际支付的金额，借记“一般公共预算本级支出”“政府性基金预算本级支出”等相关科目，贷记本科目。

（4）本科目期末借方余额反映政府财政持有的其他财政存款。

【例4-4】本市财政拨付A单位粮食风险基金支出400 000元。应做会计分录：

借：专用基金支出　　400 000

贷：其他财政存款——专用基金存款 400 000

【例4-5】某乡财政未设国库，收到县级财政会计返回的一般公共预算本级收入850 000元。应做会计分录：

借：其他财政存款——一般预算存款 850 000

贷：一般公共预算本级收入 850 000

【例4-6】接【例4-5】，乡财政会计开出付款通知单，向乡所属中学拨付本月经费360 000元。应做会计分录：

借：一般公共预算本级支出 360 000

贷：其他财政存款——一般预算存款 360 000

二、在途款

在途款核算的是决算清理期和库款整理期内发生的需要通过“在途款”科目过渡处理的属于上年度收入、支出等业务的资金数。本科目期末借方余额反映政府财政持有的在途款。

在途款的主要账务处理如下：

（1）决算清理期和库款报解整理期内收到属于上年度的收入时，在上年度账务中，借记本科目，贷记“一般公共预算本级收入”“补助收入”“上解收入”等相关收入科目；收回属于上年度拨款或支出时，在上年度账务中，借记本科目，贷记“预拨经费”或相关支出科目。

（2）冲转在途款时，在本年度财务中，借记“国库存款”科目，贷记本科目。

【例4-7】20×6年决算清理期中，收到国库报来“预算日报表”，收到属于上年度的一般公共预算本级收入5 000元。应做会计分录：

在上年度账目中：

借：在途款 5 000

贷：一般公共预算本级收入 5 000

本年度新账中：

借：国库存款 5 000

贷：在途款 5 000

【例4-8】20×6年决算清理期中，收回属于上年度多拨预算经费10 000元。应做会计分录：

在上年度账目中：

借：在途款 10 000

贷：预拨经费 10 000

本年度新账中：

借：国库存款 10 000

贷：在途款 10 000

三、有价证券

财政总预算会计核算的有价证券，是地方政府财政部门使用暂时不用的财政结余资金购买并持有的中央政府以信用方式发行的国家公债。有价证券应当按照其种类和资金性质进行明细核算。总会计对有价证券的管理与核算应遵循以下几方面的要求：

（1）各级政府只能用各项财政结余资金购买国家指定的有价证券，如国库券、国家重点建设债券等，但不能购买公司债券和股票。购买有价证券的业务不能纳入财政支出预算。

（2）支付购买有价证券的资金不能列作支出反映，应作为有价证券反映。

（3）当期有价证券兑付的利息及转让有价证券取得的收入，与有价证券账面成本的差额，应按购入有价证券时的资金来源性质，分别记入一般公共预算本级收入或政府性基金预算本级收入等账户。

（4）有价证券（含债券收款单）要视同货币资金妥善保管。

有价证券的主要账务处理如下：

（1）购入有价证券时，按照实际支付的金额，借记本科目，按照使用资金的性质贷记“国库存款”“其他财政存款”等科目。

（2）转让或到期兑付有价证券时，按照实际收到的金额，借记“国库存款”“其他财政存款”等科目，按照该有价证券的账面余额，贷记本科目，按其差额，贷记“一般公共预算本级收入”等科目。

（3）本科目期末借方余额反映政府财政持有的有价证券金额。

【例4-9】某市财政用一般公共预算结余购买中央财政发行的甲类公债500 000元。根据预算拨款凭证回单和国库券收据，应做会计分录：

借：有价证券——甲类公债	500 000	
贷：国库存款——一般公共预算存款		500 000

【例4-10】某市财政用政府性基金预算结余购买中央财政发行的乙类公债100 000元。根据预算拨款凭证回单和特种国债收据，应做会计分录：

借：有价证券——乙类公债	100 000	
贷：国库存款——政府性基金预算存款		100 000

【例4-11】某市财政以前用一般预算结余购买的中央财政发行的国库券到期，收回本金600 000元，利息收入30 000元，应做会计分录：

借：国库存款——一般公共预算存款	630 000	
贷：有价证券——国库券		600 000
一般公共预算本级收入		30 000

【例4-12】某市财政以前用政府性基金预算结余购买的中央政府发行的丙类公债到期，收回本金100 000元，利息收入3 500元，应做会计分录：

借：国库存款——政府性基金预算存款	103 500	

贷：有价证券——丙类公债　100 000
　　政府性基金预算本级收入　3 500

四、预拨经费

预拨经费是指财政部门预拨给所属预算单位，但不在本期列支的款项。凡是在会计年度终了前政府财政会计用预算资金预拨给用款单位的下年度经费款项及年度预算执行中预拨款应在以后各期列支的款项，应作预拨经费管理。

预拨经费的主要账务处理如下：

（1）拨出款项时，借记本科目，贷记“国库存款”科目。

（2）转列支出或收回预拨款项时，借记“一般公共预算本级支出”“政府性基金预算本级支出”“国库存款”等科目，贷记本科目。

（3）本科目借方余额反映政府财政年末尚未转列支出或尚待收回的预拨经费数。

【例4-13】某市财政按规定采用实拨资金方式向所属某预算单位预拨下年初部分一般预算经费700 000元。应做会计分录：

借：预拨经费——某预算单位　700 000
　贷：国库存款——一般公共预算存款　700 000

【例4-14】接【例4-13】，该市政府财政会计在下年按规定将预拨给该预算单位的一般公共预算经费700 000元转作一般公共预算本级支出。应做会计分录：

借：一般公共预算本级支出　700 000
　贷：预拨经费——某预算单位　700 000

五、借出款项

财政对外借款是指财政部门向政府部门、企业事业等单位临时出借的国库存款和其他财政性资金。严禁将财政资金借给个人。根据《预算法》的相关规定，财政性资金原则上通过安排预算进行使用，严禁随意外借，应强化预算约束，确保使用效益和安全。政府部门、企事业等单位履行政府职能，提供公共服务产品所需经费，原则上应请求安排预算解决，不得以借款或预拨款形式，回避预算约束，长期占用财政资金，严重影响财政正常运行。如有以下特殊情形之一，急需调拨资金，以确保相关工作迅速开展，可允许临时借款：

（1）发生特大自然灾害。

（2）发生影响面较大的突发事件。

（3）中央、省、市紧急安排部署的重大重点工作，明确财政必须先垫资后结算补助的。

借出款项是指政府财政按照对外借款管理相关规定借给预算单位临时急需的，并需按期收回的款项。财政部门应设置“借出款项”科目进行核算。该科目属于资产类科目，借方核算借出款项的增加数额，贷方核算实际收回的借款金额，期末借方余额反映政府财政借给预算单位尚未收回的款项。“借出款项”科目应当按照借款单位进行明细核算。

借出款项的主要账务处理如下：

（1）将款项借出时，按照实际支付的金额，借记本科目，贷记“国库存款”等相关科目。

（2）收回借款时，按照实际收到的金额，借记“国库存款”等科目，贷记本科目。

【例4-15】某市财政局借给市教育局一般公共预算款项300 000元，用于维修中小学校舍。应做会计分录：

借：借出款项——一般公共预算资金（教育局）　　300 000
　贷：国库存款——一般公共预算存款　　300 000

【例4-16】经批准借给市教育局的款项中，200 000元落实预算，转作一般公共预算本级支出，其余100 000元收回存入国库。应做会计分录：

借：国库存款　　100 000
　　一般公共预算本级支出　　200 000
　贷：借出款项——一般公共预算资金（教育局）　　300 000

六、应收股利

应收股利是指政府因持有股权投资应当收取的现金股利或利润。政府财政部门为核算应收股利的多少，应设置“应收股利”科目，本科目应当按照被投资主体进行明细核算。

应收股利的主要账务处理如下：

（1）持有股权投资期间，被投资主体宣告发放现金股利或利润的，按应上缴政府财政的部分，借记本科目，贷记“资产基金——应收股利”科目；按照相同的金额，借记“资产基金——股权投资”科目，贷记“股权投资（损益调整）”科目。

（2）实际收到现金股利或利润，借记“国库存款”等科目，贷记有关收入科目；按照相同的金额，借记“资产基金——应收股利”科目，贷记本科目。

（3）本科目期末借方余额反映政府尚未收回的现金股利或利润。

【例4-17】中央财政在A公司持有15%的股份。20×6年4月5日，A公司对外宣告分派现金股利100 000 000元，4月10日，中央财政收到现金股利。应做会计分录：

4月5日，宣告发放现金股利：

借：应收股利——A公司　　15 000 000
　贷：资产基金——应收股利（A公司）　　15 000 000
借：资产基金——股权投资（A公司）　　15 000 000
　贷：股权投资——损益调整（A公司）　　15 000 000

4月10日，收到A公司现金股利：

借：国库存款 15 000 000
  贷：国有资本经营预算本级收入 15 000 000
借：资产基金——应收股利（A公司） 15 000 000
  贷：应收股利——A公司 15 000 000

七、与下级往来

各级政府的预算收入和预算支出在年度内并不总是平衡的，政府财政在年度的某个时期有可能出现支出大于收入的情况，引起国库存款的不足。此时，下级财政可以向上级财政申请借款，上级财政也可以向有结余的下级财政借入款项。这些款项就形成了上、下级财政之间的往来款项。此外，年终财政体制结算中，全年上下级财政的实际上解或补助款与应上解或应补助款之间也会形成暂时借垫款项，这也形成财政上下级之间的债权债务。

与下级往来是本级财政与下级财政之间由于财政体制结算、借给下级财政周转款项等原因而形成的待结算款项。与下级往来是本级财政与下级财政部门的往来关系。对于与下级往来的款项，应及时清理，不能长期挂账。

为了核算与下级的往来业务，应设置“与下级往来”总账账户，以核算本级政府财政与下级政府财政的往来待结算款项。该账户借方登记借给下级的财政款和体制结算中应由下级财政上交的收入数，贷方登记收回下级财政偿还的、转作补助支出或体制结算应补助下级财政的数额。余额在借方，反映下级财政应归还本级财政的款项；余额在贷方，反映本级财政欠下级财政的款项，在编制资产负债表时应以负数表示。

该账户应及时清理结算：转作补助支出的部分，应在当年结清，不得长期挂账；其他年终未能结清的余额，结转下年。

与下级往来的主要账务处理如下：

（1）借给下级政府财政款项时，借记本科目，贷记“国库存款”科目。

（2）体制结算中应当由下级政府财政上交的收入数，借记本科目，贷记“上解收入”等科目。

（3）借款收回、转作补助支出或体制结算应当补助下级政府财政的支出，借记“国库存款”“补助支出”等有关科目，贷记本科目。

（4）发生上解多交应当退回的，按照应当退回的金额，借记“上解收入”科目，贷记本科目。

（5）发生补助多补应当退回的，按照应当退回的金额，借记本科目，贷记“补助支出”科目。

（6）本科目期末借方余额反映下级政府财政欠本级政府财政的款项；期末贷方余额反映本级政府财政欠下级政府财政的款项。

【例4-18】市财政同意某县财政局申请，借给县财政一般公共预算临时资金150 000元。应做会计分录：

借：与下级往来——一般公共预算资金（某县财政） 150 000

　贷：国库存款——一般公共预算资金 150 000

【例4-19】接【例4-18】，市财政将借给所属某县的往来款项100 000元转作对该县的补助支出，其余收回。应做会计分录：

借：补助支出 100 000

　　国库存款——一般公共预算资金 50 000

　贷：与下级往来——一般公共预算资金（某县财政） 150 000

【例4-20】年终，在财政体制结算中，市财政应补未补某县财政一般公共预算补助款500 000元。应做会计分录：

借：补助支出 500 000

　贷：与下级往来——一般公共预算资金（某县财政） 500 000

【例4-21】年终，在财政体制结算中，某县财政应上解市财政一般公共预算款项8 000 000元，实际上解6 500 000元，余款1 500 000元暂作往来处理。余款应做会计分录：

借：与下级往来——一般公共预算资金（某县财政） 1 500 000

　贷：上解收入 1 500 000

八、其他应收款

其他应收款科目核算政府财政临时发生的其他应收、暂付、垫付款项。项目单位拖欠外国政府和国际金融组织贷款本息和相关费用导致相关政府财政履行担保责任，代偿的贷款本息费，也通过本科目核算。其他应收款科目应当按照资金性质、债务单位等进行明细核算。

其他应收款的主要账务处理如下：

（1）发生其他应收款项时，借记本科目，贷记“国库存款”“其他财政存款”等科目。

（2）收回或转作预算支出时，借记“国库存款”“其他财政存款”或有关科目，贷记本科目。

（3）政府财政对使用外国政府和国际金融组织贷款资金的项目单位履行担保责任，代偿贷款本息费用，借记本科目，贷记“国库存款”“其他财政存款”等科目。政府财政行使追索权，收回项目单位贷款本息费，经核准列支时，借记“一般公共预算本级支出”等科目，贷记本科目。

（4）本科目应及时清理结算。年终，原则上应无余额。

【例4-22】甲市级事业单位计划采购一批设备，需要经费100 000元。根据政府采购合同，款项由市财政部门的一般公共预算资金暂时支付。应做会计分录：

借：其他应收款——甲单位 100 000

　贷：国库存款 100 000

【例4-23】接【例4-22】经批准，该市财政收回50 000元，其余50 000元转作预算支出。应做会计分录：

借：国库存款　　50 000

　　一般公共预算本级支出　　50 000

　贷：其他应收款——甲单位　　100 000

【例4-24】某政府财政部门对使用国际金融组织贷款资金进行建设的A项目履行担保责任，代偿贷款本息共计250 000 000元，其中本金220 000 000元，利息30 000 000元。应做会计分录：

借：其他应收款　　250 000000

　贷：其他财政存款　　30 000 000

　　　国库存款　　220 000 000

【例4-25】接【例4-24】，年终，政府财政部门行使追索权，收回项目贷款本息费。应做会计分录：

借：其他财政存款　　30 000 000

　　国库存款　　220 000 000

　贷：其他应收款　　250 000 000

【例4-26】接【例4-25】，年终，政府财政部门行使追索权，未收回项目贷款本息费，经批准作为一般公共预算支出列示。应做会计分录：

借：一般公共预算本级支出　　250 000 000

　贷：其他应收款　　250 000 000

第二节　非流动资产

非流动资产是指除流动资产以外的其他资产，包括股权投资、待发国债等。

一、股权投资

股权投资是指政府持有的各类股权投资资产，包括国际金融组织股权投资、投资基金股权投资、国有企业股权投资等。为了核算政府持有的各类股权投资，财政总预算会计应当设置“股权投资”科目。股权投资包括国际金融组织股权投资、投资基金股权投资和企业股权投资等。本科目一般采用权益法进行核算，应当按照“国际金融组织股权投资”“投资基金股权投资”“企业股权投资”设置一级明细科目，在一级明细科目下，可根据管理需要，按照被投资主体进行明细核算。对每一被投资主体，还可按“投资成本”“收益转增投资”“损益调整”“其他权益变动”进行明细核算。

股权投资的主要账务处理如下：

（一）国际金融组织股权投资

（1）政府财政代表政府认缴国际金融组织股本时，按照实际支付的金额，借记“一般公共预算本级支出”等科目，贷记“国库存款”科目；根据股权投资确认相关资料，按照确定的股权投资成本，借记本科目，贷记“资产基金——股权投资”科目。

（2）从国际金融组织撤出股本时，按照收回的金额，借记“国库存款”科目，贷记“一般公共预算本级支出”科目；根据股权投资清算相关资料，按照实际撤出的股本，借记“资产基金——股权投资”科目，贷记本科目。

（二）投资基金股权投资

（1）政府财政对投资基金进行股权投资时，按照实际支付的金额，借记“一般公共预算本级支出”等科目，贷记“国库存款”等科目；根据股权投资确认相关资料，按照实际支付的金额，借记本科目（投资成本），按照确定的在被投资基金中占有的权益金额与实际支付金额的差额，借记或贷记本科目（其他权益变动），按照确定的在被投资基金中占有的权益金额，贷记“资产基金——股权投资”科目。

（2）年末，根据政府财政在被投资基金当期净利润或净亏损中占有的份额，借记或贷记本科目（损益调整），贷记或借记“资产基金——股权投资”科目。

（3）政府财政将归属财政的收益留作基金滚动使用时，借记本科目（收益转增投资），贷记本科目（损益调整）。

（4）被投资基金宣告发放现金股利或利润时，按照应上缴政府财政的部分，借记“应收股利”科目，贷记“资产基金——应收股利”科目；同时按照相同的金额，借记“资产基金——股权投资”科目，贷记本科目（损益调整）。

（5）被投资基金发生除净损益以外的其他权益变动时，按照政府财政持股比例计算应享有的部分，借记或贷记本科目（其他权益变动），贷记或借记“资产基金——股权投资”科目。

（6）投资基金存续期满、清算或政府财政从投资基金退出需收回出资时，政府财政按照实际收回的资金，借记“国库存款”等科目，按照收回的原实际出资部分，贷记“一般公共预算本级支出”等科目，按照超出原实际出资的部分，贷记“一般公共预算本级收入”等科目；根据股权投资清算相关资料，按照因收回股权投资而减少在被投资基金中占有的权益金额，借记“资产基金——股权投资”科目，贷记本科目。

（三）企业股权投资

企业股权投资的账务处理，根据管理条件和管理需要，参照投资基金股权投资的账务处理。

（四）本科目期末借方余额反映政府持有的各种股权投资金额

【例4-27】中央财政认缴A国际金融组织股本150 000 000元。应做会计分录：

借：一般公共预算本级支出	150 000 000	
贷：国库存款		150 000 000
借：股权投资——国际金融组织股权投资（A组织）	150 000 000	
贷：资产基金——股权投资		150 000 000

【例4-28】接【例4-27】20×6年年末，中央财政决定将投资从A国际金融组

织撤出。应做会计分录：

借：国库存款 150 000 000

贷：一般公共预算本级支出 150 000 000

借：资产基金——股权投资 150 000 000

贷：股权投资——国际金融组织股权投资（A组织） 150 000 000

【例4-29】某市财政部门为了支持创新创业与社会资本共同出资设立了A投资基金，该投资基金的总权益金额为2 500 000元，市财政运用一般公共预算资金共出资510 000元，在投资基金中占有的权益份额为20%。应做会计分录：

借：一般公共预算本级支出 510 000

贷：国库存款 510 000

借：股权投资——投资基金股权投资（投资成本） 510 000

贷：资产基金——股权投资 500 000

股权投资——其他权益变动 10 000

年末，该投资基金当年共实现利润500 000元；同时，该市财政部门决定将收益留作基金滚动使用。应做会计分录：

借：股权投资——损益调整 100 000

贷：资产基金——股权投资 100 000

借：股权投资——收益转增投资 100 000

贷：股权投资——损益调整 100 000

该投资基金宣告发放现金股利100 000元。应做会计分录：

借：应收股利 20 000

贷：资产基金——应收股利 20 000

借：资产基金——股权投资 20 000

贷：股权投资——损益调整 20 000

投资期满，该市政府实际收回投资590 000元。应做会计分录：

借：国库存款 590 000

贷：一般公共预算本级支出 510 000

一般公共预算本级收入 80 000

借：资产基金——股权投资 500 000

贷：股权投资 500 000

二、待发国债

待发国债是指为弥补中央财政预算收支差额，中央财政预计发行国债与实际发行国债之间的差额。政府财政部门为了核算预计发行与实际发行国债之间的差额，应设置“待发国债”科目。

待发国债的主要账务处理如下：

(1) 年度终了，实际发行国债收入用于债务还本支出后，小于为弥补中央财政预算收支差额中央财政预计发行国债时，按两者的差额，借记本科目，贷记相关科目；实际发行国债收入用于债务还本支出后，大于为弥补中央财政预算收支差额中央财政预计发行国债时，按两者的差额，借记相关科目，贷记本科目。

（2）本科目期末借方余额反映中央财政尚未使用的国债发行额度。

本章小结

财政总预算会计所核算的资产，是一级政府财政掌管或控制的能以货币计量的经济资源，包括财政存款、有价证券、预拨款项、借出款项、与下级往来等。

流动性资产是指预计在1年内（含1年）变现的资产，包括财政存款、有价证券、在途款、借出款项、应收股利等。非流动资产是指除流动资产以外的其他资产，包括应收转贷款、股权投资、待发国债等。

财政存款是指政府财政部门代表政府管理的国库存款、国库现金管理存款以及其他财政存款等。财政存款的支配权属于同级政府财政部门，并由总会计负责管理，统一在国库或选定的银行开立存款账户，统一收付，不得透支，不得提取现金。

有价证券是指政府财政按照有关规定取得并持有的政府债券。

应收股利是指政府因持有股权投资应当收取的现金股利或利润。

借出款项是指政府财政按照对外借款管理相关规定借给预算单位临时急需，并需按期收回的款项。

暂付及应收款项是指政府财政业务活动中形成的债权，包括与下级往来和其他应收款等。暂付及应收款项应当及时清理结算，不得长期挂账。

预拨经费是指政府财政在年度预算执行中预拨出应在以后各月列支以及会计年度终了前根据“二上”预算预拨出的下年度预算资金。预拨经费（不含预拨下年度预算资金）应在年终前转列支出或清理收回。

股权投资是指政府持有的各类股权投资资产，包括国际金融组织股权投资、投资基金股权投资、国有企业股权投资等。

待发国债是指为了弥补中央财政预算收支差额，中央财政预计发行国债与实际发行国债之间的差额。

思考题

1. 什么是流动资产？流动资产都包括哪些内容？
2. 什么是财政存款？财政存款的内容包括哪些？

3.管理财政存款应当遵循哪些管理要求？
4.什么是财政零余额账户？零余额账户应该怎样进行核算？
5.什么是其他财政存款？其他财政存款主要有哪些种类？
6.什么是在途款？在途款应当如何核算？
7.什么是有价证券？各级政府持有的有价证券应该怎样进行核算？
8.什么是借出款项？借出款项应当如何核算？
9.什么是与下级往来？与下级往来应当如何核算？
10.什么是股权投资？股权投资包括哪些内容？

第五章

财政总预算会计负债的核算

学习目标

通过本章的学习，明确政府财政总预算会计负债的内容，掌握政府财政会计各项负债的核算。

财政总预算会计的负债是一级政府财政所承担的，能够以货币进行计量的，需要以资产偿还的债务，包括应付国库集中支付结余、暂收及应付款项、借入款项、其他负债、应付代管资金等。财政总预算会计对符合负债定义的债务应当在对其承担偿还责任，并且能够可靠地进行货币计量时确认。符合负债定义并确认的负债项目，应当列入资产负债表。政府财政承担或有责任（偿债责任需要通过未来不确定事项的发生或不发生予以证实）的负债，不列入资产负债表，但应当在报表附注中披露。财政总预算会计在对负债进行核算的过程中应当按照承担的相关合同金额或实际发生金额进行计量。

按照政府财政负债的流动性，可以将其分为流动负债与非流动负债。

第一节　流动负债

流动负债是指预计在1年内（含1年）偿还的负债，包括应付国库集中支付结余、与上级往来、其他应付款、应付代管资金等。

一、应付国库集中支付结余

应付国库集中支付结余是指国库集中支付中，按照财政部门批复的部门预算，当年未支而需结转下一年度支付的款项采用权责发生制列支后形成的债务。应付国库集中支付结余科目核算政府财政采用权责发生制列支，预算单位尚未使用的国库集中支付结余资金。本科目应根据管理需要，按照政府收支分类科目等进行相应的明细核算。

应付国库集中支付结余的主要账务处理如下：

（1）年末，对当年形成的应付国库集中支付结余采用权责发生制列支时，借记“一般公共预算本级支出”“政府性基金预算本级支出”等相关支出科目，贷记本科目。

（2）以后年度实际支付应付国库集中支付结余资金时，分以下情况处理：

第一，按原结转预算科目支出时，借记本科目，贷记“国库存款”科目。

第二，调整支出预算科目的，应当按照原结转科目作冲销处理，借记本科目，贷记“一般公共预算本级支出”“政府性基金预算本级支出”等相关科目。同时，按实际支出预算科目作列支账务处理，借记有关支出科目，贷记“国库存款”科目。

（3）本科目期末贷方余额反映政府财政尚未支付的应付国库集中支付结余。

【例5-1】20×6年年度终了，某市财政在对账过程中发现相关预算单位尚未使用的国库集中支付的一般公共预算资金结余款项100 000元。应做会计分录：

借：一般公共预算本级支出　　100 000

　贷：应付国库集中支付结余　　100 000

【例5-2】接【例5-1】，下年初，某市财政各相关预算单位实际支付国库集中支付结余资金100 000元，其中一般公共预算资金50 000元，政府性基金预算资金50 000元。应做会计分录：

借：应付国库集中支付结余 50 000

贷：国库存款——一般公共预算资金 50 000

借：应付国库集中支付结余 50 000

贷：一般公共预算本级支出 50 000

借：政府性基金预算本级支出 50 000

贷：国库存款——政府性基金预算 50 000

二、与上级往来

与上级往来科目核算与上级财政的往来待结算款项。当本级财政因资金调度困难而向上级财政借款周转和归还借款时，在财政体制年终结算中发生本级财政应上解或上级财政应补助款等。它是上下级财政之间财政的周转调度以及预算补助、上解结算等事项而形成的债务。本科目应当按照往来款项的类别和项目等进行明细核算。

与上级往来的主要账务处理如下：

（1）本级政府财政从上级政府财政借入款或体制结算中发生应上交上级政府财政款项时，借记“国库存款”“上解支出”等科目，贷记本科目。

（2）本级政府财政归还借款、转作上级补助收入或体制结算中应由上级补给款项时，借记本科目，贷记“国库存款”“补助收入”等科目。

（3）本科目期末贷方余额反映本级政府财政欠上级政府财政的款项；借方余额反映上级政府财政欠本级政府财政的款项。

【例5-3】某市财政局向省财政厅临时借入资金100 000元，已入库。应做会计分录：

借：国库存款 100 000

贷：与上级往来 100 000

【例5-4】接【例5-3】，某市向省财政厅归还临时借款50 000元。应做会计分录：

借：与上级往来 50 000

贷：国库存款 50 000

【例5-5】接【例5-3】，经省财政厅批准，该财政局将原来从财政厅借入的款项余额50 000作为该市的补助款。根据有关文件，应做会计分录：

借：与上级往来 50 000

贷：补助收入 50 000

三、其他应付款

其他应付款是政府财政临时发生的暂收、应付和收到的不明性质的款项。税务机关代征入库的社会保险费、项目单位使用并承担还款责任的外国政府和国际金融组织贷款，也通过其他应付款来进行核算。其他应付款科目应该按照债权单位或资金来源等进行明细核算。

其他应付款的主要账务处理如下：

（1）收到暂存款项时，借记“国库存款”“其他财政存款”等科目，贷记本科目。

（2）将暂存款项清理退还或转作收入时，借记本科目，贷记“国库存款”“其他财政存款”或有关收入科目。

（3）社会保险费代征入库时，借记“国库存款”科目，贷记本科目。社会保险费国库缴存社保基金财政专户时，借记本科目，贷记“国库存款”科目。

（4）收到项目单位承担还款责任的外国政府和国际金融组织贷款资金时，借记“其他财政存款”科目，贷记本科目；付给项目单位时，借记本科目，贷记“其他财政存款”科目。收到项目单位偿还贷款资金时，借记“其他财政存款”科目，贷记本科目；付给外国政府和国际金融组织项目单位还款资金时，借记本科目，贷记“其他财政存款”科目。

（5）本科目期末贷方余额反映政府财政尚未结清的其他应付款项。

【例5-6】某市财政部门收到A单位暂存款50 000元。应做会计分录：

借：国库存款　　50 000

　贷：其他应付款——暂存款A单位　　50 000

经批准将该暂存款转作一般公共预算本级收入。应做会计分录：

借：其他应付款——暂存款A单位　　50 000

　贷：一般公共预算本级收入　　50 000

【例5-7】某市财政局现有代征取得的社会保险代征费50 000元，已经存入国库。应做会计分录：

借：国库存款　　50 000

　贷：其他应付款——代征社会保险费　　50 000

年末，某市财政局将代征收的社会保险费缴存到社保基金财政专户。应做会计分录：

借：其他应付款——代征社会保险费　　50 000

　贷：国库存款　　50 000

四、应付代管资金

财政代管资金是受财政部门的约束及管理的由部门单位所有和使用的资金。总预算会计应该设立“应付代管资金”科目核算政府财政代为管理的、使用权属于被代管主体的资金，应该根据管理需要进行相关的明细核算。

应付代管资金的主要账务处理如下：

（1）收到代管资金时，借记“其他财政存款”等科目，贷记本科目。

（2）支付代管资金时，借记本科目，贷记“其他财政存款”等科目。

（3）代管资金产生的利息收入按照相关规定仍属于代管资金的，借记“其他财政存款”等科目，贷记本科目。

（4）本科目期末贷方余额反映政府财政尚未支付的代管资金。

【例5-8】某县财政对该县的土地整治中心的自有资金采用设立财政代管资金专户的方式进行管理。20×6年1月，收到县土地整治中心缴入的A项目的启动资金500 000元。应做会计分录：

借：其他财政存款　　500 000

　贷：应付代管资金——A项目　　500 000

【例5-9】接【例5-8】，20×6年7月，收到代管资金产生的利息1 500元，依相关规定，该利息收入属于代管资金。应做会计分录：

借：其他财政存款　　1 500

　贷：应付代管资金——A项目　　1 500

【例5-10】20×6年8月，县财政局支付代管资金给工程单位150 000元。应做会计分录：

借：应付代管资金——A项目　　150 000

　贷：其他财政存款　　150 000

第二节　非流动负债

非流动负债是指流动负债以外的负债，具体包括应付长期政府债券、借入款、应付转贷款、其他负债等。

非流动负债的应付长期政府债券、借入款和应付转贷款在本章第三节阐述。本节只介绍其他负债。

其他负债是政府财政因有关政策明确要求其承担支出责任的事项而形成的应付未付款项。财政部门应该设置“其他负债”科目进行核算，本科目应当按照债权单位和项目等进行明细核算。

其他负债的主要账务处理如下：

（1）有关政策已明确政府财政承担的支出责任，按照确定应承担的负债金额，借记“待偿债净资产”科目，贷记本科目。

（2）实际偿还负债时，借记有关支出等科目，贷记“国库存款”等科目，同时，按照相同的金额，借记本科目，贷记“待偿债净资产”科目。

（3）本科目贷方余额反映政府财政承担的尚未支付的其他负债余额。

第三节　财政借入款和转贷款

财政借入款和转贷款是指财政部门借入或转贷有还本付息要求的借款，包括三种情况：中央财政按照规定发行债券、地方财政按照规定发行债券及转贷、各级财政部门接受外国政府和国际金融组织贷款及转贷。

一、发行及转贷政府债券的核算

政府债券是指政府财政部门以政府名义发行的国债和地方政府债券。国债是指中央政府财政部门为筹集财政资金向社会发行的债券，称为国家公债，简称国债。经国务院批准，省、自治区、直辖市政府可以适度举借债务，市县级政府确需举借债务的，由省、自治区、直辖市政府代为举借。地方政府举债采取政府债券方式，没有收益的公益性事业发展确需政府举借一般债务的，由地方政府发行一般债券融资，主要以一般公共预算收入偿还。有一定收益的公益性事业发展确需政府举借专项债务的，由地方政府通过发行专项债券融资，以对应的政府性基金或专项收入偿还。地方政府要将一般债务收支纳入一般公共预算管理，将专项债务收支纳入政府性基金预算管理。地方政府发行债券筹集资金的使用，分为本级政府直接使用和用于转贷款；地方政府债券按债券资金的用途，分为一般债券和专项债券。

（一）发行及转贷政府债券核算的业务内容

发行政府债券的财政部门，在发行债券时，既要按发行债券实际发行额确认债务收入，又要按照到期应付的政府债券本金金额反映长短期债务。

在期末确认政府债券的应付利息时，只需按权责发生制反映债务（应付利息）增加。

在实际支付本级政府财政承担的长短期政府债券利息时，既要按收付实现制度反映有关支出增加，又要按权责发生制反映债务（应付利息）减少。

在实际偿还本级政府财政承担的长短期政府债券本金时，既要反映债务还本支出，又要反映长短期债务偿还。

将地方政府债券资金转贷时，借出地方政府债券转贷资金的财政部门要将支付的转贷资金确认为债务转贷支出，同时确认债权的增加；借入地方政府债券转贷资金的财政部门要将收到的转贷资金确认为债务转贷收入，同时确认负债的增加。

（二）核算发行及转贷政府债券业务的账户设置及主要账务处理

1.“应付短期政府债券”账户及账务处理

该账户属负债类账户，核算政府财政部门以政府名义发行的期限不超过1年（含1年）的国债和地方政府债券的应付本金和利息。本账户下应当设置“应付国债”“应付地方政府一般债券”“应付地方政府专项债券”等一级明细账户，在一级明细账户下，再分别设置“应付本金”“应付利息”明细账户，分别核算政府债券的应付本金和利息。本账户期末贷方余额，反映政府财政尚未偿还的短期政府债券本金和利息。债务管理部门应当设置相应的辅助账，详细记录每期政府债券金额、种类、期限、发行日、到期日、票面利率、偿还本金及付息情况等。

应付短期政府债券的主要账务处理如下：

（1）实际收到短期政府债券发行收入时，按照实际收到的金额，借记“国库存款”账户，按照短期政府债券实际发行额，贷记“债务收入”账户，按照发行收入和发行额的差额，借记或贷记有关支出账户；根据债券发行确认文件等相关债券管理资料，按照到期应付的短期政府债券本金金额，借记“待偿债净资产——应付短期政府债券”账户，贷记“应付短期政府债券”账户。

(2) 期末确认短期政府债券的应付利息时，根据债务管理部门计算出的本期应付未付利息金额，借记“待偿债净资产——应付短期政府债券”账户，贷记“应付短期政府债券”账户。

(3) 实际支付本级政府财政承担的短期政府债券利息时，借记“一般公共预算本级支出”或“政府性基金预算本级支出”账户，贷记“国库存款”等账户；实际支付利息金额中属于已确认的应付利息部分，还应根据债券兑付确认文件等相关债券管理资料，借记“应付短期政府债券”账户，贷记“待偿债净资产——应付短期政府债券”账户。

(4) 实际偿还本级政府财政承担的短期政府债券本金时，借记“债务还本支出”账户，贷记“国库存款”等账户；根据债券兑付确认文件等相关债券管理资料，借记“应付短期政府债券”账户，贷记“待偿债净资产——应付短期政府债券”账户。

(5) 省级财政部门采用定向承销方式发行短期地方政府债券置换存量债务时，根据债权债务确认相关资料，按照置换本级政府存量债务的额度，借记“债务还本支出”账户，贷记“债务收入”账户；根据债务管理部门转来的相关资料，按照置换本级政府存量债务的额度，借记“待偿债净资产——应付短期政府债券”账户，贷记“应付短期政府债券”账户。

2. “应付长期政府债券”账户及账务处理

该账户属负债类账户，核算政府财政部门以政府名义发行的期限超过1年的国债和地方政府债券的应付本金和利息。本账户下，应当设置“应付国债”“应付地方政府一般债券”“应付地方政府专项债券”等一级明细账户，在一级明细账户下，再分别设置“应付本金”“应付利息”明细账户，分别核算政府债券的应付本金和利息。本账户期末贷方余额反映政府财政尚未偿还的长期政府债券本金和利息。债务管理部门应当设置相应的辅助账，详细记录每期政府债券金额、种类、期限、发行日、到期日、票面利率、偿还本金及付息情况等。

应付长期政府债券的主要账务处理如下：

(1) 实际收到长期政府债券发行收入时，按照实际收到的金额，借记“国库存款”账户，按照长期政府债券实际发行额，贷记“债务收入”账户，按照发行收入和发行额的差额，借记或贷记有关支出账户；根据债券发行确认文件等相关债券管理资料，按照到期应付的长期政府债券本金金额，借记“待偿债净资产——应付长期政府债券”账户，贷记“应付长期政府债券”账户。

(2) 期末确认长期政府债券的应付利息时，根据债务管理部门计算出的本期应付未付利息金额，借记“待偿债净资产——应付长期政府债券”账户，贷记“应付长期政府债券”账户。

（3）实际支付本级政府财政承担的长期政府债券利息时，借记“一般公共预算本级支出”或“政府性基金预算本级支出”账户，贷记“国库存款”等账户；实际支付利息金额中属于已确认的应付利息部分，还应根据债券兑付确认文件等相关债券管理资料，借记“应付长期政府债券”账户，贷记“待偿债净资产——应付长期政府债券”账户。

（4）实际偿还本级政府财政承担的长期政府债券本金时，借记“债务还本支出”账户，贷记“国库存款”等账户；根据债券兑付确认文件等相关债券管理资料，借记“应付长期政府债券”账户，贷记“待偿债净资产——应付长期政府债券”账户。

（5）本级政府财政偿还下级政府财政承担的地方政府债券本息时，借记“其他应付款”或“其他应收款”账户，贷记“国库存款”账户；根据债券兑付确认文件等相关债券管理资料，按照实际偿还的长期政府债券本金及已确认的应付利息金额，借记“应付长期政府债券”账户，贷记“待偿债净资产——应付长期政府债券”账户。

（6）省级财政部门采用定向承销方式发行长期地方政府债券置换存量债务时，根据债权债务确认相关资料，按照置换本级政府存量债务的额度，借记“债务还本支出”账户，按照置换下级政府存量债务的额度，借记“债务转贷支出”账户，按照置换存量债务的总额度，贷记“债务收入”账户；根据债务管理部门转来的相关资料，按照置换存量债务的总额度，借记“待偿债净资产——应付长期政府债券”账户，贷记“应付长期政府债券”账户。同时，按照置换下级政府存量债务额度，借记“应收地方政府债券转贷款”账户，贷记“资产基金——应收地方政府债券转贷款”账户。

3.“应收地方政府债券转贷款”账户及账务处理

该账户属资产类账户，核算本级政府财政转贷给下级政府财政的地方政府债券资金的本金及利息。本账户下，应当设置“应收地方政府一般债券转贷款”和“应收地方政府专项债券转贷款”明细账户，其下分别设置“应收本金”和“应收利息”两个明细账户，并按照转贷对象进行明细核算。本账户期末借方余额反映政府财政应收未收的地方政府债券转贷款本金和利息。

应收地方政府债券转贷款的主要账务处理如下：

（1）向下级政府财政转贷地方政府债券资金时，按照转贷的金额，借记“债务转贷支出”账户，贷记“国库存款”账户；根据债务管理部门转来的相关资料，按照到期应收回的转贷本金金额，借记“应收地方政府债券转贷款”账户，贷记“资产基金——应收地方政府债券转贷款”账户。

（2）期末确认地方政府债券转贷款的应收利息时，根据债务管理部门计算出的转贷款本期应收未收利息金额，借记“应收地方政府债券转贷款”账户，贷记“资产基金——应收地方政府债券转贷款”账户。

（3）收回下级政府财政偿还的转贷款本息时，按照收回的金额，借记“国库存款”等账户，贷记“其他应付款”或“其他应收款”账户；根据债务管理部门转来的相关资料，按照收回的转贷款本金及已确认的应收利息金额，借记“资产基金——应收地方政府债券转贷款”账户，贷记“应收地方政府债券转贷款”账户。

（4）扣缴下级政府财政的转贷款本息时，按照扣缴的金额，借记“与下级往来”账户，贷记“其他应付款”或“其他应收款”账户；根据债务管理部门转来的相关资料，按照扣缴的转贷款本金及已确认的应收利息金额，借记“资产基金——应收地方政府债券转贷款”账户，贷记“应收地方政府债券转贷款”账户。

4.“应付地方政府债券转贷款”账户及账务处理

该账户属负债类账户，核算地方政府财政从上级政府财政借入的地方政府债券转贷款的本金和利息。本账户下，应当设置“应付地方政府一般债券转贷款”和“应付地方政府专项债券转贷款”一级明细账户，在一级明细账户下，再分别设置“应付本金”和“应付利息”两个明细账户，分别对应付本金和利息进行明细核算。本账户期末贷方余额反映本级政府财政尚未偿还的地方政府债券转贷款的本金和利息。

应付地方政府债券转贷款的主要账务处理如下：

（1）收到上级政府财政转贷的地方政府债券资金时，借记“国库存款”账户，贷记“债务转贷收入”账户；根据债务管理部门转来的相关资料，按照到期应偿还的转贷款本金金额，借记“待偿债净资产——应付地方政府债券转贷款”账户，贷记“应付地方政府债券转贷款”账户。

（2）期末确认地方政府债券转贷款的应付利息时，根据债务管理部门计算出的本期应付未付利息金额，借记“待偿债净资产——应付地方政府债券转贷款”账户，贷记“应付地方政府债券转贷款”账户。

（3）偿还本级政府财政承担的地方政府债券转贷款本金时，借记“债务还本支出”账户，贷记“国库存款”等账户；根据债务管理部门转来的相关资料，按照实际偿还的本金金额，借记“应付地方政府债券转贷款”账户，贷记“待偿债净资产——应付地方政府债券转贷款”账户。

（4）偿还本级政府财政承担的地方政府债券转贷款的利息时，借记“一般公共预算本级支出”或“政府性基金预算本级支出”账户，贷记“国库存款”等账户；实际支付的利息金额中属于已确认的应付利息部分，还应根据债务管理部门转来的相关资料，借记“应付地方政府债券转贷款”账户，贷记“待偿债净资产——应付地方政府债券转贷款”账户。

（5）偿还下级政府财政承担的地方政府债券转贷款的本息时，借记“其他应付款”或“其他应收款”账户，贷记“国库存款”等账户；根据债务管理部门转来的相关资料，按照实际偿还的本金及已确认的应付利息金额，借记“应付地方政府债券转贷款”账户，贷记“待偿债净资产——应付地方政府债券转贷款”账户。

(6) 被上级政府财政扣缴地方政府债券转贷款本息时，借记“其他应收款”账户，贷记“与上级往来”账户；根据债务管理部门转来的相关资料，按照实际扣缴的本金及已确认的应付利息金额，借记“应付地方政府债券转贷款”账户，贷记“待偿债净资产——应付地方政府债券转贷款”账户。列报支出时，对本级政府财政承担的还本支出，借记“债务还本支出”账户，贷记“其他应收款”账户；对本级政府财政承担的利息支出，借记“一般公共预算本级支出”或“政府性基金预算本级支出”账户，贷记“其他应收款”账户。

(7) 采用定向承销方式发行地方政府债券置换存量债务时，省级以下（不含省级）财政部门根据上级财政部门提供的债权债务确认相关资料，按照置换本级政府存量债务的额度，借记“债务还本支出”账户，按照置换下级政府存量债务的额度，借记“债务转贷支出”账户，按照置换存量债务的总额度，贷记“债务转贷收入”账户；根据债务管理部门转来的相关资料，按照置换存量债务的总额度，借记“待偿债净资产——应付地方政府债券转贷款”账户，贷记“应付地方政府债券转贷款”账户。同时，按照置换下级政府存量债务额度，借记“应收地方政府债券转贷款”账户，贷记“资产基金——应收地方政府债券转贷款”账户。

5.“债务收入”账户及账务处理

该账户属收入类账户，核算政府财政按照国家法律、国务院规定以发行债券等方式取得的，以及向外国政府、国际金融组织等机构借款取得的纳入预算管理的债务收入。本账户应当按照《政府收支分类科目》中“债务收入”科目的规定进行明细核算。该账户平时贷方余额反映债务收入的累计数。年终转账后，本账户无余额。

债务收入的主要账务处理如下：

(1) 省级以上政府财政收到政府债券发行收入时，按照实际收到的金额，借记“国库存款”账户，按照政府债券实际发行额，贷记“债务收入”账户，按照发行收入和发行额的差额，借记或贷记有关支出账户；根据债务管理部门转来的债券发行确认文件等相关资料，按照到期应付的政府债券本金金额，借记“待偿债净资产——应付短期政府债券/应付长期政府债券”账户，贷记“应付短期政府债券”“应付长期政府债券”等账户。

(2) 政府财政向外国政府、国际金融组织等机构借款时，按照借入的金额，借记“国库存款”“其他财政存款”等账户，贷记“债务收入”账户；根据债务管理部门转来的相关资料，按照实际承担的债务金额，借记“待偿债净资产——借入款项”账户，贷记“借入款项”账户。

(3) 本级政府财政借入主权外债，且由外方将贷款资金直接支付给用款单位或供应商时，应根据以下情况分别处理：

①本级政府财政承担还款责任，贷款资金由本级政府财政同级部门（单位）使用的，本级政府财政根据贷款资金支付相关资料，借记“一般公共预算本级支出”账户，贷记“债务收入”账户；根据债务管理部门转来的相关资料，按照实际承担

的债务金额，借记“待偿债净资产——借入款项”账户，贷记“借入款项”账户。

②本级政府财政承担还款责任，贷款资金由下级政府财政同级部门（单位）使用的，本级政府财政根据贷款资金支付相关资料及预算指标文件，借记“补助支出”账户，贷记“债务收入”账户；根据债务管理部门转来的相关资料，按照实际承担的债务金额，借记“待偿债净资产——借入款项”账户，贷记“借入款项”账户。

③下级政府财政承担还款责任，贷款资金由下级政府财政同级部门（单位）使用的，本级政府财政根据贷款资金支付相关资料，借记“债务转贷支出”账户，贷记“债务收入”账户；根据债务管理部门转来的相关资料，按照实际承担的债务金额，借记“待偿债净资产——借入款项”账户，贷记“借入款项”账户；同时，借记“应收主权外债转贷款”账户，贷记“资产基金——应收主权外债转贷款”账户。

（4）年终转账时，“债务收入”账户下“专项债务收入”明细账户的贷方余额应按照对应的政府性基金种类分别转入“政府性基金预算结转结余”相应明细账户，借记“债务收入”账户（专项债务收入明细账户），贷记“政府性基金预算结转结余”账户；“债务收入”账户下其他明细账户的贷方余额全数转入“一般公共预算结转结余”账户，借记“债务收入”账户（其他明细账户），贷记“一般公共预算结转结余”账户。

6.“债务转贷收入”账户及账务处理

该账户属收入类账户，核算省级以下（不含省级）政府财政收到上级政府财政转贷的债务收入。本账户下，应当设置“地方政府一般债务转贷收入”“地方政府专项债务转贷收入”明细账户。该账户平时贷方余额反映债务转贷收入的累计数。年终转账后，本账户无余额。

债务转贷收入的主要账务处理如下：

（1）省级以下（不含省级）政府财政收到地方政府债券转贷收入时，按照实际收到的金额，借记“国库存款”账户，贷记“债务转贷收入”账户；根据债务管理部门转来的相关资料，按照到期应偿还的转贷款本金金额，借记“待偿债净资产——应付地方政府债券转贷款”账户，贷记“应付地方政府债券转贷款”账户。

（2）省级以下（不含省级）政府财政收到主权外债转贷收入的具体账务处理如下：

①本级财政收到主权外债转贷资金时，借记“其他财政存款”账户，贷记“债务转贷收入”账户；根据债务管理部门转来的相关资料，按照实际承担的债务金额，借记“待偿债净资产——应付主权外债转贷款”账户，贷记“应付主权外债转贷款”账户。

②从上级政府财政借入主权外债转贷款，且由外方将贷款资金直接支付给用款单位或供应商时，应根据以下情况分别处理：

a.本级政府财政承担还款责任，贷款资金由本级政府财政同级部门（单位）使用的，本级政府财政根据贷款资金支付相关资料，借记“一般公共预算本级支出”账户，贷记“债务转贷收入”账户；根据债务管理部门转来的相关资料，按照实际承担的债务金额，借记“待偿债净资产——应付主权外债转贷款”账户，贷记“应付主权外债转贷款”账户。

b.本级政府财政承担还款责任，贷款资金由下级政府财政同级部门（单位）使用的，本级政府财政根据贷款资金支付相关资料及预算文件，借记“补助支出”账户，贷记“债务转贷收入”账户；根据债务管理部门转来的相关资料，按照实际承担的债务金额，借记“待偿债净资产——应付主权外债转贷款”账户，贷记“应付主权外债转贷款”账户。

c.下级政府财政承担还款责任，贷款资金由下级政府财政同级部门（单位）使用的，本级政府财政根据转贷资金支付相关资料，借记“债务转贷支出”账户，贷记“债务转贷收入”账户；根据债务管理部门转来的相关资料，按照实际承担的债务金额，借记“待偿债净资产——应付主权外债转贷款”账户，贷记“应付主权外债转贷款”账户；同时，借记“应收主权外债转贷款”账户，贷记“资产基金——应收主权外债转贷款”账户。下级政府财政根据贷款资金支付相关资料，借记“一般公共预算本级支出”账户，贷记“债务转贷收入”账户；根据债务管理部门转来的相关资料，按照实际承担的债务金额，借记“待偿债净资产——应付主权外债转贷款”账户，贷记“应付主权外债转贷款”账户。

（3）年终转账时，“债务转贷收入”账户下“地方政府一般债务转贷收入”明细账户的贷方余额全数转入“一般公共预算结转结余”账户，借记“债务转贷收入”账户，贷记“一般公共预算结转结余”账户。“债务转贷收入”账户下“地方政府专项债务转贷收入”明细账户的贷方余额按照对应的政府性基金种类，分别转入“政府性基金预算结转结余”相应明细账户，借记“债务转贷收入”账户，贷记“政府性基金预算结转结余”账户。

7.“债务还本支出”账户及账务处理

该账户属支出类账户，核算政府财政偿还本级政府财政承担的纳入预算管理的债务本金支出。本账户应当根据《政府收支分类科目》中“债务还本支出”的有关规定设置明细账户。本账户平时借方余额反映本级政府财政债务还本支出的累计数。年终转账后，本账户无余额。

债务还本支出的主要账务处理如下：

（1）偿还本级政府财政承担的政府债券、主权外债等纳入预算管理的债务本金时，借记“债务还本支出”账户，贷记“国库存款”“其他财政存款”等账户；根据债务管理部门转来的相关资料，按照实际偿还的本金金额，借记“应付短期政府债券”“应付长期政府债券”“借入款项”“应付地方政府债券转贷款”“应付主权外债转贷款”等账户，贷记“待偿债净资产”账户。

（2）偿还截至2014年12月31日本级政府财政承担的存量债务本金时，借记

"债务还本支出"账户，贷记"国库存款""其他财政存款"等账户。

（3）年终转账时，"债务还本支出"账户下"专项债务还本支出"明细账户的借方余额应按照对应的政府性基金种类，分别转入"政府性基金预算结转结余"相应明细账户，借记"政府性基金预算结转结余"账户，贷记"债务还本支出"账户（专项债务还本支出）。"债务还本支出"账户下其他明细账户的借方余额全数转入"一般公共预算结转结余"账户，借记"一般公共预算结转结余"账户，贷记本账户（其他明细账户）。

8."债务转贷支出"账户及账务处理

该账户属支出类账户，核算本级政府财政向下级政府财政转贷的债务支出。本账户下应当设置"地方政府一般债务转贷支出""地方政府专项债务转贷支出"明细账户，同时还应当按照转贷地区进行明细核算。该账户平时借方余额反映债务转贷支出的累计数。年终转账后，本账户无余额。

债务转贷支出的主要账务处理如下：

（1）本级政府财政向下级政府财政转贷地方政府债券资金时，借记"债务转贷支出"账户，贷记"国库存款"账户；根据债务管理部门转来的相关资料，按照到期应收回的转贷款本金金额，借记"应收地方政府债券转贷款"账户，贷记"资产基金——应收地方政府债券转贷款"账户。

（2）本级政府财政向下级政府财政转贷主权外债资金，且主权外债最终还款责任由下级政府财政承担的，相关账务处理如下：

①本级政府财政支付转贷资金时，根据转贷资金支付相关资料，借记"债务转贷支出"账户，贷记"其他财政存款"账户；根据债务管理部门转来的相关资料，按照实际持有的债权金额，借记"应收主权外债转贷款"账户，贷记"资产基金——应收主权外债转贷款"账户。

②外方将贷款资金直接支付给用款单位或供应商时，本级政府财政根据转贷资金支付相关资料，借记"债务转贷支出"账户，贷记"债务收入""债务转贷收入"账户；根据债务管理部门转来的相关资料，按照实际持有的债权金额，借记"应收主权外债转贷款"账户，贷记"资产基金——应收主权外债转贷款"账户；同时，借记"待偿债净资产"账户，贷记"借入款项""应付主权外债转贷款"等账户。

（3）年终转账时，"债务转贷支出"账户下"地方政府一般债务转贷支出"明细账户的借方余额全数转入"一般公共预算结转结余"账户，借记"一般公共预算结转结余"账户，贷记"债务转贷支出（地方政府一般债务转贷支出）"账户。"债务转贷支出"账户下"地方政府专项债务转贷支出"明细账户的借方余额全数转入"政府性基金预算结转结余"账户，借记"政府性基金预算结转结余"账户，贷记"债务转贷支出（地方政府专项债务转贷支出）"账户。

9."资产基金"账户

该账户属净资产类账户，核算政府财政持有的应收地方政府债券转贷款、应收主权外债转贷款、股权投资和应收股利等资产（与其相关的资金收支纳入预算管理）在净资产中占用的金额。本账户下应当设置“应收地方政府债券转贷款”“应收主权外债转贷款”“股权投资”“应收股利”等明细账户，进行明细核算。本账户期末贷方余额，反映政府财政持有应收地方政府债券转贷款、应收主权外债转贷款、股权投资和应收股利等资产（与其相关的资金收支纳入预算管理）在净资产中占用的金额。

资产基金的账务处理参见“应收地方政府债券转贷款”、“应收主权外债转贷款”、“股权投资”和“应收股利”等账户的使用说明。

10.“待偿债净资产”账户

该账户属净资产类账户，核算政府财政因发生应付政府债券、借入款项、应付地方政府债券转贷款、应付主权外债转贷款、其他负债等负债（与其相关的资金收支纳入预算管理）相应需在净资产中冲减的金额。本账户下，应当设置“应付短期政府债券”“应付长期政府债券”“借入款项”“应付地方政府债券转贷款”“应付主权外债转贷款”“其他负债”等明细账户，进行明细核算。本账户期末借方余额，反映政府财政承担应付政府债券、借入款项、应付地方政府债券转贷款、应付主权外债转贷款和其他负债等负债（与其相关的资金收支纳入预算管理）而相应需冲减净资产的金额。

待偿债净资产的账务处理参见“应付短期政府债券”、“应付长期政府债券”、“借入款项”、“应付地方政府债券转贷款”、“应付主权外债转贷款”和“其他负债”等账户的使用说明。

【例5-11】某省财政部门经批准发行为期9个月的一般债券10 000 000元，发行9个月的专项债券20 000 000元（均为港口建设费债务收入），支付债券印刷费、发行费等2 400 000元；债券按月计息并支付，月利率4‰。

借：国库存款　27 600 000
　　一般公共预算本级支出　800 000
　　政府性基金预算本级支出　1 600 000
　贷：债务收入——地方政府债务收入（一般债务收入——地方政府一般债券收入）
　　　10 000 000
　　　（专项债务收入——港口建设费债务收入）
　　　20 000 000

同时：

借：待偿债净资产——应付短期政府债券　30 000 000
　贷：应付短期政府债券——应付地方政府一般债券（应付本金）　10 000 000
　　　——应付地方政府专项债券（应付本金）　20 000 000

【例5-12】接【例5-11】，每月计提债券应付利息。

借：待偿债净资产——应付短期政府债券　120 000
　贷：应付短期政府债券——应付地方政府一般债券（应付利息）　40 000
　　　——应付地方政府专项债券（应付利息）　80 000

【例5-13】接【例5-11】，每月实际支付债券利息。

借：一般公共预算本级支出 40 000

　　政府性基金预算本级支出 80 000

　贷：国库存款 120 000

同时：

借：应付短期政府债券——应付地方政府一般债券——应付利息 40 000

　　　　　　　　——应付地方政府专项债券——应付利息 80 000

　贷：待偿债净资产——应付短期政府债券 120 000

【例5-14】接【例5-11】，偿还本级短期政府一般债券本金。

借：债务还本支出——地方政府一般债务还本支出——地方政府一般债券还本支出 10 000 000

　贷：国库存款 10 000 000

同时：

借：应付短期政府债券——应付地方政府一般债券——应付本金 10 000 000

　贷：待偿债净资产——应付短期政府债券 10 000 000

【例5-15】接【例5-11】，偿还本级短期政府专项债券本金。

借：债务还本支出——地方政府专项债务还本支出——港口建设费债务还本支出 20 000 000

　贷：国库存款 20 000 000

同时：

借：应付短期政府债券——应付地方政府专项债券——应付本金 20 000 000

　贷：待偿债净资产——应付短期政府债券 20 000 000

【例5-16】某省财政部门经批准发行2年期一般地方政府债券10亿元，该债券到期一次还本付息，年利率4%。

借：国库存款 1 000 000 000

　贷：债务收入——地方政府债务收入——一般债务收入——地方政府一般债券收入 1 000 000 000

同时：

借：待偿债净资产——应付长期政府债券 1 000 000 000

　贷：应付长期政府债券——应付地方政府一般债券——应付本金 1 000 000 000

【例5-17】该省财政部门将2年期一般地方政府债券中的4亿元转贷给下属甲市财政部门，3亿元转贷给下属乙市财政部门。

省财政总预算会计应做会计分录：

借：债务转贷支出——地方政府一般债务转贷支出——甲市 400 000 000

　　　　　　　　　　　　　　　　　——乙市 300 000 000

贷：国库存款 700 000 000

同时：

借：应收地方政府债券转贷款——应收地方政府一般债券转贷款

——应收本金——甲市 400 000 000

——乙市 300 000 000

贷：资产基金——应收地方政府债券转贷款 700 000 000

甲市财政总预算会计应做会计分录：

借：国库存款 400 000 000

贷：债务转贷收入——地方政府一般债务转贷收入 400 000 000

同时：

借：待偿债净资产——应付地方政府债券转贷款 400 000 000

贷：应付地方政府债券转贷款——应付地方政府一般债券转贷款——应付本金

400 000 000

乙市财政总预算会计应做会计分录：

借：国库存款 300 000 000

贷：债务转贷收入——地方政府一般债务转贷收入 300 000 000

同时：

借：待偿债净资产——应付地方政府债券转贷款 300 000 000

贷：应付地方政府债券转贷款——应付地方政府一般债券转贷款——应付本金

300 000 000

【例 5-18】该省财政部门年末确认长期政府债券的应付利息。

借：待偿债净资产——应付长期政府债券 40 000 000

贷：应付长期政府债券——应付地方政府一般债券——应付利息 40 000 000

【例 5-19】年末确认地方政府债券转贷款的应收利息 2 800 万元。

省财政总预算会计应做会计分录：

借：应收地方政府债券转贷款——应收地方政府一般债券转贷款

——应收利息——甲市 16 000 000

——乙市 12 000 000

贷：资产基金——应收地方政府债券转贷款 28 000 000

甲市财政总预算会计应做会计分录：

借：待偿债净资产——应付地方政府债券转贷款 16 000 000

贷：应付地方政府债券转贷款——应付地方政府一般债券转贷款——应付利息

16 000 000

乙市财政总预算会计应做会计分录：

借：待偿债净资产——应付地方政府债券转贷款 12 000 000

贷：应付地方政府债券转贷款——应付地方政府一般债券转贷款——应付利息

12 000 000

【例5-20】该地方政府债券即将到期，甲市财政部门将应当归还的地方政府债券本金4亿元、利息3 200万元上缴省财政部门。

省财政总预算会计应做会计分录：

借：国库存款　432 000 000

　贷：其他应付款　432 000 000

同时：

借：资产基金——应收地方政府债券转贷款　432 000 000

　贷：应收地方政府债券转贷款——应收地方政府一般债券转贷款

　　——应收本金——甲市　400 000 000

　　——应收利息——甲市　32 000 000

甲市财政总预算会计应做会计分录：

借：债务还本支出——地方政府一般债务还本支出——地方政府一般债券还本支出　400 000 000

　一般公共预算本级支出　32 000 000

　贷：国库存款　432 000 000

同时：

借：应付地方政府债券转贷款——应付地方政府一般债券转贷款——应付本金　400 000 000

　——应付利息　32 000 000

　贷：待偿债净资产——应付地方政府债券转贷款　432 000 000

【例5-21】该地方政府一般债券到期偿还该债券本息。

省财政总预算会计应做会计分录：

借：债务还本支出　300 000 000

　一般公共预算本级支出　24 000 000

　其他应付款——甲市　432 000 000

　其他应收款——乙市　324 000 000

　贷：国库存款　1 080 000 000

同时：

借：应付长期政府债券——应付地方政府一般债券——应付本金　1 000 000 000

　——应付利息　80 000 000

　贷：待偿债净资产——应付长期政府债券　1 080 000 000

【例5-22】年终结算，省财政扣缴了为乙市财政部门垫付的地方政府债券本金3亿元、利息2 400万元。

省财政总预算会计应做会计分录：

借：与下级往来——乙市　　324 000 000
　贷：其他应收款——乙市　　324 000 000
同时：
借：资产基金——应收地方政府债券转贷款　　324 000 000
　贷：应收地方政府债券转贷款——应收地方政府一般债券转贷款
　　——应收本金——乙市　　300 000 000
　　——应收利息——乙市　　24 000 000

乙市财政总预算会计应做会计分录：
借：其他应收款——乙市　　324 000 000
　贷：与上级往来　　324 000 000
同时：
借：应付地方政府债券转贷款——应付地方政府一般债券转贷款——应付本金——乙市
　　300 000 000
　　——应付利息——乙市
　　24 000 000
　贷：待偿债净资产——应付地方政府债券转贷款　　324 000 000
列报支出时：
借：债务还本支出——地方政府一般债务还本支出——地方政府一般债券还本支出　　300 000 000
　一般公共预算本级支出　　24 000 000
　贷：其他应收款　　324 000 000

二、外国政府和国际金融组织贷款及转贷的核算

向外国政府和国际金融组织借入的贷款，由中央政府代表国家承担最终还款责任，因此又称主权外债贷款，或简称主权外债。主权外债筹集资金的使用分为本级政府直接使用和用于转贷款，主权外债还款分为本级财政部门承担责任还款、下级财政部门承担责任还款。

（一）主权外债贷款及转贷款核算的业务内容

各级政府总预算会计在处理主权外债业务时，既要核算因借入借出主权外债形成的负债或资产，又要将借入和归还主权外债资金作为债务预算收入和债务预算支出进行核算。各级政府财政部门借入、使用和归还主权外债资金业务主要分为以下几种情况：

（1）用于本级财政部门的预算支出，还款责任由本级财政部门承担。财政部门在取得贷款资金时，财政总预算会计既要确认债务收入，又要确认因借入贷款形成的应归还贷款本金负债。用贷款资金向预算单位拨款或向财政部门转移支付的，要作为预算支出或补助支出确认。期末确认借入主权外债的应付利息时，要确认应归还贷款利息负债。

（2）用于向下级政府财政部门进行转贷款，还款责任由下级政府财政部门承担。财政部门用贷款资金向下级财政部门转贷款时，要确认债务转贷支出，同时还要确认因转贷款形成的应收转贷款本金资产。期末确认主权外债转贷款的应收利息时，要确认对下级财政部门的用于转贷款利息资产。

（3）财政部门在偿还本级政府财政承担的借入主权外债本金时，要确认债务还本支出，同时确认应归还贷款本金负债的减少；偿还本级政府财政承担的借入主权外债利息时，要确认预算支出，同时确认应归还贷款利息负债的减少。

（4）收到上级政府财政转贷的主权外债资金时，要确认债务转贷收入，同时还要确认因转贷款形成的应付转贷款本金负债。期末确认主权外债转贷款的本期应付未付利息时，要确认对上级财政部门的贷款利息负债。

（二）核算主权外债贷款及转贷款业务的账户设置及主要账务处理

1.“借入款项”账户及账务处理

本账户属负债类账户，核算政府财政部门以政府名义向外国政府和国际金融组织等借入的款项，以及经国务院批准的其他方式借入的款项。本账户下，应当设置“应付本金”“应付利息”明细账户，分别对借入款项的应付本金和利息进行明细核算，还应当按照债权人进行明细核算。该账户期末贷方余额反映本级政府财政尚未偿还的借入款项本金和利息。债务管理部门应当设置相应的辅助账，详细记录每笔借入款项的期限、借入日期、偿还及付息情况等。

借入主权外债的账务处理如下：

（1）本级政府财政收到借入的主权外债资金时，借记“其他财政存款”账户，贷记“债务收入”账户；根据债务管理部门转来的相关资料，按照实际承担的债务金额，借记“待偿债净资产——借入款项”账户，贷记“借入款项”账户。

（2）本级政府财政借入主权外债，且由外方将贷款资金直接支付给用款单位或供应商时，应根据以下情况分别处理：

①本级政府财政承担还款责任，贷款资金由本级政府财政同级部门（单位）使用的，本级政府财政部门根据贷款资金支付相关资料，借记“一般公共预算本级支出”等账户，贷记“债务收入”账户；根据债务管理部门转来的相关资料，按照实际承担的债务金额，借记“待偿债净资产——借入款项”账户，贷记“借入款项”账户。

②本级政府财政承担还款责任，贷款资金由下级政府财政同级部门（单位）使用的，本级政府财政部门根据贷款资金支付相关资料及预算指标文件，借记“补助支出”账户，贷记“债务收入”账户；根据债务管理部门转来的相关资料，按照实际承担的债务金额，借记“待偿债净资产——借入款项”账户，贷记“借入款项”账户。

③下级政府财政承担还款责任，贷款资金由下级政府财政同级部门（单位）使用的，本级政府财政部门根据贷款资金支付相关资料，借记“债务转贷支出”账户，贷记“债务收入”账户；根据债务管理部门转来的相关资料，按照实际承担的债务金额，借记“待偿债净资产——借入款项”账户，贷记“借入款项”账户；同

时，借记“应收主权外债转贷款”账户，贷记“资产基金——应收主权外债转贷款”账户。

（3）期末确认借入主权外债的应付利息时，根据债务管理部门计算出的本期应付未付利息金额，借记“待偿债净资产——借入款项”账户，贷记“借入款项”账户。

（4）偿还本级政府财政承担的借入主权外债本金时，借记“债务还本支出”账户，贷记“国库存款”“其他财政存款”等账户；根据债务管理部门转来的相关资料，按照实际偿还的本金金额，借记“借入款项”账户，贷记“待偿债净资产——借入款项”账户。

（5）偿还本级政府财政承担的借入主权外债利息时，借记“一般公共预算本级支出”等账户，贷记“国库存款”“其他财政存款”等账户；实际偿还的利息金额中属于已确认的应付利息部分，还应根据债务管理部门转来的相关资料，借记“借入款项”账户，贷记“待偿债净资产——借入款项”账户。

（6）偿还下级政府财政承担的借入主权外债的本息时，借记“其他应付款”或“其他应收款”账户，贷记“国库存款”“其他财政存款”等账户；根据债务管理部门转来的相关资料，按照实际偿还的本金及已确认的应付利息金额，借记“借入款项”账户，贷记“待偿债净资产——借入款项”账户。

（7）被上级政府财政扣缴借入主权外债的本息时，借记“其他应收款”账户，贷记“与上级往来”账户；根据债务管理部门转来的相关资料，按照实际扣缴的本金及已确认的应付利息金额，借记“借入款项”账户，贷记“待偿债净资产——借入款项”账户。列报支出时，对应由本级政府财政承担的还本支出，借记“债务还本支出”账户，贷记“其他应收款”账户；对应由本级政府财政承担的利息支出，借记“一般公共预算本级支出”等账户，贷记“其他应收款”账户。

（8）债权人豁免本级政府财政承担偿还责任的借入主权外债本息时，根据债务管理部门转来的相关资料，按照被豁免的本金及已确认的应付利息金额，借记“借入款项”账户，贷记“待偿债净资产——借入款项”账户。

债权人豁免下级政府财政承担偿还责任的借入主权外债本息时，根据债务管理部门转来的相关资料，按照被豁免的本金及已确认的应付利息金额，借记“借入款项”账户，贷记“待偿债净资产——借入款项”账户；同时，借记“资产基金——应收主权外债转贷款”账户，贷记“应收主权外债转贷款”账户。

2.“应收主权外债转贷款”账户及账务处理

该账户属资产类账户，核算本级政府财政转贷给下级政府财政的外国政府和国际金融组织贷款等主权外债资金的本金及利息。本账户下，应当设置“应收本金”和“应收利息”两个明细账户，并按照转贷对象进行明细核算。该账户期末借方余额反映政府财政应收未收的主权外债转贷款本金和利息。

应收主权外债转贷款的主要账务处理如下：

（1）本级政府财政向下级政府财政转贷主权外债资金，且主权外债最终还款责任由下级政府财政承担的，相关账务处理如下：

①本级政府财政支付转贷资金时，根据转贷资金支付相关资料，借记“债务转贷支出”账户，贷记“其他财政存款”账户；根据债务管理部门转来的相关资料，按照实际持有的债权金额，借记“应收主权外债转贷款”账户，贷记“资产基金——应收主权外债转贷款”账户。

②外方将贷款资金直接支付给用款单位或供应商时，本级政府财政根据转贷资金支付相关资料，借记“债务转贷支出”账户，贷记“债务收入”或“债务转贷收入”账户；根据债务管理部门转来的相关资料，按照实际持有的债权金额，借记“应收主权外债转贷款”账户，贷记“资产基金——应收主权外债转贷款”账户；同时，借记“待偿债净资产”账户，贷记“借入款项”或“应付主权外债转贷款”账户。

（2）期末确认主权外债转贷款的应收利息时，根据债务管理部门计算出的转贷款的本期应收未收利息金额，借记“应收主权外债转贷款”账户，贷记“资产基金——应收主权外债转贷款”账户。

（3）收回转贷给下级政府财政主权外债的本息时，按照收回的金额，借记“其他财政存款”账户，贷记“其他应付款”或“其他应收款”账户；根据债务管理部门转来的相关资料，按照实际收回的转贷款本金及已确认的应收利息金额，借记“资产基金——应收主权外债转贷款”账户，贷记“应收主权外债转贷款”账户。

（4）扣缴下级政府财政的转贷款本息时，按照扣缴的金额，借记“与下级往来”账户，贷记“其他应付款”或“其他应收款”账户；根据债务管理部门转来的相关资料，按照扣缴的转贷款本金及已确认的应收利息金额，借记“资产基金——应收主权外债转贷款”账户，贷记“应收主权外债转贷款”账户。

3.“应付主权外债转贷款”账户及账务处理

该账户属负债类账户，核算本级政府财政从上级政府财政借入的主权外债转贷款的本金和利息。本账户下，应当设置“应付本金”和“应付利息”两个明细账户，分别对应付本金和利息进行明细核算。该账户期末贷方余额反映本级政府财政尚未偿还的主权外债转贷款本金和利息。

应付主权外债转贷款的主要账务处理如下：

（1）收到上级政府财政转贷的主权外债资金时，借记“其他财政存款”账户，贷记“债务转贷收入”账户；根据债务管理部门转来的相关资料，按照实际承担的债务金额，借记“待偿债净资产——应付主权外债转贷款”账户，贷记“应付主权外债转贷款”账户。

（2）从上级政府财政借入主权外债转贷款，且由外方将贷款资金直接支付给用款单位或供应商时，应根据以下情况分别处理：

①本级政府财政承担还款责任，贷款资金由本级政府财政同级部门（单位）使用的，本级政府财政根据贷款资金支付相关资料，借记“一般公共预算本级支出”等账户，贷记“债务转贷收入”账户；根据债务管理部门转来的相关资料，按照实际承担的债务金额，借记“待偿债净资产——应付主权外债转贷款”账户，贷记

"应付主权外债转贷款"账户。

②本级政府财政承担还款责任，贷款资金由下级政府财政同级部门（单位）使用的，本级政府财政部门根据贷款资金支付相关资料及预算指标文件，借记"补助支出"账户，贷记"债务转贷收入"账户；根据债务管理部门转来的相关资料，按照实际承担的债务金额，借记"待偿债净资产——应付主权外债转贷款"账户，贷记"应付主权外债转贷款"账户。

③下级政府财政承担还款责任，贷款资金由下级政府财政同级部门（单位）使用的，本级政府财政部门根据贷款资金支付相关资料，借记"债务转贷支出"账户，贷记"债务转贷收入"；根据债务管理部门转来的相关资料，按照实际承担的债务金额，借记"待偿债净资产——应付主权外债转贷款"账户，贷记"应付主权外债转贷款"账户；同时，借记"应收主权外债转贷款"账户，贷记"资产基金——应收主权外债转贷款"账户。

（3）期末确认主权外债转贷款的应付利息时，按照债务管理部门计算出的本期应付未付利息金额，借记"待偿债净资产——应付主权外债转贷款"账户，贷记"应付主权外债转贷款"账户。

（4）偿还本级政府财政承担的借入主权外债转贷款的本金时，借记"债务还本支出"账户，贷记"其他财政存款"等账户；根据债务管理部门转来的相关资料，按照实际偿还的本金金额，借记"应付主权外债转贷款"账户，贷记"待偿债净资产——应付主权外债转贷款"账户。

（5）偿还本级政府财政承担的借入主权外债转贷款的利息时，借记"一般公共预算本级支出"等账户，贷记"其他财政存款"等账户；实际偿还利息金额中属于已确认的应付利息部分，还应根据债务管理部门转来的相关资料，借记"应付主权外债转贷款"账户，贷记"待偿债净资产——应付主权外债转贷款"账户。

（6）偿还下级政府财政承担的借入主权外债转贷款的本息时，借记"其他应付款"或"其他应收款"账户，贷记"其他财政存款"等账户；根据债务管理部门转来的相关资料，按照实际偿还的本金及已确认的应付利息金额，借记"应付主权外债转贷款"账户，贷记"待偿债净资产——应付主权外债转贷款"账户。

（7）被上级政府财政扣缴借入主权外债转贷款的本息时，借记"其他应收款"账户，贷记"与上级往来"账户；根据债务管理部门转来的相关资料，按照被扣缴的本金及已确认的应付利息金额，借记"应付主权外债转贷款"账户，贷记"待偿债净资产——应付主权外债转贷款"账户。列报支出时，对本级政府财政承担的还本支出，借记"债务还本支出"账户，贷记"其他应收款"账户；对本级政府财政承担的利息支出，借记"一般公共预算本级支出"等账户，贷记"其他应收款"账户。

（8）上级政府财政豁免主权外债转贷款本息时，根据以下情况分别处理：

①豁免本级政府财政承担偿还责任的主权外债转贷款本息时，根据债务管理部门转来的相关资料，按照豁免转贷款的本金及已确认的应付利息金额，借记"应付主权外债转贷款"账户，贷记"待偿债净资产——应付主权外债转贷款"账户。

②豁免下级政府财政承担偿还责任的主权外债转贷款本息时，根据债务管理部门转来的相关资料，按照豁免转贷款的本金及已确认的应付利息金额，借记“应付主权外债转贷款”账户，贷记“待偿债净资产——应付主权外债转贷款”账户；同时，借记“资产基金——应收主权外债转贷款”账户，贷记“应收主权外债转贷款”账户。

借入主权外债的业务，根据借入外债资金的流程分为两种情况：一是外国政府和国际金融组织将外债资金转入财政部门账户，再由财政部门向用款单位拨款；二是外国政府和国际金融组织将外债资金直接贷给用款单位。

【例5-23】某省财政获得外国政府的项目贷款5 000 000 000元，采用外方将贷款资金转入财政部门资金账户的方式，贷款资金已经拨入省财政部门财政账户。省财政总预算会计应做会计分录：

借：其他财政存款——外债专户存款　　5 000 000 000

　贷：债务收入——地方政府债务收入——一般债务收入——地方政府向外国政府借款收入　　5 000 000 000

同时：

借：待偿债净资产——借入款项　　5 000 000 000

　贷：借入款项——应付本金　　5 000 000 000

【例5-24】接【例5-23】，省财政部门将项目贷款中的1 000 000 000元转贷给所属的甲市财政部门，2 000 000 000元转贷给所属的乙市财政部门，其余的项目贷款留作省财政部门使用。贷款资金已经拨付到甲、乙两市财政部门。

省财政总预算会计应做会计分录：

借：债务转贷支出——地方政府一般债务转贷支出　3 000 000 000

　贷：其他财政存款——外债专户存款　　3 000 000 000

同时：

借：应收主权外债转贷款——应收本金——甲市　　1 000 000 000

　　　　　　　　　　　　　　　　——乙市　　2 000 000 000

　贷：资产基金——应收主权外债转贷款　　3 000 000 000

甲市财政总预算会计应做会计分录：

借：其他财政存款——外债专户存款　　1 000 000 000

　贷：债务转贷收入——地方政府一般债务转贷收入　　1 000 000 000

同时：

借：待偿债净资产——应付主权外债转贷款　　1 000 000 000

　贷：应付主权外债转贷款——应付本金　　1 000 000 000

甲市财政总预算会计应做会计分录：

借：其他财政存款——外债专户存款　　2 000 000 000

　贷：债务转贷收入——地方政府一般债务转贷收入　　2 000 000 000

同时：

借：待偿债净资产——应付主权外债转贷款　　2 000 000 000

贷：应付主权外债转贷款——应付本金 2 000 000 000

【例5-25】接【例5-24】，省财政将项目贷款1 000 000 000元做为转移支付资金拨付给丙市财政部门。

省财政总预算会计应做会计分录为：

借：补助支出——一般公共预算补助支出——丙市 1 000 000 000

贷：其他财政存款——外债专户存款 1 000 000 000

甲市财政总预算会计应做会计分录为：

借：其他财政存款——外债专户存款 1 000 000 000

贷：补助收入——一般公共预算补助收入 1 000 000 000

【例5-26】接【例5-24】，省财政根据债务管理部门计算出的本期应付未付利息金额为150 000 000元。

省财政总预算会计应做会计分录：

借：待偿债净资产——借入款项 150 000 000

贷：借入款项——应付利息 150 000 000

【例5-27】接【例5-24】，省财政根据债务管理部门计算出转贷款的本期应收未收利息，其中：甲市30 000 000元，乙市60 000 000元，并通知甲、乙两市财政部门。

省财政总预算会计应做会计分录：

借：应收主权外债转贷款——应收利息——甲市 30 000 000

——乙市 60 000 000

贷：资产基金——应收主权外债转贷款 90 000 000

甲市财政总预算会计应做会计分录：

借：待偿债净资产——应付主权外债转贷款 30 000 000

贷：应付主权外债转贷款——应付利息 30 000 000

乙市财政总预算会计应做会计分录：

借：待偿债净资产——应付主权外债转贷款 60 000 000

贷：应付主权外债转贷款——应付利息 60 000 000

【例5-28】接【例5-24】，甲市财政部门向省财政部门偿还本级政府财政承担的借入主权外债转贷款的利息30 000 000元。

甲市财政总预算会计应做会计分录：

借：一般公共预算本级支出 30 000 000

贷：其他财政存款——外债专户存款 30 000 000

同时：

借：应付主权外债转贷款——应付利息 30 000 000

贷：待偿债净资产——应付主权外债转贷款 30 000 000

省财政总预算会计应做会计分录：

借：其他财政存款——外债专户存款 30 000 000

贷：其他应付款 30 000 000

同时：

借：资产基金——应收主权外债转贷款　　30 000 000

　贷：应收主权外债转贷款——应收利息——甲市　　30 000 000

【例5-29】接【例5-24】，省财政偿还该项目的贷款利息150 000 000元，其中包括为乙市财政部门垫付的贷款利息60 000 000元。

省财政总预算会计应做会计分录：

借：一般公共预算本级支出　　60 000 000

　　其他应付款　　30 000 000

　　其他应收款　　60 000 000

　贷：其他财政存款——外债专户存款　　150 000 000

同时：

借：借入款项——应付利息　　150 000 000

　贷：待偿债净资产——借入款项　　150 000 000

【例5-30】接【例5-24】，省财政部门收到乙市财政部门补缴的该项目贷款利息60 000 000元。

省财政总预算会计应做会计分录：

借：其他财政存款——外债专户存款　　60 000 000

　贷：其他应收款　　60 000 000

同时：

借：资产基金——应收主权外债转贷款　　60 000 000

　贷：应收主权外债转贷款——应收利息——乙市　　60 000 000

乙市财政总预算会计应做会计分录：

借：一般公共预算本级支出　　60 000 000

　贷：其他财政存款——外债专户存款　　60 000 000

同时：

借：应付主权外债转贷款——应付利息　　60 000 000

　贷：待偿债净资产——应付主权外债转贷款　　60 000 000

【例5-31】接【例5-24】，该项目贷款到期，甲市财政部门向省财政部门支付归还贷款本金1 000 000 000元，乙市财政部门向省财政部门支付归还贷款本金2 000 000 000元。

甲市财政总预算会计应做会计分录为：

借：债务还本支出——地方政府一般债务还本支出——地方政府向外国政府借款还本支出　　1 000 000 000

　贷：其他财政存款——外债专户存款　　1 000 000 000

同时：

借：应付主权外债转贷款——应付本金　　1 000 000 000

　贷：待偿债净资产——应付主权外债转贷款　　1 000 000 000

乙市财政总预算会计应做会计分录：

借：债务还本支出——地方政府一般债务还本支出——地方政府向外国政府借款还本支出　2 000 000 000

　贷：其他财政存款——外债专户存款　2 000 000 000

同时：

借：应付主权外债转贷款——应付本金　2 000 000 000

　贷：待偿债净资产——应付主权外债转贷款　2 000 000 000

省财政总预算会计应做会计分录：

借：其他财政存款——外债专户存款　3 000 000 000

　贷：其他应付款——甲市　1 000 000 000

　　　　　　　　——乙市　2 000 000 000

同时：

借：资产基金——应收主权外债转贷款　3 000 000 000

　贷：应收主权外债转贷款——应收本金　3 000 000 000

【例5-32】接【例5-24】，省财政部门偿还该项目贷款本金5 000 000 000元。

省财政总预算会计应做会计分录：

借：债务还本支出——地方政府一般债务还本支出——地方政府向外国政府借款还本支出　2 000 000 000

　　其他应付款——甲市　1 000 000 000

　　　　　　　——乙市　2 000 000 000

　贷：其他财政存款——外债专户存款　5 000 000 000

同时：

借：借入款项——应付本金　5 000 000 000

　贷：待偿债净资产——借入款项　5 000 000 000

本章小结

财政总预算会计的负债是一级政府财政所承担的，能以货币计量需要以资产偿还的债务，包括应付国库集中支付结余、暂收及应付款项、应付政府债券、借入款项、应付转贷款、其他负债、应付代管资金等。

按照政府财政负债的流动性，可以将其分为流动负债与非流动负债。流动负债是指预计在1年内（含1年）偿还的负债，包括应付短期政府债券、应付国库集中支付结余、暂收及应付款项、应付代管资金、已结报支出等。非流动负债是指流动负债以外的负债。

应付国库集中支付结余是指国库集中支付中，按照财政部门批复的部门预算，当年未支而需结转下一年度支付的款项采用权责发生制列支后形成的债务。

暂收及应付款项是指政府财政业务活动中形成的债务，包括与上级往来和其他应付款等。暂收及应付款项应当及时清理结算。

应付代管资金是指政府财政代为管理的，使用权属于被代管主体的资金。

其他负债是指政府财政因有关政策明确要求其承担支出责任的事项而形成的应付未付款项。

财政借入款和转贷款是指财政部门借入或转贷有还本付息要求的借款。包括三种情况：中央财政按照规定发行债券、地方财政按照规定发行债券及转贷、各级财政部门接受外国政府和国际金融组织贷款及转贷。

政府债券是指政府财政部门以政府名义发行的国债和地方政府债券。

向外国政府和国际金融组织借入的贷款，由中央政府代表国家承担最终还款责任，因此又称主权外债贷款，或简称主权外债。主权外债筹集资金的使用分为本级政府直接使用和用于转贷款，主权外债还款分为本级财政部门承担还款责任、下级财政部门承担还款责任。

思考题

1.什么是财政总预算会计的负债？
2.财政总预算会计负债可以怎么分类？各包括哪些内容？
3.财政总预算会计负债的确认条件是什么？
4.什么是应付国库集中支付结余？应该怎么核算？
5.什么是应付代管资金？应怎么核算？
6.什么是与上级往来？应怎么核算？
7.什么是其他应付款？应怎么核算？
8.发行及转贷政府债券核算的内容包括哪些？
9.主权外债贷款及转贷款核算的内容包括哪些？

第六章

财政总预算会计收入的核算

学习目标

通过本章的学习，明确财政总预算会计收入的种类，熟悉各项收入的概念，掌握一般公共预算本级收入、政府性基金预算本级收入、国有资本经营预算本级收入、专用基金收入、转移性收入、财政专户管理资金收入的核算。

财政总预算会计核算的收入是指政府财政为实现政府职能，根据法律法规等所筹集的资金，是一级政府财政的资金来源。

财政总预算会计核算的收入包括一般公共预算本级收入、政府性基金预算本级收入、国有资本经营预算本级收入、财政专户管理资金收入、专用基金收入、转移性收入、债务收入、债务转贷收入等。

第一节　一般公共预算本级收入

一、一般公共预算本级收入及其分类

一般公共预算本级收入是指政府财政筹集的纳入本级一般公共预算管理的税收收入和非税收入。一般公共预算本级收入可以综合地用于政府的各项财政公共预算支出，例如，各级政府财政的一般公共预算本级收入，可以用来安排人大事务支出、发展与改革事务支出、外交事务支出、国防事务支出、公共安全事务支出、教育事务支出、医疗卫生事务支出、环境保护事务支出、社会保障和就业事务支出等。一般公共预算本级收入是各级政府最主要的财力来源。

财政总预算会计核算的一般公共预算本级收入应当按照《政府收支分类科目》的一般公共预算收入科目进行分类。按照现行《政府收支分类科目》对政府收入的统一分类，分为六类，分别是税收收入、社会保险基金收入、非税收入、贷款转贷回收本金收入、债务收入、转移性收入（资金调拨收入），属于一般公共预算本级收入的主要是其中的税收收入和部分非税收入等，其中税收收入在一般公共预算本级收入中占最大份额。

按现行的《政府收支分类科目》，政府收入科目分为类、款、项、目四级，四级科目内容逐渐细化。其中，类、款两级科目的设置情况如下：

1.税收收入

该类级科目分设如下款级科目：增值税、消费税、企业所得税、企业所得税退税、个人所得税、资源税、城市维护建设税、房产税、印花税、城镇土地使用税、土地增值税、车船使用和牌照税、船舶吨税、车辆购置税、关税、耕地占用税、契税、烟叶税、其他税收收入。

2.社会保险基金收入

该类级科目分设如下款级科目：基本养老保险基金收入、失业保险基金收入、基本医疗保险基金收入、工伤保险基金收入、生育保险基金收入、其他社会保险基金收入等。

3.非税收入

该类级科目分设如下款级科目：政府性基金收入、专项收入、行政事业性收费收入、罚没收入、国有资本经营收入、国有资源（资产）有偿使用收入、其他收入等。

4.贷款转贷回收本金收入

该类级科目分设如下款级科目：国内贷款回收本金收入、国外贷款回收本金收入、国内转贷回收本金收入、国外转贷回收本金收入。

5.债务收入

该类级科目分设如下款级科目：国内债务收入、国外债务收入。

6.转移性收入

该类级科目分设如下款级科目：返还性收入、一般性转移支付收入、专项转移支付收入、政府性基金转移收入、上年结余收入、调入资金等。

其中，全部的税收收入和非税收入中的专项收入、行政事业性收费收入、罚没收入、国有资源（资产）有偿使用收入、其他收入等，属于一般公共预算本级收入。

二、一般公共预算收入的收缴方式和程序

一般公共预算收入的收缴方式有直接缴库、集中汇缴和征收单位自收汇缴三种。三种收缴方式的程序分别是：

1.直接缴库方式

直接缴库方式是由预算单位或缴款人按照有关部门法律法规的规定，直接将财政收入缴入国库或财政专户的收入缴库方式。直接缴库的税收收入，由纳税人或税务代理人提出纳税申报，经征收机关审核无误后，开具“税收收入缴款书”，由纳税人通过开户银行将税款缴入国库存款账户。直接缴库的非税收入，由征收机构向交费人开具“非税收入缴款书”，由交费人通过开户银行将政府性收费等缴入国库存款账户。

2.集中汇缴方式

集中汇缴方式是由征收机关和依法享有征收权限的单位按法律法规的规定，将所收取的应缴政府收入汇总缴入国库或财政专户的收入收缴方式。实行集中汇缴方式的收入，主要是小额零散税收和非税收入中的现金缴款。在集中汇缴方式下，由征收机关先代政府向纳税人或缴费人收取小额零散税收和非税收入中的现金缴款，然后将收到的政府收入于当日汇总缴入国库存款账户。

无论是直接缴库，还是集中汇缴，征收机关都不需要设立应缴款项的过渡账户。直接缴库和集中汇缴是国库单一账户制度下的两种一般公共预算收入收缴方式。

3.征收单位自收汇缴方式

这是一种传统的一般公共预算收入收缴方式。适用于尚未实行国库单一账户制度的情况。征收单位自收汇缴方式是征收单位在按规定收取应缴财政预算的款项后，先存入各自在银行开设的银行存款账户，然后通过各自的银行存款账户，将收取的应缴财政预算的款项汇总缴入财政国库账户。

在征收单位自收汇缴方式下，征收单位各自在银行开设的银行存款账户成为一

般公共预算收入在收缴过程中的过渡账户。

三、一般公共预算收入的划分及报解

为了保证预算收入的顺利实现，我国设立了专门的征收机构来负责预算收入的征收和管理工作。预算收入的征收机构主要包括财政部门、海关、税务部门和其他征收机构。

国库是预算收入的出纳机构，负责预算收入的收纳、划分、报解工作。取得的一般公共预算收入由国库负责收纳入库管理，并按财政体制的要求划分为中央财政收入和地方财政收入，分别报解财政部门。政府预算收入的收纳缴库，一律通过国库办理。

为了适应各级政府行使职权的需要，根据事权与财权相结合的原则，须将预算收入在各级政府之间进行划分。为使这个划分科学有序，在集中领导、分级管理的原则下，将预算收入分为“固定收入”和“共享收入”两大部分。“固定收入”又分为“中央固定收入”和“地方固定收入”；“共享收入”又称“分成收入”，以一定的比例或其他方法进行分配。具体的收入内容和分配方式，通过“财政管理体制”加以规定。首先在中央财政和地方财政之间进行划分，然后在地方各级财政之间进行划分。

一般公共预算收入在中央财政和地方财政之间的划分情况如下：

1.中央固定收入

中央固定收入包括关税，海关代征的消费税和增值税，消费税，中央企业所得税、地方银行、外资银行及非银行金融企业（包括信用社）所得税，铁道部门、各银行总行、各保险总公司等集中缴纳的收入（包括所得税、城市维护建设税）。

2.地方固定收入

地方固定收入包括城镇土地使用税、城市维护建设税（不含铁道部门、各银行总行、各保险总公司集中缴纳的部分）、房产税、车船税、屠宰税、耕地占用税、契税、遗产税和赠与税、土地增值税等。

3.中央与地方分成收入

中央与地方分成收入包括增值税、资源税（除海洋石油资源税为中央收入外，其他为地方收入）、地方企业所得税、个人所得税、证券交易印花税。

一般公共预算收入在地方各级财政之间的划分情况，由上一级财政制定本级和下级财政之间的财政管理体制，按规定划分的方法执行。由于各地的情况不同，其划分的方法也不尽相同。

国家金库在对收到的一般公共预算收入进行划分后，将各级财政应得的一般公共预算收入解缴到相应级别的财政国库存款户。同时，将各级财政应得的一般公共预算本级收入以预算收入日报表的形式报送给相应级别的财政总预算会计。

四、一般公共预算本级收入的核算

为了核算一般公共预算本级收入业务，财政总预算会计应设置“一般公共预算本级收入”总账账户。收到款项时，财政总预算会计根据当日预算收入日报表所列一般公共预算本级收入数，借记“国库存款”账户，贷记“一般公共预算本级收入”账户；年终转账时，将“一般公共预算本级收入”账户的贷方余额全数转入“一般公共预算结转结余”账户，借记“一般公共预算本级收入”账户，贷记“一般公共预算结转结余”账户。该账户应按照《政府收支分类科目》中的“一般公共预算收入”科目规定（包括“类”“款”“项”“目”级）设置各级明细账户，进行明细核算。平时余额在贷方，反映一般公共预算本级收入累计数。年终，将其贷方余额转入“一般公共预算结转结余”账户后，无余额。

一般公共预算本级收入一般以本年度缴入基层国库（支金库）的数额为准。基层国库在年度库款报解整理期内收到经收处报来的上年度收入，记入上年度账。整理期结束后，收到上年度收入一律记入新年度账。

【例6-1】某市财政收到同级国库报来的“预算收入日报表”，列示当日一般公共预算本级收入764 000元，其中：“税收收入——增值税——国内增值税——国有企业增值税”485 000元，“税收收入——企业所得税——国有汽车工业所得税”86 000元，“税收收入——房产税——国有企业房产税”65 000元，“非税收入——专项收入——排污费收入”90 000元，“非税收入——行政事业性收费收入——工商行政事业性收费收入”38 000元。应做会计分录：

借：国库存款　764 000

　贷：一般公共预算本级收入　764 000

同时，在“一般公共预算本级收入”明细账的贷方登记如下：

税收收入——增值税——国内增值税——国有企业增值税　485 000

税收收入——企业所得税——国有汽车工业所得税　86 000

税收收入——房产税——国有企业房产税　65 000

非税收入——专项收入——排污费收入　90 000

非税收入——行政事业性收费收入——工商行政事业性收费收入　38 000

【例6-2】某市财政收到国库报来的“预算收入日报表”，其上列示“税收收入——企业所得税退税——私营企业所得税退税”20 000元。应做会计分录：

借：国库存款　（20 000）

　贷：一般公共预算本级收入　（20 000）

同时，在“一般公共预算本级收入”明细账的贷方登记如下：

税收收入——企业所得税退税——私营企业所得税退税　（20 000）

【例6-3】年终，市财政将“一般公共预算本级收入”账户的贷方余额8 500 000元结转至“一般公共预算结转结余”账户。应做会计分录：

借：一般公共预算本级收入　8 500 000

贷：一般公共预算结转结余　　8 500 000

同时，财政总预算会计应结清所有的“一般公共预算本级收入”账户的明细账。

未设国库的乡（镇）财政总预算会计，在收到征收机关（乡税务所）报来的交到县级国库支库的预算收入日报表时，先根据日报表所列数额登记预算收入辅助账，待收到县级财政返回收入时，再做收入的账务处理。县级财政收到国库报解的乡财政的预算收入时，借记“国库存款”账户，贷记“一般公共预算本级收入”等账户及其明细账户（注明乡镇财政收入）。县级财政部门将乡镇的预算收入返还拨付给乡镇财政部门的财政存款账户时，借记“一般公共预算本级收入”等账户，贷记“国库存款”账户。乡（镇）财政收到款项时，借记“其他财政存款”账户，贷记“一般公共预算本级收入”等账户及其明细账户。

【例6-4】某县财政收到国库报来的预算收入日报表，所列当日的预算收入中，所属某乡财政（未设国库）的预算收入250 000元，是乡企业缴付的房产税。应做会计分录：

借：国库存款　　250 000

贷：一般公共预算本级收入——某乡——房产税　　250 000

【例6-5】接【例6-4】，该县财政总预算会计对所属未设国库的乡财政报来的“预算收入日报表”进行审核，经确认无误后，拨出款项250 000元。应做会计分录：

借：一般公共预算本级收入——某乡——房产税　　250 000

贷：国库存款　　250 000

【例6-6】接【例6-5】，乡财政收到县财政返回的预算收入250 000元。应做会计分录：

借：其他财政存款　　250 000

贷：一般公共预算本级收入——税收收入——房产税　　250 000

第二节　政府性基金预算本级收入

一、政府性基金预算本级收入及其分类

政府性基金预算本级收入是指政府财政筹集的纳入本级政府性基金预算管理的非税收入。政府设立基金项目，目的是保证特定项目的财政资金来源。政府性基金预算本级收入要求专项核算，按规定用途使用，是一种限定性的资金资源。政府性基金预算资金的主要来源是政府非税收入中的政府性基金预算收入，只能安排政府性基金规定使用的用途。

财政总预算会计核算的政府性基金预算本级收入应当按《政府收支分类科目》中的非税收入类级科目下政府性基金收入科目进行分类。根据现行的《政府收支分

类科目》，政府性基金预算本级收入属于非税收入类级科目下的政府性基金预算收入款级科目，该款级科目下设置的项级科目有：铁路建设基金收入、民航建设基金收入、港口建设费收入、旅游发展基金收入、国家电影事业发展专项资金收入、南水北调工程基金收入、政府住房基金收入、城市公用事业附加收入、国有土地使用权出让金收入、彩票公益金收入、车辆通行费等。

按照现行财政预算资金的管理模式，一般公共预算和政府性基金预算应当分别管理，分别平衡。在政府性基金预算中，各项政府性基金预算也需要分别管理，分别平衡。如果一般公共预算资金和政府性基金预算资金之间需要调剂使用，应当经过批准，并分别在一般公共预算和政府性基金预算中作转移性收入或转移性支出处理。

政府性基金预算本级收入的收缴方式和程序、划分和报解方法等比照一般公共预算本级收入执行。

二、政府性基金预算本级收入的核算

为了核算各级财政部门管理的政府性基金预算本级收入，财政总预算会计应设置“政府性基金预算本级收入”总账账户。收到款项时，财政总预算会计根据当日预算收入日报表所列政府性基金预算本级收入数，借记“国库存款”账户，贷记本账户。年终转账时，将本账户贷方余额全数转入“政府性基金预算结转结余”账户，借记本账户，贷记“政府性基金预算结转结余”账户。该账户平时为贷方余额，反映当年政府性基金预算本级收入累计数。年终，将其贷方余额转入“政府性基金预算结转结余”账户后，无余额。该账户应按《政府收支分类科目》中“政府性基金预算收入科目”的规定设置各级明细账户，进行明细核算。

【例6-7】某市财政收到国库报来的预算收入日报表，列示政府性基金收入合计380 000元，其中：“城市公用事业附加收入”280 000元，“政府住房基金收入——计提廉租住房资金”100 000元。应做会计分录：

借：国库存款	380 000	
贷：政府性基金预算本级收入		380 000

同时，在“政府性基金预算本级收入”明细账的贷方登记如下：

城市公用事业附加收入	280 000
政府住房基金收入——计提廉租住房资金	100 000

【例6-8】某市财政收到国库报来的预算收入日报表，列示政府性基金收入合计980 000元，其中：“彩票公益金收入——福利彩票公益金收入”650 000元，“彩票公益金收入——体育彩票公益金收入”330 000元。应做会计分录：

借：国库存款	980 000	
贷：政府性基金预算本级收入		980 000

同时，在“政府性基金预算本级收入”明细账的贷方登记如下：

彩票公益金收入——福利彩票公益金收入	650 000

彩票公益金收入——体育彩票公益金收入　　330 000

【例6-9】年终，市财政将“政府性基金预算本级收入”账户的贷方余额1 250 000元结转至“政府性基金预算结转结余”账户。应做会计分录：

借：政府性基金预算本级收入　　1 250 000

　贷：政府性基金预算结转结余　　1 250 000

同时，财政总预算会计应结清所有的“政府性基金预算本级收入”账户的明细账。

第三节　国有资本经营预算本级收入

一、国有资本经营预算本级收入及其分类

国有资本经营预算本级收入是指政府财政筹集的纳入本级国有资本经营预算管理的非税收入。国有资本经营预算本级收入应当按照国有资本经营预算支出的内容综合安排使用。国有资本经营预算是政府预算的重要组成部分，主要是国家以所有者身份依法取得国有资本收益，并对所得收益进行分配而发生的各项收支预算。建立国有资本经营预算制度，对增强政府宏观调控能力，规范政府与企业分配关系，完善政府预算管理体系，推动国有经济结构和布局的战略性调整，具有十分重要的意义。我国从2007年开始实施国有资本经营预算制度。

财政总预算会计核算的国有资本经营预算本级收入，应当按照《政府收支分类科目》中的国有资本经营预算收入科目进行分类。按现行的《政府收支分类科目》，国有资本经营预算收入分设类、款、项、目四级科目，内容逐渐细化。国有资本经营预算本级收入类级科目是非税收入。该类级科目设有国有资本经营收入款级科目，该款级科目分设的项级科目有：利润收入、股利股息收入、产权转让收入、清算收入、其他国有资本经营预算本级收入。

国有资本经营预算本级收入的收缴方式和程序、划分和报解方法等比照一般公共预算本级收入执行。

二、国有资本经营预算本级收入的核算

为了核算国有资本经营预算资金收入业务，财政总预算会计应设置“国有资本经营预算本级收入”总账账户。收到款项时，财政总预算会计根据当日预算收入日报表所列国有资本经营预算本级收入数，借记“国库存款”账户，贷记本账户。年终转账时，将本账户贷方余额全数转入“国有资本经营预算结转结余”账户，借记本账户，贷记“国有资本经营预算结转结余”账户。该账户平时为贷方余额，反映当年国有资本经营预算本级收入累计数。年终，将其贷方余额全数转入“国有资本经营预算结转结余”账户后，无余额。该账户应根据《政府收支分类账户》中“国有资本经营预算收入账户”的规定设置明细账户，进行明细核算。

【例6-10】某市财政收到国库报来的预算收入日报表，列示国有资本经营收入

合计1 480 000元，其中："利润收入——电信企业利润收入"580 000元，"产权转让收入——国有股份转让收入"800 000元，"清算收入——国有股权股份清算收入"100 000元。应做会计分录：

借：国库存款 1 480 000

贷：国有资本经营预算资金收入 1 480 000

同时，在"国有资本经营预算本级收入"明细账的贷方登记如下：

利润收入——电信企业利润收入 580 000

产权转让收入——国有股份转让收入 800 000

清算收入——国有股权股份清算收入 100 000

【例6-11】某市财政年终将"国有资本经营预算本级收入"账户贷方余额8 540 000元全数转入"国有资本经营预算结转结余"账户。应做会计分录：

借：国有资本经营预算资金收入 8 540 000

贷：国有资本经营预算结转结余 8 540 000

同时，财政总预算会计应结清所有的国有资本经营预算本级收入账户的明细账。

第四节 专用基金收入

一、专用基金收入及其分类

专用基金收入是指政府财政根据法律法规等规定设立各项专用基金取得的资金收入，如粮食风险基金、重要商品储备专项基金等。专用基金的来源主要包括两个方面：一是本级财政按照预算从一般预算中安排的资金；二是上级财政部门拨入的用于建立或补充专用基金的资金。另外，专用基金在使用过程中产生的收入，如利息收入、粮食或商品购销差价收入等，也作为专用基金收入。专用基金收入应以财政总预算会计实际收到数额为准。

专用基金收入和政府性基金预算收入都是财政总预算会计管理的收入种类，在管理要求上有相同之处，即都要专款专用、先收后支，但二者在资金的形成和使用上是不同的。首先，从资金形成的渠道上，专用基金主要是列入一般公共预算本级支出形成的具有专门用途的资金；而政府性基金是预算收入的一项内容，是财政按规定收取、纳入预算管理并具有指定用途的基金。其次，从资金存款的管理上，专用基金收入款项一般要求存入其他财政存款账户，而政府性基金预算收入要求存入财政国库存款账户。

二、专用基金收入的核算

为了核算专用基金收入业务，财政总预算会计应设置"专用基金收入"总账账户。通过预算支出安排取得专用基金收入转入财政专户的，借记"其他财政存款"账户，贷记本账户；同时，借记"一般公共预算本级支出"等账户，贷记"国库存款”“补助收入”等账户。退回专用基金收入时，借记本账户，贷记“其他财政存款”账户。

通过预算支出安排取得专用基金收入仍存在国库的，借记“一般公共预算本级支出”等账户，贷记“专用基金收入”账户。

年终转账时，将本账户余额全数转入“专用基金结余”账户，借记本账户，贷记“专用基金结余”账户。该账户平时为贷方余额，反映专用基金收入的累计数。年终转账后，该账户无余额。本账户应根据专用基金的种类设置明细账户，进行明细核算。

【例6-12】某省财政收到中央财政拨来的粮食风险基金补助500 000元，款项转入财政专户。应做会计分录：

借：其他财政存款——专用基金存款	500 000	
贷：专用基金收入——粮食风险基金收入		500 000
借：一般公共预算本级支出	500 000	
贷：补助收入——一般公共预算补助收入		500 000

【例6-13】某省财政根据批准的政府财政预算，从本级一般预算支出中安排专用基金900 000元转入财政专户，以补充粮食风险基金的数额。应做会计分录：

借：一般公共预算本级支出	900 000	
贷：国库存款		900 000

并在“一般公共预算本级支出”明细账的借方登记如下：

粮油物资储备事务——粮油事务——粮食风险基金　　900 000

同时：

借：其他财政存款——专用基金存款	900 000	
贷：专用基金收入——粮食风险基金收入		900 000

【例6-14】年终，某省财政将“专用基金收入——粮食风险基金”账户贷方余额4 950 000元、“专用基金收入——重要商品储备基金收入”账户贷方余额2 230 000元，全数转入“专用基金结余”账户。应做会计分录：

借：专用基金收入——粮食风险基金	4 950 000	
——重要商品储备基金收入	2 230 000	
贷：专用基金结余——粮食风险基金结余		4 950 000
——重要商品储备基金结余		2 230 000

第五节　转移性收入

一、转移性收入及其分类

（一）转移性收入的概念

转移性收入是指在各级政府财政之间进行资金调拨以及在本级政府财政不同类型资金之间调剂所形成的收入，包括补助收入、上解收入、调入资金和地区间援助收入等。

在我国各级政府财政分级管理的体制下，财政收入要在各级政府财政之间进行划分，要做到每级政府事权和财权对等。由于各地区经济发展的不平衡或者经济体制改革中各级政府事权的变化，有可能导致有的政府财权和事权不匹配，造成有的政府财力不足。为了解决这一问题，就需要进行政府之间的转移支付。

在政府财政部门管理的财政资金包括：一般公共预算资金、政府性基金预算资金和国有资本经营预算资金。在有些情况下，这三种资金之间发生转移，即将某种资金转移给另外一种资金，这是同级财政管理的不同财政资金之间的转移。

转移性收入根据收入资金的性质和收入的种类，分别纳入一般公共预算、政府性基金预算、国有资本经营预算。

（二）转移性收入的内容

1.补助收入

补助收入是指上级政府财政按照财政体制规定或因专项需要补助给本级政府财政的款项，包括上级税收返还、转移支付等。补助收入属于上级财政对本级财政的财力转移。

2.上解收入

上解收入是指按照财政体制规定由下级政府财政上交给本级政府财政的款项。上解收入属于下级财政对本级财政的财力转移。

3.调入资金

调入资金是指政府财政为平衡某类预算收支，从其他类型预算资金及其他渠道调入的资金。调入资金的目的是平衡一般公共预算或政府性基金预算。调入资金属于预算资金的横向调拨，不影响上下级财政和本级财政各自的财力，但会影响本级财政不同性质财政资金的数额。

4.地区间援助收入

地区间援助收入是指受援方政府财政收到援助方政府财政转来的可统筹使用的各类援助、捐赠等资金收入。

二、转移性收入的核算

（一）补助收入的核算

为了核算补助收入业务，财政总预算会计应设置“补助收入”总账账户。补助收入主要账务处理如下：

（1）收到上级政府财政拨入的补助款时，借记“国库存款”“其他财政存款”等账户，贷记本账户。

（2）专项转移支付资金实行特设专户管理的，政府财政应当根据上级政府财政下达的预算文件确认补助收入。年度当中收到资金时，借记“其他财政存款”账户，贷记“与上级往来”等账户；年度终了，根据专项转移支付资金预算文件，借记“与上级往来”账户，贷记本账户。

（3）从“与上级往来”账户转入本账户时，借记“与上级往来”账户，贷记本账户。

（4）有主权外债业务的财政部门，贷款资金由本级政府财政同级部门（单位）使用，且贷款的最终还款责任由上级政府财政承担的，本级政府财政部门收到贷款资金时，借记“其他财政存款”账户，贷记本账户；外方将贷款资金直接支付给供应商或用款单位时，借记“一般公共预算本级支出”，贷记本账户。

（5）年终与上级政府财政结算时，根据预算文件，按照尚未收到的补助款金额，借记“与上级往来”账户，贷记本账户。退还或核减补助收入时，借记本账户，贷记“国库存款”“与上级往来”等账户。

（6）年终转账时，本账户贷方余额应根据不同资金性质分别转入对应的结转结余账户，借记本账户，贷记“一般公共预算结转结余”“政府性基金预算结转结余”等账户。该账户平时贷方余额反映补助收入的累计数。年终转账后，该账户无余额。该账户下应当按照不同的资金性质，设置“一般公共预算补助收入”“政府性基金预算补助收入”等明细账户，进行明细核算。

本级财政的“补助收入”数额应与上级财政对本级财政的“补助支出”数额相等。

【例6-15】某市财政收到国库报来的预算收入日报表，其上列示转移收入合计784 000元，其中：“返还性收入——增值税和消费税返还收入”100 000元，“一般性转移支付收入——体制补助收入”322 000元，“一般性转移支付收入——均衡性转移支付收入”120 000元，“专项转移支付收入——节能环保专项补助收入”102 000元，“政府性基金转移收入——政府性基金补助收入”140 000元。应做会计分录：

借：国库存款	784 000	
贷：补助收入——一般公共预算补助收入		644 000
——政府性基金补助收入		140 000

【例6-16】某市财政根据体制结算的规定，年终计算出本级财政应获得的上级财政的补助收入259 000元。具体账户是“一般性转移支付收入——民族地区转移支付补助收入”。应做会计分录：

借：与上级往来——一般公共预算资金	259 000	
贷：补助收入——一般公共预算补助收入		259 000

【例6-17】某市财政年终“补助收入”总账账户的贷方余额5 690 000元分别转入“一般公共预算结转结余”和“政府性基金预算结转结余”账户。其中，2 230 000元属于政府性基金补助收入，其余3 460 000元属于一般公共预算补助收入。应做会计分录：

借：补助收入——一般公共预算补助收入	3 460 000	
——政府性基金补助收入	2 230 000	
贷：一般公共预算结转结余		3 460 000
政府性基金预算结转结余		2 230 000

（二）上解收入的核算

为了核算上解收入业务，财政总预算会计应设置“上解收入”总账账户。上解收入主要账务处理如下：

（1收到下级政府财政的上解款时，借记“国库存款”等账户，贷记本账户。

（2）年终与下级政府财政结算时，根据预算文件，按照尚未收到的上解款金额，借记“与下级往来”账户，贷记本账户。退还或核减上解收入时，借记本账户，贷记“国库存款”“与下级往来”等账户。

（3）年终转账时，本账户贷方余额应根据不同资金性质分别转入对应的结转结余账户，借记本账户，贷记“一般公共预算结转结余”“政府性基金预算结转结余”等账户。本账户平时贷方余额反映上解收入的累计数。年终转账后，该账户无余额。本账户下，应当按照不同资金性质设置“一般公共预算上解收入”“政府性基金预算上解收入”等明细账户，进行明细核算。同时，还应当按照上解地区进行明细核算。

本级财政的“上解收入”数额应与所属下级财政的“上解支出”数额相等。

【例6-18】某市财政收到国库报来的预算收入日报表，其上列示转移收入合计950 000元，其中：“一般性转移支付收入——体制上解收入”454 000元，“专项转移支付收入——专项上解收入”310 000元，“政府性基金转移收入——政府性基金上解收入”186 000元。应做会计分录：

借：国库存款	950 000	
贷：上解收入——一般公共预算上解收入		764 000
——政府性基金上解收入		186 000

【例6-19】某市财政年终“上解收入”总账账户的贷方余额为2 560 000元。其中，属于政府性基金上解收入的是830 000元，其余1 730 000元属于一般公共预算上解收入。应做会计分录：

借：上解收入——一般公共预算上解收入	1 730 000	
——政府性基金上解收入	830 000	
贷：一般公共预算结转结余		1 730 000
政府性基金预算结转结余		830 000

（三）调入资金的核算

为了核算调入资金业务，财政总预算会计应设置“调入资金”总账账户。调入资金主要账务处理如下：

（1）从其他类型预算资金及其他渠道调入一般公共预算时，按照调入的资金金额，借记“调出资金——政府性基金预算调出资金”“调出资金——国有资本经营预算调出资金”“国库存款”等账户，贷记本账户（一般公共预算调入资金）。

（2）从其他类型预算资金及其他渠道调入政府性基金预算时，按照调入的资金金额，借记“调出资金——一般公共预算调出资金”“国库存款”等账户，贷记本账户（政府性基金预算调入资金）。

(3) 年终转账时，本账户贷方余额分别转入相应的结转结余账户，借记本账户，贷记“一般公共预算结转结余”“政府性基金预算结转结余”等账户。本账户平时贷方余额反映调入资金的累计数。年终转账后，该账户无余额。本账户下，应当按照不同资金性质设置“一般公共预算调入资金”“政府性基金预算调入资金”等明细账户，进行明细核算。

【例6-20】某市财政为了平衡一般公共预算，从政府性基金预算结转结余中调入资金96 000元。应做会计分录：

借：调出资金——政府性基金预算调出资金　　96 000

　贷：调入资金——一般公共预算调入资金　　96 000

【例6-21】年终，某市财政局将属于一般公共预算的“调入资金”账户贷方余额96 000元全数转入“一般公共预算结转结余”账户。应做会计分录：

借：调入资金——一般公共预算调入资金　　96 000

　贷：一般公共预算结转结余　　96 000

（四）地区间援助收入的核算

为了核算地区间援助收入业务，财政总预算会计应设置“地区间援助收入”总账账户。收到援助方政府财政转来的资金时，借记“国库存款”账户，贷记本账户。年终转账时，本账户贷方余额全数转入“一般公共预算结转结余”账户，借记本账户，贷记“一般公共预算结转结余”账户。本账户平时贷方余额反映地区间援助收入的累计数。年终转账后，该账户无余额。本账户应当按照援助地区及管理需要进行相应的明细核算，进行明细核算。

第六节　财政专户管理资金收入

财政专户管理资金收入是指政府财政纳入财政专户管理的教育收费等资金收入。

财政预算外资金管理的收入纳入预算管理后，仍保留了教育收费、彩票发行和销售机构业务费用的财政专户管理。这些财政专户管理的资金改称为财政专户管理资金。财政专户管理资金作为教育事业单位及彩票发行和销售机构的收入，实行收支两条线，缴入财政专户管理。财政专户管理资金不纳入财政预算范围，也不用于和财政预算资金之间的调剂。

财政部门收到教育事业单位、彩票发行和销售机构交来的财政专户管理资金时，财政总预算会计确认财政专户管理资金收入。

为了核算财政专户管理资金收入业务，财政总预算会计应设置“财政专户管理资金收入”账户。财政部门收到财政专户管理的资金收入时，借记“其他财政存款”账户，贷记本账户。年终转账时，将本账户贷方余额全数转入“财政专户管理资金结余”账户时，借记本账户，贷记“财政专户管理资金结余”账户。本账户平时为贷方余额，反映当年财政专户管理的资金收入累计数。年终转账后无余额。本账户应当按照《政府收支分类账户》中收入分类账户的规定进行明细核算。同时，根据管理需要，按部门（单位）等进行明细核算。

【例6-22】某市财政部门的财政专户收到某高校交来的学费收入560 000元。应做会计分录：

借：其他财政存款——财政专户管理资金存款　　560 000

　贷：财政专户管理资金收入　　560 000

同时，在“财政专户管理资金收入”明细账的贷方登记如下：

教育收费收入——教育行政事业性收费收入——高等学校学费　　560 000

【例6-23】某市财政收到彩票销售机构交来的彩票销售收入1 500 000元，其中1 200 000元属于提取的福利彩票公益金收入，缴入国库，300 000元属于彩票销售机构业务费用，缴入财政专户。应做会计分录：

借：其他财政存款——财政专户管理资金存款　　300 000

　贷：财政专户管理资金收入　　300 000

同时，在“财政专户管理资金收入”明细账的贷方登记如下：

彩票业务收入——彩票发行和销售机构业务费用——福利彩票销售机构业务费用300 000

借：国库存款　　1 200 000

　贷：政府性基金预算本级收入　　1 200 000

同时，在“政府性基金预算本级收入”明细账的贷方登记如下：

彩票公益金收入——福利彩票公益金收入　　1 200 000

【例6-24】某市财政部门财政专户管理资金收入账户年末贷方余额为5 900 000元，全数转入“财政专户管理资金结余”账户。其中：2 210 000元属于教育收费收入，其余3 690 000元属于彩票业务费收入。应做会计分录：

借：财政专户管理资金收入——教育收费收入　　2 210 000

　　　　　　　　　　　　——彩票业务费收入　　3 690 000

　贷：财政专户管理资金结余——教育收费结余　　2 210 000

　　　　　　　　　　　　　——彩票业务费结余　　3 690 000

本章小结

财政总预算会计核算的收入是指政府财政为实现政府职能，根据法律法规等所筹集的资金，是一级政府财政的资金来源，包括一般公共预算本级收入、政府性基金预算本级收入、国有资本经营预算本级收入、财政专户管理资金收入、专用基金收入、转移性收入、财政专户管理资金收入等。

一般公共预算本级收入是指政府财政筹集的纳入本级一般公共预算管理的税收

收入和非税收入。

政府性基金预算本级收入是指政府财政筹集的纳入本级政府性基金预算管理的非税收入。

国有资本经营预算本级收入是指政府财政筹集的纳入本级国有资本经营预算管理的非税收入。

专用基金收入是指政府财政根据法律法规等规定设立的各项专用基金（包括粮食风险基金等）取得的资金收入。

转移性收入是指在各级政府财政之间进行资金调拨以及在本级政府财政不同类型资金之间调剂所形成的收入，包括补助收入、上解收入、调入资金和地区间援助收入等。

财政专户管理资金收入是指政府财政纳入财政专户管理的教育收费等资金收入。

思考题

1.什么是财政总预算会计核算的收入？财政总预算会计核算的收入分为哪些种类？

2.一般公共预算本级收入的收缴方式有哪几种？各种收缴方式的收缴程序是什么？

3.政府性基金预算本级收入与专用基金收入在管理上有何区别？

4.什么是国有资本经营预算本级收入？ 什么是财政专户管理资金收入？

5.什么是转移性收入？转移性收入有哪些种类？

第七章

财政总预算会计支出的核算

学习目标

通过本章的学习，明确财政总预算会计支出的种类，熟悉各项支出的概念，掌握一般公共预算本级支出、政府性基金预算本级支出、国有资本经营预算本级支出、财政专户管理资金支出、专用基金支出、转移性支出的核算。

财政总预算会计的支出是指政府财政为实现政府职能，对财政资金的分配和使用，包括一般公共预算本级支出、政府性基金预算本级支出、国有资本经营预算本级支出、财政专户管理资金支出、专用基金支出、转移性支出、债务还本支出、债务转贷支出等。

第一节 一般公共预算本级支出

一、一般公共预算本级支出及其分类

一般公共预算本级支出是指政府财政管理的由本级政府使用的列入一般公共预算的支出。一般公共预算本级支出是各级政府履行行政职能最主要的财力保证，也是各级政府最主要的支出。

一般公共预算本级支出应当按照《政府收支分类科目》中的一般公共预算支出科目进行分类。按照现行的《政府收支分类科目》，一般公共预算本级支出科目分设类、款、项三级科目，内容逐渐细化。

财政总预算会计核算的一般公共预算本级支出科目的设置，是按政府支出的功能，即按政府提供公共服务的功能领域划分的，也称政府支出的“功能分类”。在政府支出的功能分类中，属于一般公共预算本级支出的类级科目有：一般公共服务支出、外交支出、国防支出、公共安全支出、教育支出、科学技术支出、文化体育与传媒支出、社会保障和就业支出、医疗卫生支出、环境保护支出、城乡社区事务支出、农林水事务支出、交通运输支出、采掘电力信息等事务支出、粮油物资储备管理等事务支出、金融监管等事务支出支出、地震灾后恢复重建支出、国债还本付息支出、其他支出。

政府支出的功能分类分为“类”“款”“项”三个层次。在类级科目下，再分设款级科目，在款级科目下，再分设项级科目。如一般公共服务类级科目下，分设的款级科目有：人大事务、政协事务、政府办公厅（室）及相关机构事务、发展与改革事务、统计信息事务、财政事务、税收事务、审计事务等；在人大事务款级科目下，设置行政运行、机关服务、人大会议、人大立法、人大监督、代表培训、代表工作、事业运行等项级科目。又如在教育类级科目下，分设的款级科目有：教育管理事务、普通教育、职业教育、成人教育、留学教育等，在普通教育款级科目下，设置学前教育、小学教育、初中教育、高中教育、高等教育等项级科目。

二、一般公共预算本级支出的支付方式和程序

一般公共预算本级支出的支付方式有财政直接支付、财政授权支付和财政实拨资金三种。三种支付方式的支付程序分别如下：

1.财政直接支付方式

财政直接支付是指由财政部门向中国人民银行和代理银行签发支付指令，代理

银行根据支付指令通过国库单一账户体系将资金直接支付给收款人的支付方式。预算单位实行财政直接支付的财政性资金包括工资支出、工程采购支出、物品和服务采购支出等。财政直接支付的具体支出项目由财政部门在确定部门预算和资金支付方式时予以确定。

在财政直接支付方式下，财政部门按预算和用款分期（一般按月或按季）计划，在期初将预算单位可以申请财政直接支付的额度下达给预算单位。预算单位在需要使用财政资金时，向财政部门提出财政直接支付申请（不超出财政直接支付剩余额度）。财政部门在对预算单位提出的财政直接支付申请审核无误后，向其代理银行开具支付令，通过其在代理银行开设的财政零余额账户，将资金直接支付给收款人。代理银行于支付资金当日向财政部门在人民银行开设的国库存款账户申请资金结算。人民银行国库审核后于当日向代理银行偿付其垫付资金，并通知财政部门。

在财政资金直接支付方式下，财政资金并没有实际拨给预算单位，而是根据预算单位的申请直接拨给了向预算单位提供商品或劳务的收款人。因此，财政总预算会计在对预算单位下达财政直接支付额度时，并不确认预算支出。财政部门在国库和财政零余额账户之间进行结算时，按当日国库向财政零余额账户付出的财政资金金额确认预算支出。

在财政直接支付方式下，财政总预算会计在预算年度中确认的预算支出金额是预算单位实际使用的财政资金数，到预算年度末一般小于当期的全部预算数。因此，在经费包干的管理方式下，预算年度末财政部门要向预算单位确认应当转往下一个预算年度可使用的财政直接支付额度，并同时将转往下一个预算年度的财政直接支付额度确认为财政部门的本期预算支出。这部分资金在以后为预算单位支付时，就不再确认为以后期间的预算支出。

在财政直接支付方式下，财政总预算会计对于大部分拨款（当期为预算单位支付的资金，不包括使用上期结转的财政直接支付额度）采用收付实现制基础确认预算支出，对于年末尚未从国库拨出的当期预算拨款（需要以后为预算单位支付的资金）采用权责发生制基础确认预算支出。

2.财政授权支付方式

财政授权支付是指预算单位按照财政部门的授权，自行向代理银行签发支付指令，代理银行根据支付指令，在财政部门批准的预算单位的用款额度内，通过国库单一账户体系将资金支付给收款人的支付方式。财政授权支付程序主要适用于未纳入财政直接支付的购买支出和零星支出。财政授权支付的具体支出项目由财政部门在确定部门预算和资金支付方式时予以确定。

在财政授权支付方式下，财政部门按预算和用款分期（一般按月或按季）计划，在期初将预算单位可以授权支付的额度下达给预算单位，同时也下达给预算单位零余额账户的代理银行。预算单位在使用财政资金时，直接向预算单位零余额账户的代理银行开具支付令（不超过财政授权支付剩余额度）。预算单位零余额账户的代理银行在对预算单位开具的支付令审核无误后，通过预算单位的单位零余额账户将款项支付给收款人。预算单位还可以从预算单位零余额账户提取现金，用于单位的现金支付。代理银行于支付资金当日向财政部门在人民银行开设的国库存款账户申请资金结算。人民银行国库审核后于当日向代理银行偿付其垫付资金，并通知财政部门。

财政授权支付方式与财政资金直接支付方式相似，除了少量预算单位通过预算单位零余额账户提取现金外，财政资金不拨付到预算单位，而是根据预算单位的要求付给向预算单位提供商品或劳务的收款人。因此，财政总预算会计在确认财政拨款的预算支出时与财政直接支付方式相同。

在财政授权支付方式下，财政总预算会计对于大部分拨款（当期为预算单位支付的资金，不包括使用上期结转的财政授权支付额度），采用收付实现制基础确认预算支出，对于年末尚未从国库拨出的当期预算拨款（需要以后为预算单位支付的资金），采用权责发生制基础确认预算支出。

财政直接支付方式和财政授权支付方式是财政国库单一账户制度下的两种资金支付方式，这两种资金支付方式可合称为财政国库集中支付方式，所形成的制度称为财政国库集中支付制度。

3.财政实拨资金方式

财政实拨资金方式是指财政部门将预算资金拨付到预算单位在商业银行开设的银行存款账户，供预算单位在需要使用预算资金时直接从其银行存款账户中取用的财政资金支付方式。

在财政实拨资金方式下，财政部门按预算和用款分期（一般按月或按季）计划，在期初将拨给预算单位的财政资金通过银行转账系统拨付到预算单位开户银行，预算单位使用财政资金时，直接从其开户银行的银行存款账户上转账支付资金或提取现金。在实拨资金方式下，下级预算单位的财政经费也要先由财政部门拨到主管会计单位银行存款账户，再通过各级单位的银行存款账户层层向下级单位转拨。

在实拨资金方式下，当一般公共预算资金从国库存款账户拨付至预算单位银行存款账户时，财政总预算会计确认一般公共预算本级支出。

三、一般公共预算本级支出的核算

为了核算一般公共预算本级支出业务，财政总预算会计应设置“一般公共预算本级支出”总账账户。实际发生一般公共预算本级支出时，借记本账户，贷记“国库存款”“其他财政存款”等账户。年度终了，对纳入国库集中支付管理的、当年未支而需结转下一年度支付的款项（国库集中支付结余），采用权责发生制确认支出时，借记本账户，贷记“应付国库集中支付结余”账户。年终转账时，本账户借方余额应全数转入“一般公共预算结转结余”账户，借记“一般公共预算结转结余”账户，贷记本账户。本账户平时借方余额反映一般公共预算本级支出的累计数。年终转账后，该账户无余额。该账户应当根据《政府收支分类科目》支出功能分类账户中的一般公共预算支出账户的“类”“款”“项”设置明细账户，进行明细分类核算。同时，根据管理需要，按照支出经济分类账户、部门等进行明细核算。

【例7-1】某市财政以财政直接支付方式支付了一般公共预算本级支出资金，共计859 000元，其中“一般公共服务——人大事务——行政运行”65 000元，“一般公共服务——工商行政管理事务——执法办案专项”89 000元，“公共安全——法院——案件审判”455 000元，“教育——普通教育——高等教育”250 000元。应做会计分录：

借：一般公共预算本级支出 859 000

  贷：国库存款 859 000

同时，在“一般公共预算本级支出”明细账的借方登记如下：

一般公共服务——人大事务——行政运行 65 000

一般公共服务——工商行政管理事务——执法办案专项 89 000

公共安全——法院——案件审判 455 000

教育——普通教育——高等教育 250 000

【例7-2】某市财政以财政授权支付方式支付了一般公共预算本级支出资金，共计154 000元，其中“一般公共服务——财政事务——预算编制业务”35 000元，“一般公共服务——纪检监察事务——大案要案查处”69 000元，“医疗卫生——公立医院——综合医院”50 000元 。应做会计分录：

借：一般公共预算本级支出 154 000

  贷：国库存款 154 000

同时，在“一般公共预算本级支出”明细账的借方登记如下：

一般公共服务——财政事务——预算编制业务 35 000

一般公共服务——纪检监察事务——大案要案查处 69 000

医疗卫生——公立医院——综合医院 50 000

【例7-3】某市财政尚未纳入财政国库单一账户制度改革，采用实拨资金方式向有关预算单位拨付一般公共预算本级支出资金139 000元，其中“一般公共服务——税收事务——税务办案”70 000元，“社会保障和就业——财政对社会保险基金的补助——财政对基本养老保险基金的补助”69 000元。应做会计分录：

借：一般公共预算本级支出 139 000

  贷：国库存款 139 000

同时，在“一般公共预算本级支出”明细账的借方登记如下：

一般公共服务——税收事务——税务办案 70 000

社会保障和就业——财政对社会保险基金的补助——财政对基本养老保险基金的补助 69 000

【例7-4】年终，市财政将“一般公共预算本级支出”账户借方余额9 850 000元全数转入“一般公共预算结转结余”账户。应做会计分录：

借：一般公共预算结转结余　　9 850 000

　贷：一般公共预算本级支出　　9 850 000

同时，财政总预算会计应结清所有的一般公共预算本级支出的明细账。

在财政拨款采用国库集中支付方式下，预算已经安排，由于用款进度的原因，年终有一部分资金留在财政总预算会计账上拨不出去，为了不虚增财政结余，需作结转处理。财政总预算会计对年终预算单位尚未使用的财政直接支付额度和财政授权支付额度，期末要按照权责发生制基础确认预算支出，同时确认对预算单位的未支付款项的负债。待到以后预算期间，预算单位再使用这些额度时，冲减相关负债。对于不实行国库单一账户制度的预算单位，财政总预算会计不得作结转处理。

年终，财政总预算会计对预算单位确认尚未使用的财政直接支付额度和财政授权支付额度时，按确认的未使用额度数，借记“一般公共预算本级支出”“政府性基金预算本级支出”“国有资本经营预算本级支出”等账户及其明细账户，贷记“应付国库集中支付结余”账户；待到以后预算期间预算单位使用这些额度时，财政总预算会计按照国库与财政零余额账户和预算单位零余额账户的结算付款数，借记“应付国库集中支付结余”账户，贷记“国库存款”账户。

【例7-5】某市财政部门采用国库集中支付方式向预算单位拨付经费。年终，某市属行政法院由于用款进度的原因，财政对其未能实现的财政直接支付金额为610 000元。该项支出属于法院的“公共安全——法院——信息化建设”账户。应做会计分录：

借：一般公共预算本级支出　　610 000

　贷：应付国库集中支付结余——公共安全——法院——信息化建设　610 000

同时，在“一般公共预算本级支出”明细账的借方登记如下：

公共安全——法院——信息化建设　　610 000

【例7-6】接【例7-5】，市财政部门收到财政零余额账户代理银行与国库结算的有关凭证，列示为市属法院支付了用于信息化建设的设备采购款300 000元，均为上年未使用的资金。应做会计分录：

借：应付国库集中支付结余——公共安全——法院——信息化建设　　300 000

　贷：国库存款　　300 000

第二节　政府性基金预算本级支出

一、政府性基金预算本级支出及其分类

政府性基金预算本级支出是指政府财政管理的由本级政府使用的列入政府性基金预算的支出。政府性基金预算本级支出应按基金预算规定的用途开支，并应当遵循先收后支、量入为出的管理原则。

财政总预算会计核算的政府性基金预算本级支出应当按照《政府收支分类科目》中的政府性基金预算本级支出科目进行分类。按现行的《政府收支分类科目》，政府性基金预算本级支出科目分设类、款、项三级，内容逐渐细化。

在《政府收支分类科目》中，政府性基金预算支出科目分散在各种支出功能分类科目中，与一般公共预算本级支出科目混合排列。例如，“地方教育费附加支出”款级科目排列在“教育”类级科目中；“城市公用事业附加支出”“政府住房基金支出”“国有土地使用权出让金支出”等款级科目排列在“城乡社区事务”类级科目中；“文化事业建设费支出”“国家电影事业发展专项资金支出”款级科目排列在“文化体育与传媒”类级科目中；“公路水路运输”“铁路运输”“民用航空运输”等款级科目排列在“交通运输”类级科目中。这样，可以使政府的各种功能支出在内容和数额上都有比较全面和完整的反映。政府在有关方面的支出既包括一般预算资金安排的支出，也包括政府性基金预算资金安排的支出。政府性基金预算资金用于设立政府性基金的公共服务领域。

有些政府性基金支出的款级科目下，还需要分设项级科目，如“公路水路运输”款级科目，分设“车辆通行费支出”“港口建设费支出”等项级科目；“民用航空运输”款级科目，分设“民航基础设施建设基金支出”“民航机场管理建设费支出”等项级科目。

政府性基金预算本级支出的支付方式和程序比照一般公共预算本级支出的支付方式和程序。

二、政府性基金预算本级支出的核算

为了核算政府性基金预算本级支出业务，财政总预算会计应设置“政府性基金预算本级支出”总账账户。实际发生政府性基金预算本级支出时，借记本账户，贷记“国库存款”账户。年度终了，对纳入国库集中支付管理的、当年未支而需结转下一年度支付的款项（国库集中支付结余），采用权责发生制确认支出时，借记本账户，贷记“应付国库集中支付结余”账户。年终转账时，本账户借方余额应全数转入“政府性基金预算结转结余”账户，借记“政府性基金预算结转结余”账户，贷记本账户。该账户平时借方余额反映政府性基金预算本级支出的累计数。年终转账后，本账户无余额。该账户应当根据《政府收支分类科目》支出功能分类科目中的政府性基金预算本级支出科目的“类”“款”“项”设置明细账户，进行明细分类核算。同时，根据管理需要，按照支出经济分类科目、部门等进行明细核算。

【例 7-7】某市财政以财政直接支付方式支付了政府性基金预算本级支出资金560 000元，其中“社会保障和就业——残疾人就业保障金支出——就业和培训”32 000元，“城乡社区事务——城市公用事业附加支出——城市公共设施”250 000元，“教育——地方教育费附加支出——农村中小学校舍建设”278 000元。应做会计分录：

借：政府性基金预算本级支出　　　　560 000

贷：国库存款 560 000

同时，在“政府性基金预算本级支出”明细账的借方登记如下：

社会保障和就业——残疾人就业保障金支出——就业和培训 32 000

城乡社区事务——城市公用事业附加支出——城市公共设施 250 000

教育——地方教育费附加支出——农村中小学校舍建设 278 000

【例7-8】年终，市财政将“政府性基金预算本级支出”账户借方余额5 600 000元全数转入“政府性基金预算结转结余”账户。应做会计分录：

借：政府性基金预算结转结余 5 600 000

贷：政府性基金预算本级支出 5 600 000

同时，财政总预算会计应结清所有政府性基金预算本级支出账户的明细账。

第三节 国有资本经营预算本级支出

一、国有资本经营预算本级支出及其分类

国有资本经营预算本级支出是指政府财政管理的由本级政府使用的列入国有资本经营预算的支出。

国有资本经营预算资金一般用于补充国有企业的资本金出资，或者用于国有企业改革的成本支出等方面。国有资本经营预算需要单独编制，包括国有资本经营预算本级收入和国有资本经营预算本级支出，预算支出按照当年的预算收入规模安排，不列赤字。

财政总预算会计核算的国有资本经营预算本级支出应当按照《政府收支分类科目》中的国有资本经营预算支出科目进行分类。按照现行的《政府收支分类科目》，国有资本经营预算本级支出科目分设类、款、项三级，内容逐渐细化。

国有资本经营预算支出也是按政府支出功能进行分类的，所分的类别同一般公共预算支出和政府性基金预算支出的类别混合排列，使政府各职能的支出可以得到全面完整的反映。财政总预算会计核算的国有资本经营预算支出的类级科目有：教育支出、科学技术支出、文化体育与传媒支出、社会保障和就业支出、城乡社区事务支出、农林水事务支出、交通运输支出、采掘电力信息等事务支出、粮油物资储备管理等事务支出、地震灾后恢复重建支出。

国有资本经营预算支出类级科目下，还需要分设款级科目，如“农林水事务”类级科目下分设的款级科目有：“农业”“林业”“水利”；“交通运输”类级科目下分设的款级科目有：“公路水路运输”“民用航空运输”；“采掘电力信息等事务”类级科目下分设的款级科目有：“采掘业支出”“制造业支出”“建筑业支出”“电力监管支出”“工业和信息产业监管支出”。

国有资本经营预算支出款级科目下，还需要分设项级科目，如“农业”款级科目下，设“农业国有资本经营预算本级支出”项级科目，反映国有资本经营预算收

入安排用于农业方面的支出；“民用航空运输”款级科目下，设“民用航空国有资本经营预算本级支出”项级科目，反映国有资本经营预算收入安排用于民用航空运输方面的支出；“制造业”款级科目下分设的项级科目有：“烟草国有资本经营预算本级支出”“制造业国有资本经营预算本级支出”，分别反映国有资本经营预算本级收入安排用于烟草、制造业方面的支出。

国有资本经营预算本级支出的支付方式和程序比照一般公共预算本级支出的支付方式和程序。

二、国有资本经营预算本级支出的核算

为核算国有资本经营预算本级支出，财政总预算会计应设置“国有资本经营预算本级支出”总账账户。实际发生国有资本经营预算本级支出时，借记本账户，贷记“国库存款”账户。年度终了，对纳入国库集中支付管理的、当年未支而需结转下一年度支付的款项（国库集中支付结余），采用权责发生制确认支出时，借记本账户，贷记“应付国库集中支付结余”账户。年终转账时，本账户借方余额应全数转入“国有资本经营预算结转结余”账户，借记“国有资本经营预算结转结余”账户，贷记本账户。本账户平时借方余额反映国有资本经营预算本级支出的累计数。年终转账后，本账户无余额。该账户应当根据《政府收支分类科目》支出功能分类中的国有资本经营预算本级支出科目的“类”“款”“项”设置明细账户，进行明细分类核算。同时，根据管理需要，按照支出经济分类科目、部门等进行明细核算。

【例7-9】某市财政根据经批准的国有资本经营预算向某国有资本经营预算资金使用单位拨付资金99 000元。具体账户是：“农林水事务——农业——农业国有资本经营预算本级支出”。应做会计分录：

借：国有资本经营预算本级支出 99 000

　贷：国库存款——国有资本经营预算存款 99 000

同时，在“国有资本经营预算本级支出”明细账的借方登记如下：

农林水事务——农业——农业国有资本经营预算本级支出 99 000

【例7-10】年终，市财政将“国有资本经营预算本级支出”账户借方余额535 000元全数转入“国有资本经营预算结转结余”账户。应做会计分录：

借：国有资本经营预算结转结余 535 000

　贷：国有资本经营预算本级支出 535 000

同时，财政总预算会计应结清所有国有资本经营预算本级支出账户的明细账。

第四节　专用基金支出

专用基金支出是指政府财政用专用基金收入安排的支出。目前包括粮食风险基金、重要商品储备专项基金等。专用基金只能用于规定专用基金使用的专门用途，如粮食风险基金，只能用于平抑市场粮食价格方面的用途，重要商品储备专项基金

只能用于该专项储备商品的购买、储备、调拨等。专用基金应按规定的用途安排使用，做到先收后支、量入为出、专款专用。

为了核算专用基金支出业务，财政总预算会计应设置“专用基金支出”总账账户。发生专用基金支出时，借记本账户，贷记“其他财政存款”等有关账户。退回专用基金支出时，做相反的会计分录。年终转账时，本账户借方余额全数转入“专用基金结余”账户，借记“专用基金结余”账户，贷记本账户。本账户平时借方余额反映专用基金支出的累计数。年终转账后，该账户无余额。本账户应当根据专用基金的种类设置明细账户。同时，根据管理需要，按部门等进行明细核算。

【例7-11】某省财政按规定将存在农业银行的粮食风险基金600 000元拨付给市粮食局，用作收储粮食的补助。应做会计分录：

借：专用基金支出——粮食风险基金支出——储备粮油补贴支出　600 000

　贷：其他财政存款——专用基金存款　600 000

【例7-12】年终，省财政将“专用基金支出——粮食风险基金支出”账户的借方累计数850 000元，“专用基金支出——重要商品储备专项基金支出”账户的借方累计数463 000元，全数转入“专用基金结余”账户。应做会计分录：

借：专用基金结余——粮食风险基金结余　850 000

　　　　　　　——重要商品储备专项基金结余　463 000

　贷：专用基金支出——粮食风险基金支出　850 000

　　　　　　　　——重要商品储备专项基金支出　463 000

第五节　转移性支出

一、转移性支出的概念和内容

（一）转移性支出的概念

转移性支出是指在各级政府财政之间进行资金调拨以及在本级政府财政不同类型资金之间调剂所形成的支出，包括补助支出、上解支出、调出资金、地区间援助支出等。

（二）转移性支出的内容

1.补助支出

补助支出是指本级政府财政按财政体制规定或因专项需要补助给下级政府财政的款项，包括对下级的税收返还、转移支付等。补助支出属于本级财政对下级财政的财力转移。

2.上解支出

上解支出是指按照财政体制规定由本级政府财政上交给上级政府财政的款项。

上解支出属于本级财政对上级财政的财力转移。

3.调出资金

调出资金是指政府财政为平衡预算收支，从某类资金向其他类型预算调出的资金，包括一般预算调出资金、政府性基金预算调出资金、国有资本经营预算调出资金等。调出资金属于预算资金的横向调拨，不影响上下级财政和本级财政各自的财力，但会影响本级财政不同性质财政资金的数额。

4.地区间援助支出

地区间援助支出是指援助方政府财政安排用于受援方政府财政统筹使用的各类援助、捐赠等资金支出。

二、转移性支出的核算

（一）补助支出的核算

为了核算补助支出业务，财政总预算会计设置“补助支出”总账账户。本账户下，应当按照不同资金性质设置“一般公共预算补助支出”“政府性基金预算补助支出”等明细账户，同时还应当按照补助地区进行明细核算。

补助支出的主要账务处理如下：

（1）发生补助支出或从“与下级往来”账户转入时，借记本账户，贷记“国库存款”“其他财政存款”“与下级往来”等账户。

（2）专项转移支付资金实行特设专户管理的，本级政府财政应当根据本级政府财政下达的预算文件确认补助支出，借记本账户，贷记“国库存款”“与下级往来”等账户。

（3）有主权外债业务的财政部门，贷款资金由下级政府财政同级部门（单位）使用，且贷款最终还款责任由本级政府财政承担的，本级政府财政部门支付贷款资金时，借记本账户，贷记“其他财政存款”账户；外方将贷款资金直接支付给用款单位或供应商时，借记本账户，贷记“债务收入”“债务转贷收入”等账户；根据债务管理部门转来的相关外债转贷管理资料，按照实际支付的金额，借记“待偿债净资产”账户，贷记“借入款项”“应付主权外债转贷款”等账户。

（4）年终与下级政府财政结算时，按照尚未拨付的补助金额，借记本账户，贷记“与下级往来”账户。退还或核减补助支出时，借记“国库存款”“与下级往来”等账户，贷记本账户。

（5）年终转账时，本账户借方余额应根据不同资金性质分别转入对应的结转结余账户，借记“一般公共预算结转结余”“政府性基金预算结转结余”等账户，贷记本账户。本账户平时借方余额反映补助支出的累计数。年终结转后，该账户无余额。

【例7-13】某市财政向所属某县财政拨付预算补助款项，合计534 000元，其中“返还性支出——增值税和消费税返还支出”120 000元，“一般性转移支付——社会保障和就业转移支付支出”302 000元，“专项转移支付——农林水事务专项补助支出”72 000元，“政府性基金转移支付——政府性基金补助支出”40 000元。应做会计分录：

借：补助支出——一般公共预算补助支出——某县　　494 000
　　　　——政府性基金预算补助支出——某县　　40 000
　贷：国库存款　　534 000

【例7-14】某市财政根据体制结算的规定，年终计算出本级财政应补助给某县财政的补助支出150 000元。具体账户是“一般性转移支付——体制性补助支出”。应做会计分录：

借：补助支出——一般公共预算补助支出——某县　　150 000
　贷：与下级往来——一般公共预算资金——某县　　150 000

【例7-15】某市财政年终将“补助支出”总账账户的借方余额2 680 000元，分别转入“一般公共预算结转结余”和“政府性基金预算结转结余”账户。其中，930 000元属于政府性基金补助支出，其余1 750 000元属于一般预算补助支出。应做会计分录：

借：一般公共预算结转结余　　1 750 000
　　政府性基金预算结转结余　　930 000
　贷：补助支出——一般公共预算补助支出　　1 750 000
　　　　——政府性基金预算补助支出　　930 000

（二）上解支出的核算

为了核算上解支出业务，财政总预算会计设置“上解支出”总账账户。本账户下，应当按照不同资金性质设置“一般公共预算上解支出”“政府性基金预算上解支出”等明细账户。

上解支出的主要账务处理如下：

（1）发生上解支出时，借记本账户，贷记“国库存款”“与上级往来”等账户。

（2）年终与上级政府财政结算时，按照尚未支付的上解金额，借记本账户，贷记“与上级往来”账户。退还或核减上解支出时，借记“国库存款”“与上级往来”等账户，贷记本账户。

（3）年终转账时，本账户借方余额应根据不同资金性质分别转入对应的结转结余账户，借记“一般公共预算结转结余”“政府性基金预算结转结余”等账户，贷记本账户。本账户平时借方余额反映上解支出的累计数。年终转账后，本账户无余额。

【例7-16】某市财政按财政管理体制的要求，向上级某省财政上解预算款项，合计980 000元，其中“一般性转移支付——体制上解支出”540 000元，“专项转移支付支出——专项上解支出”130 000元，“政府性基金转移支出——政府性基金预算上解支出”310 000元。应做会计分录：

借：上解支出——一般公共预算上解支出　　670 000
　　　　——政府性基金预算上解支出　　310 000

贷：国库存款　　980 000

【例7-17】某市财政年终“上解支出”总账账户的借方余额为3 560 000元，分别转入“一般公共预算结转结余”和“政府性基金预算结转结余”账户。其中，850 000元属于政府性基金上解支出，其余2 710 000元属于一般预算上解支出。应做会计分录：

借：一般公共预算结转结余　　2 710 000
　　政府性基金预算结转结余　　850 000
　贷：上解支出——一般公共预算上解支出　　2 710 000
　　　　　　——政府性基金预算上解支出　　850 000

（三）调出资金的核算

为了核算调出资金业务，财政总预算会计设置“调出资金”总账账户。本账户下，应当设置“一般公共预算调出资金”、“政府性基金预算调出资金”和“国有资本经营预算调出资金”等明细账户。

调出资金的主要账务处理如下：

（1）从一般公共预算调出资金时，按照调出的金额，借记本账户（一般公共预算调出资金），贷记“调入资金”相关明细账户。

（2）从政府性基金预算调出资金时，按照调出的金额，借记本账户（政府性基金预算调出资金），贷记“调入资金”相关明细账户。

（3）从国有资本经营预算调出资金时，按照调出的金额，借记本账户（国有资本经营预算调出资金），贷记“调入资金”相关明细账户。

（4）年终转账时，本账户借方余额分别转入相应的结转结余账户，借记“一般公共预算结转结余”、“政府性基金预算结转结余”和“国有资本经营预算结转结余”等账户，贷记本账户。本账户平时借方余额反映调出资金的累计数。年终转账后，本账户无余额。

【例7-18】某市财政为平衡一般公共预算，将政府性基金预算结转结余中的320 000元调出至一般公共预算。应做会计分录：

借：调出资金——政府性基金预算调出资金　　320 000
　贷：调入资金——一般公共预算调入资金　　320 000

【例7-19】年终，某市财政将“调出资金”账户中的“政府性基金预算调出资金”明细账户的借方余额320 000元全数转入“政府性基金预算结转结余”账户。应做会计分录：

借：政府性基金预算结转结余　　320 000
　贷：调出资金——政府性基金预算调出资金　　320 000

【例7-20】某市财政为平衡一般公共预算，将国有资本经营预算资金580 000元调出至一般公共预算。应做会计分录：

借：调出资金——国有资本经营预算调出资金　　580 000
　贷：调入资金——一般公共预算调入资金　　580 000

【例 7-21】年终，某市财政将“调出资金”账户中的“国有资本经营预算调出资金”明细账户的借方余额580 000元全数转入“国有资本经营预算结转结余”账户。应做会计分录：

借：国有资本经营预算结转结余　　580 000

　贷：调出资金——国有资本经营预算调出资金　　580 000

（四）地区间援助支出的核算

为了核算地区间援助支出业务，财政总预算会计设置“地区间援助支出”总账账户。发生地区间援助支出时，借记本账户，贷记“国库存款”账户。年终转账时，本账户借方余额全数转入“一般公共预算结转结余”账户，借记“一般公共预算结转结余”账户，贷记本账户。本账户平时借方余额反映地区间援助支出的累计数。年终转账后，本账户无余额。本账户应当按照受援地区及管理需要进行相应明细核算。

第六节　财政专户管理资金支出

财政专户管理资金支出是指政府财政用纳入财政专户管理的教育收费等资金安排的支出。

财政部门按照单位预算将财政专户管理资金拨付给教育事业单位及彩票发行和销售机构，确认财政专户管理资金支出。

财政总预算会计设置“财政专户管理资金支出”总账账户，核算政府财政用纳入财政专户管理的教育收费等资金安排的支出。发生财政专户管理资金支出时，借记本账户，贷记“其他财政存款”等有关账户。年终转账时，本账户借方余额全数转入“财政专户管理资金结余”账户，借记“财政专户管理资金结余”账户，贷记本账户。本账户平时借方余额反映财政专户管理资金支出的累计数。年终转账后，本账户无余额。该账户应当按照《政府收支分类账户》中支出功能分类账户设置相应明细账户。同时，根据管理需要，按照支出经济分类账户、部门（单位）等进行明细核算。

【例 7-22】某市财政部门按单位预算用财政专户管理资金向某初中学校支付经费600 000元。应做会计分录：

借：财政专户管理资金支出——教育经费支出——初中教育　　600 000

　贷：其他财政存款——财政专户管理资金存款　　600 000

【例 7-23】某市财政部门用财政专户管理资金向体育彩票发行机构支付业务费用850 000元。应做会计分录：

借：财政专户管理资金支出　　850 000

　贷：其他财政存款——财政专户管理资金存款　　850 000

同时，在“财政专户管理资金支出”明细账的借方登记如下：

彩票业务费支出——体育彩票发行机构业务费用支出　　850 000

【例7-24】某市财政部门年终将“财政专户管理资金支出”账户的借方余额5 200 000元转入“财政专户管理资金结余”账户。其中，2 100 000元属于教育经费支出，其余3 100 000元属于彩票业务费支出。应做会计分录：

借：财政专户管理资金结余——教育收费结余　　2 100 000

——彩票业务费结余　　3 100 000

贷：财政专户管理资金支出——教育经费支出　　2 100 000

——彩票业务费支出　　3 100 000

本章小结

财政总预算会计的支出是指政府财政为实现政府职能，对财政资金的分配和使用。包括一般公共预算本级支出、政府性基金预算本级支出、国有资本经营预算本级支出、财政专户管理资金支出、专用基金支出、转移性支出等。

一般公共预算本级支出是指政府财政管理的由本级政府使用的列入一般公共预算的支出。

政府性基金预算本级支出是指政府财政管理的由本级政府使用的列入政府性基金预算的支出。

国有资本经营预算本级支出是指政府财政管理的由本级政府使用的列入国有资本经营预算的支出。

财政专户管理资金支出是指政府财政用纳入财政专户管理的教育收费等资金安排的支出。

专用基金支出是指政府财政用专用基金收入安排的支出。

转移性支出是指在各级政府财政之间进行资金调拨以及在本级政府财政不同类型资金之间调剂所形成的支出，包括补助支出、上解支出、调出资金、地区间援助支出等。

思考题

1. 什么是财政总预算会计核算的支出?财政总预算会计核算的支出分为哪些种类?

2. 什么是一般公共预算本级支出?一般公共预算本级支出有哪几种支付方式?各种支付方式的支付程序是怎样的?

3. 一般公共预算本级支出的各种支付方式下，如何确认一般公共预算本级支出？

4.什么是政府性基金预算本级支出?什么是国有资本经营预算本级支出?什么是专用基金支出?

5.什么是转移性支出?转移性支出有哪些种类?

6.什么是财政专户管理资金支出？财政专户管理资金支出包括哪些内容?

7.在国库集中支付方式下，政府采购项目中拼盘项目的资金支付方式有哪几种?

8.如何进行政府采购活动中财政预算支出的核算?

第八章

财政总预算会计净资产的核算

学习目标

通过本章的学习，明确财政总预算会计净资产的种类，熟悉各项净资产的概念，掌握一般公共预算结转结余、政府性基金预算结转结余、国有资本经营预算结转结余、财政专户管理资金结余、专用基金结余、预算稳定调节基金、预算周转金、资产基金和待偿债净资产的核算。

财政总预算会计的净资产是指政府财政资产减去负债的差额，包括一般公共预算结转结余、政府性基金预算结转结余、国有资本经营预算结转结余、财政专户管理资金结余、专用基金结余、预算稳定调节基金、预算周转金、资产基金和待偿债净资产。

第一节 结转结余

结转结余是收入减去支出后的差额，包括一般公共预算结转结余、政府性基金预算结转结余、国有资本经营预算结转结余、专用基金结余和财政专户管理资金结余等。各项结转结余每年年终结算一次，平时不结算。

一、一般公共预算结转结余

一般公共预算结转结余是指一般公共预算收支的执行结果。

为了核算一般公共预算结转结余，财政总预算会计设置“一般公共预算结转结余”总账账户。

（1）年终转账时，将一般公共预算的有关收入账户贷方余额转入本账户的贷方，借记“一般公共预算本级收入”“补助收入——一般公共预算补助收入”“上解收入——一般公共预算上解收入”“地区间援助收入”“调入资金——一般公共预算调入资金”“债务收入——一般债务收入”“债务转贷收入——地方政府一般债务转贷收入”“动用预算稳定调节基金”等账户，贷记本账户；将一般公共预算的有关支出账户借方余额转入本账户的借方，借记本账户，贷记“一般公共预算本级支出”“上解支出——一般公共预算上解支出”“补助支出——一般公共预算补助支出”“地区间援助支出”“调出资金——一般公共预算调出资金”“安排预算稳定调节基金”“债务转贷支出——地方政府一般债务转贷支出”“债务还本支出——一般债务还本支出”等账户。

（2）设置和补充预算周转金时，借记本账户，贷记“预算周转金”账户。

本账户年终贷方余额反映一般公共预算收支相抵后的滚存结转结余。

【例8-1】某市财政年终转账时，一般公共预算的有关收入账户贷方余额为：“一般公共预算本级收入”1 765 000元，“一般公共预算本级收入”有关明细账户的贷方余额为：“税收收入——增值税”550 000元，“税收收入——资源税”460 000元，“税收收入——企业所得税”280 000元，“税收收入——城市维护建设税”80 000元，“税收收入——房产税”25 000元，“税收收入——消费税”90 000元，“非税收收入——行政事业性收费收入”160 000元，“非税收收入——罚没收入”70 000元，“非税收收入——国有资源（资产）有偿使用收入”50 000元。“补助收入——一般公共预算补助收入”130 000元，“上解收入——一般公共预算上解收入”145 000元，“调入资金——一般公共预算调入资金”81 000元。财政总预算会计将上述一般公共预算的有关收入账户贷方余额转入

“一般公共预算结转结余”账户。应做会计分录为：

借：一般公共预算本级收入 1 765 000
　　补助收入 130 000
　　上解收入 145 000
　　调入资金 81 000
　贷：一般公共预算结转结余 2 121 000

同时，在“一般公共预算本级收入”明细账户的借方登记如下：

税收收入——增值税 550 000
税收收入——资源税 460 000
税收收入——企业所得税 280 000
税收收入——城市维护建设税 80 000
税收收入——房产税 25 000
税收收入——消费税 90 000
非税收入——行政事业性收费收入 160 000
非税收入——罚没收入 70 000
非税收入——国有资源（资产）有偿使用收入 50 000

同时，在“补助收入”“上解收入”“调入资金”明细账户的借方登记如下：

补助收入——一般公共预算补助收入 130 000
上解收入——一般公共预算上解收入 145 000
调入资金——一般公共预算调入资金 81 000

【例 8-2】接【例 8-1】，该市财政年终转账时，有关一般公共预算支出账户的借方余额为：“一般公共预算本级支出”1 871 000元，“一般公共预算本级支出”有关明细账户的借方余额为：“一般公共服务——人大事务”148 000元，“一般公共服务——政府办公厅（室）及相关机构事务”120 000元，“一般公共服务——财政事务”128 000元，“一般公共服务——审计事务”103 000元，“一般公共服务——税收事务”120 000元，“一般公共服务——发展与改革事务”144 000元，“一般公共服务——纪检监察事务”135 000元，“一般公共服务——工商行政管理事务”145 000元，“一般公共服务——统计信息事务”136 000元，“公共安全——公安”140 000元，“公共安全——法院”122 000元，“教育——普通教育”260 000元，“医疗卫生——公立医院”170 000元；“补助支出——一般公共预算补助支出”60 000元，“上解支出——一般公共预算上解支出”135 000元。财政总预算会计将上述一般公共预算支出账户的借方余额转入“一般公共预算结转结余”账户。应做会计分录：

借：一般公共预算结转结余 2 066 000
　贷：一般公共预算本级支出 1 871 000
　　　补助支出 60 000
　　　上解支出 135 000

同时，在“一般公共预算本级支出”明细账户的贷方登记如下：

一般公共服务——人大事务	148 000
一般公共服务——政府办公厅（室）及相关机构事务	120 000
一般公共服务——财政事务	128 000
一般公共服务——审计事务	103 000
一般公共服务——税收事务	120 000
一般公共服务——发展与改革事务	144 000
一般公共服务——纪检监察事务	135 000
一般公共服务——工商行政管理事务	145 000
一般公共服务——统计信息事务	136 000
公共安全——公安	140 000
公共安全——法院	122 000
教育——普通教育	260 000
医疗卫生——公立医院	170 000

在“补助支出”“上解支出”明细账户的贷方登记如下：

补助支出——一般公共预算补助支出	60 000
上解支出——一般公共预算上解支出	135 000

“一般公共预算结转结余”账户反映政府财政一般预算的执行结果。在【例8-1】和【例8-2】中，该市财政一般公共预算结转结余为55 000元。

二、政府性基金预算结转结余

政府性基金预算结转结余是指政府性基金预算收支的执行结果。

为了核算政府性基金预算结转结余，财政总预算会计设置“政府性基金预算结转结余”总账账户。财政总预算会计年终转账时，应将政府性基金预算的有关收入账户贷方余额按照政府性基金种类，分别转入本账户下相应明细账户的贷方，借记“政府性基金预算本级收入”“补助收入——政府性基金预算补助收入”“上解收入——政府性基金预算上解收入”“调入资金——政府性基金预算调入资金”“债务收入——专项债务收入”“债务转贷收入——地方政府专项债务转贷收入”等账户，贷记本账户；将政府性基金预算的有关支出账户借方余额按照政府性基金种类，分别转入本账户下相应明细账户的借方，借记本账户，贷记“政府性基金预算本级支出”“上解支出——政府性基金预算上解支出”“补助支出——政府性基金预算补助支出”“调出资金——政府性基金预算调出资金”“债务还本支出——专项债务还本支出”“债务转贷支出——地方政府专项债务转贷支出”等账户。

本账户年终贷方余额反映政府性基金预算收支相抵后的滚存结转结余。应当根据管理需要，按照政府性基金的种类进行明细核算。

【例8-3】某市财政年终转账时，政府性基金预算的有关收入账户贷方余额为：“政府性基金预算本级收入”8 635 000元，“政府性基金预算本级收入”有关明细账户的贷方余额为："政府住房基金收入"2 150 000元，"国有土地使用权出让金收入"3 340 000元，"旅游发展基金收入"1 125 000元，"港口建设费收入"2 020 000元；"补助收入——政府性基金预算补助收入——政府住房基金补助收入"145 000元，"上解收入——政府性基金预算上解收入——旅游发展基金收入"182 000元。财政总预算会计将上述政府性基金预算的有关收入账户贷方余额转入"政府性基金预算结转结余"账户。应做会计分录：

借：政府性基金预算本级收入	8 635 000	
补助收入	145 000	
上解收入	182 000	
贷：政府性基金预算结转结余		8 962 000

同时，在"政府性基金预算本级收入"明细账户的借方登记如下：

政府住房基金收入	2 150 000
国有土地使用权出让金收入	3 340 000
旅游发展基金收入	1 125 000
港口建设费收入	2 020 000

在"补助收入""上解收入"明细账户的借方登记如下：

补助收入——政府性基金预算补助收入——政府住房基金补助收入	145 000
上解收入——政府性基金预算上解收入——旅游发展基金收入	182 000

【例8-4】接【例8-3】，该市财政年终转账时，政府性基金预算的有关支出账户借方余额为："政府性基金预算本级支出"8 135 000元，"政府性基金预算本级支出"有关明细账户的借方余额为："城乡社区事务——政府住房基金支出"2 150 000元，"城乡社区事务——国有土地使用权出让金支出"3 160 000元，"商业服务业等事务——旅游发展基金支出"1 125 000元，"交通运输——港口建设费安排的支出"1 700 000元；"补助支出——政府性基金预算补助支出——港口建设费补助支出"105 000元，"上解支出——政府性基金预算上解支出——国有土地使用权出让金上解支出"122 000元。财政总预算会计将上述政府性基金预算的有关支出账户借方余额转入"政府性基金预算结转结余"账户。应做会计分录：

借：政府性基金预算结转结余	8 362 000	
贷：政府性基金预算本级支出		8 135 000
补助支出		105 000
上解支出		122 000

同时，在"政府性基金预算本级支出"明细账户贷方登记如下：

城乡社区事务——政府住房基金支出	2 150 000
城乡社区事务——国有土地使用权出让金支出	3 160 000
商业服务业等事务——旅游发展基金支出	1 125 000
交通运输——港口建设费安排的支出	1 700 000

在"补助支出""上解支出"明细账户贷方登记如下：

补助支出——政府性基金预算补助支出——港口建设费补助支出　　105 000

上解支出——政府性基金预算上解支出——国有土地使用权出让金上解支出　122 000

“政府性基金预算结转结余”账户反映政府基金预算的执行结果。在【例8-3】和【例8-4】中，该市财政政府性基金预算结转结余600 000元。各项基金需要单独计算出相应的政府性基金预算结转结余，这与各项基金均要单独编制预算并单独反映预算执行情况的要求是一致的。例如，港口建设费结余为215 000元，国有土地使用权出让金结余为58 000元。

三、国有资本经营预算结转结余

国有资本经营预算结转结余是指国有资本经营预算收支的执行结果。

为了核算国有资本经营预算结转结余，财政总预算会计设置“国有资本经营预算结转结余”总账账户。年终转账时，财政总预算会计应将国有资本经营预算的有关收入账户贷方余额转入本账户贷方，借记“国有资本经营预算本级收入”等账户，贷记本账户；将国有资本经营预算的有关支出账户借方余额转入本账户借方，借记本账户，贷记“国有资本经营预算本级支出”“调出资金——国有资本经营预算调出资金”等账户。

本账户年终贷方余额反映国有资本经营预算收支相抵后的滚存结转结余。

【例8-5】某市财政年终转账时，国有资本经营预算的有关收入账户贷方余额为：“国有资本经营预算本级收入”1 130 000元，“国有资本经营预算本级收入”有关明细账户的贷方余额为：“非税收入——利润收入”260 000元，“非税收入——股利股息收入”180 000元，“非税收入——产权转让收入”450 000元，“非税收入——清算收入”240 000元。财政总预算会计将上述国有资本经营预算的有关收入账户贷方余额转入“国有资本经营预算结转结余”账户。应做会计分录：

借：国有资本经营预算本级收入　　1 130 000

　贷：国有资本经营预算结转结余　　1 130 000

同时，在“国有资本经营预算本级收入”明细账户借方登记如下：

非税收入——利润收入　　260 000

非税收入——股利股息收入　　180 000

非税收入——产权转让收入　　450 000

非税收入——清算收入　　240 000

【例8-6】接【例8-5】，该市财政年终转账时，国有资本经营预算的有关支出账户借方余额为：“国有资本经营预算本级支出”1 030 000元，“国有资本经营预算本级支出”有关明细账户的借方余额为：“交通运输——民用航空运输——民用航空运输企业国有资本预算支出”330 000元，“交通运输——公路水路运输——公路水路运输企业国有资本经营预算本级支出”250 000元，“文化体育与传媒——文化——文化企业国有资本经营预算本级支出”450 000元；“调出资金——国有资本经营预算调出资金”46 000元。财政总预算会计将上述国有资本经营预算的有关支出账户借方余额转入“国有资本经营预算结转结余”账户。应做会计分录：

借：国有资本经营预算结转结余　　1 076 000

　贷：国有资本经营预算本级支出　　1 030 000

　　调出资金——国有资本经营预算调出资金　　46 000

同时，在“国有资本经营预算本级支出”明细账户贷方登记如下：

交通运输——民用航空运输——民用航空运输企业国有资本预算支出　330 000

交通运输——公路水路运输——公路水路运输企业国有资本经营预算本级支出　250 000

文化体育与传媒——文化——文化企业国有资本经营预算本级支出　450 000

四、专用基金结余

专用基金结余是指专用基金收支的执行结果。专用基金结余是财政部门按规定取得和使用专用基金的结果。

为了核算专用基金结余，财政总预算会计设置“专用基金结余”总账账户。应逐一结出各项专用基金的结余。财政总预算会计年终转账时，将专用基金的有关收入账户贷方余额转入本账户贷方，借记“专用基金收入”等账户，贷记本账户；将专用基金的有关支出账户借方余额转入本账户借方，借记本账户，贷记“专用基金支出”等账户。

本账户年终贷方余额反映政府财政管理的专用基金收支相抵后的滚存结余。该账户应当根据专用基金的种类设置明细账户，进行明细核算。

【例8-7】某市财政年终转账时，将“专用基金收入——粮食风险基金”账户的贷方余额450 000元转入“专用基金结余”账户，将“专用基金支出——粮食风险基金”账户的借方余额440 000元转入“专用基金结余”账户。

年终结账时：

借：专用基金收入——粮食风险基金　　450 000

　贷：专用基金结余——粮食风险基金　　450 000

同时：

借：专用基金结余——粮食风险基金　　440 000

　贷：专用基金支出——粮食风险基金　　440 000

应逐一结出各项专用基金的结余，本例中粮食风险基金结余为10 000元。

五、财政专户管理资金结余

财政专户管理资金结余是指纳入财政专户管理的教育收费等资金收支的执行结果。

为了核算财政专户管理资金结余，设置“财政专户管理资金结余”总账账户，年终转账时，将财政专户管理资金的有关收入账户贷方余额转入本账户贷方，借记“财政专户管理资金收入”等账户，贷记本账户；将财政专户管理资金的有关支出账户借方余额转入本账户借方，借记本账户，贷记“财政专户管理资金支出”等账户。

本账户年终贷方余额反映政府财政纳入财政专户管理的资金收支相抵后的滚存结余。该账户应当根据管理需要，按照部门（单位）等设置明细账，进行明细核算。

【例 8-8】某市财政年末转账时，“财政专户管理资金收入——教育收费收入”账户贷方余额 4 540 000 元，“财政专户管理资金收入——彩票业务费收入”账户贷方余额 2 540 000 元；“财政专户管理资金支出——教育经费支出”账户的借方余额 3 260 000 元，“财政专户管理资金支出——彩票业务费支出”账户的借方余额 1 460 000 元。将财政专户管理资金收支转入“财政专户管理资金结余”账户。应做会计分录：

借：财政专户管理资金收入——教育收费收入	4 540 000	
——彩票业务费收入	2 540 000	
贷：财政专户管理资金结余		7 080 000

同时：

借：财政专户管理资金结余	4 720 000	
贷：财政专户管理资金支出——教育经费支出		3 260 000
——彩票业务费支出		1 460 000

第二节　预算稳定调节基金

一、预算稳定调节基金核算的内容

预算稳定调节基金是指政府财政安排用于弥补以后年度预算资金不足的储备资金。

在组织财政预算收入过程中，往往会出现实际筹集的财政收入大于收入预算的情况，即预算收入的“超收”。这部分超收的预算收入一般用于追加财政拨款支出。财政超收的使用不必通过人大审批，这些财政支出就脱离了人大的事前监督，造成了财政超收使用的随意性和不规范。为了将财政超收的财力储存起来，同时减少政府预算收支安排的非规范性行为，财政部门从 2007 年起建立了预算稳定调节基金。

预算稳定调节基金是财政总预算会计的净资产。当财政收入超收较多时，从一般公共预算资金中提取一部分，用于增加预算稳定调节基金，而不是用于追加当期支出。在提取预算稳定调节基金时，对一般公共预算资金按支出进行账务处理，同时增加预算稳定调节基金。这样，提取的预算稳定调节基金的这部分超收财政资金就不会被用来追加当期财政支出，也不会导致预算收支结余增加过多。

当财政收入出现短收的年度，使用预算稳定调节基金补充一般公共预算资金时，将补充预算稳定调节基金作为一般公共预算资金的收入进行账务处理，同时减少预算稳定调节基金。这样，使用预算稳定调节基金弥补了因财政短收而导致的一般预算资金收支缺口，减少了当期预算收支的赤字。

虽然提取预算稳定调节基金时，账面出现了支出（安排预算稳定调节基金），但这在导致当期一般公共预算结转结余减少的同时，又增加了预算稳定调节基金，并没有增加一般公共预算资金的整体累积结转结余；虽然使用预算稳定调节基金时，账面上出现了收入（动用预算稳定调节基金），但这在导致当期一般公共预算结转结余增加的同时，又减少了预算稳定调节基金，并没有减少一般公共预算资金的整体累积结转结余。因此，虽然核算提取和使用预算稳定调节基金出现了支出和收入，但不属于真正的财政资金收支。

二、预算稳定调节基金的核算

为了核算预算稳定调节基金的设立、增加和安排使用，财政总预算会计应设置“预算稳定调节基金”“动用预算稳定调节基金”“安排预算稳定调节基金”三个总账账户。

1.“预算稳定调节基金”账户

该账户属于净资产类账户，用于核算政府财政设置的用于弥补以后年度预算资金不足的储备资金。

使用超收收入或一般公共预算结余补充预算稳定调节基金时，借记“安排预算稳定调节基金”账户，贷记本账户；将预算周转金调入预算稳定调节基金时，借记“预算周转金”账户，贷记本账户；为弥补财政短收年份预算执行收支缺口，调用预算稳定调节基金时，借记本账户，贷记“动用预算稳定调节基金”账户。本账户期末贷方余额反映预算稳定调节基金的规模。

2.“动用预算稳定调节基金”账户

该账户属于收入类账户，用于核算政府财政为弥补本年度预算资金的不足，调用的预算稳定调节基金。

在财政短收年度，为弥补财政短收年份预算执行收支缺口，调用预算稳定调节基金时，借记“预算稳定调节基金”账户，贷记本账户。年终转账时，将本账户贷方余额全数转入“一般公共预算结转结余”账户，借记本账户，贷记“一般公共预算结转结余”账户。该账户平时贷方余额反映动用预算稳定调节基金的累计数。年终转账后，本账户无余额。

3.“安排预算稳定调节基金”账户

该账户属于支出类账户，用于核算政府财政按照有关规定安排的预算稳定调节基金。

补充预算稳定调节基金时，借记本账户，贷记“预算稳定调节基金”账户。年终转账时，将本账户借方余额全数转入“一般公共预算结转结余”账户，借记“一般公共预算结转结余”账户，贷记本账户。本账户平时借方余额反映安排预算稳定调节基金的累计数。年终转账后，本账户无余额。

【例 8-9】某省财政部门从 2009 年起建立预算稳定调节基金，2009 年根据财政超收情况安排 500 000 000 元建立预算稳定调节基金；2010 年又根据财政超收情况安排 700 000 000 元补充预算稳定调节基金；2011 年动用预算稳定调节基金 800 000 000 元，补充一般预算收支差额。

2009 年，建立预算稳定调节基金时，做会计分录：

借：安排预算稳定调节基金　　500 000 000

　贷：预算稳定调节基金　　500 000 000

2009 年年终转账时，将"安排预算稳定调节基金"账户的余额全部转入"一般公共预算结转结余"账户，做会计分录：

借：一般公共预算结转结余　　500 000 000

　贷：安排预算稳定调节基金　　500 000 000

2010 年，补充预算稳定调节基金时，做会计分录：

借：安排预算稳定调节基金　　700 000 000

　贷：预算稳定调节基金　　700 000 000

2010 年年终转账时，将"安排预算稳定调节基金"账户的余额全部转入"一般公共预算结转结余"账户，做会计分录：

借：一般公共预算结转结余　　700 000 000

　贷：安排预算稳定调节基金　　700 000 000

2011 年，动用预算稳定调节基金时，做会计分录：

借：预算稳定调节基金　　800 000 000

　贷：动用预算稳定调节基金　　800 000 000

2011 年年终转账时，将"动用预算稳定调节基金"账户余额全部转入"一般公共预算结转结余"账户，做会计分录：

借：动用预算稳定调节基金　　800 000 000

　贷：一般公共预算结转结余　　800 000 000

第三节　预算周转金

一、预算周转金的概念

预算周转金是指政府财政为调剂预算年度内季节性收支差额，保证及时用款而设置的库款周转资金。它是国家的一项后备基金。预算周转金应根据《中华人民共和国预算法》要求设置。

由于国家预算收支有一定的季节性，在年度预算收支平衡的情况下，仍可能出现年度内各季度或各月份收支不平衡的现象；同时，为了保证用款单位的资金使用，每年年度终了后，需要预拨下年初的经费，而收入通常要到新年度开始后才能组织入库。因此，各级财政部门有必要设置一定数额的预算周转金，作为平衡季度预算收支周转使用，以保证用款单位的资金需要，保证国家预算的顺利执行。

预算周转金一般用年度一般公共预算结转结余资金设置和补充。预算周转金的实质是对一般公共预算结转结余的一种限定。一般公共预算结转结余转为预算周转金后，就专作执行年度预算周转之用，不能安排预算支出。预算周转金的余额只能增加，不能减少。预算周转金存入国库账户中，不单独设置存款户。动用预算周转金时，作为国库存款的减少。如果“国库存款”账户余额小于“预算周转金”账户余额，表明已动用了预算周转金。

二、预算周转金的核算

财政总预算会计设置“预算周转金”账户，核算政府财政设置的用于调剂预算年度内季节性收支差额周转使用的资金。设置和补充预算周转金时，借记“一般公共预算结转结余”账户，贷记本账户；将预算周转金调入预算稳定调节基金时，借记本账户，贷记“预算稳定调节基金”账户。本账户期末贷方余额反映预算周转金的规模。

【例8-10】某市财政经批准，从一般公共预算结转结余中补充预算周转金6 450 000元。应做会计分录：

借：一般公共预算结转结余	6 450 000	
贷：预算周转金		6 450 000

【例8-11】某省财政将预算周转金5 120 000元调入预算稳定调节基金。应做会计分录：

借：预算周转金	5 120 000	
贷：预算稳定调节基金		5 120 000

第四节 资产基金和待偿债净资产

一、资产基金

（一）资产基金的概念

资产基金是指政府财政持有的债权和股权投资等资产（与其相关的资金收支纳入预算管理）在净资产中占用的金额。

（二）资产基金的核算

财政总预算会计设置“资产基金”账户，核算政府财政持有的应收地方政府债券转贷款、应收主权外债转贷款、股权投资和应收股利等资产（与其相关的资金收支纳入预算管理）在净资产中占用的金额。期末贷方余额，反映政府财政持有应收地方政府债券转贷款、应收主权外债转贷款、股权投资和应收股利等资产（与其相关的资金收支纳入预算管理）在净资产中占用的金额。应当设置“应收地方政府债券转贷款”“应收主权外债转贷款”“股权投资”“应收股利”等明细账户，进行明细核算。

资产基金的账务处理参见“应收地方政府债券转贷款”、“应收主权外债转贷款”、“股权投资”和“应收股利”。

二、待偿债净资产

（一）待偿债净资产的概念

待偿债净资产是指政府财政承担应付短期政府债券、应付长期政府债券、借入款项、应付地方政府债券转贷款、应付主权外债转贷款、其他负债等负债（与其相关的资金收支纳入预算管理）而相应需在净资产中冲减的金额。

（二）待偿债净资产的核算

财政总预算会计设置“待偿债净资产”账户，核算政府财政因发生应付政府债券、借入款项、应付地方政府债券转贷款、应付主权外债转贷款、其他负债等负债（与其相关的资金收支纳入预算管理）相应需在净资产中冲减的金额。期末借方余额，反映政府财政承担应付政府债券、借入款项、应付地方政府债券转贷款、应付主权外债转贷款和其他负债等负债（与其相关的资金收支纳入预算管理）而相应需冲减净资产的金额。应当设置“应付短期政府债券”“应付长期政府债券”“借入款项”“应付地方政府债券转贷款”“应付主权外债转贷款”“其他负债”等明细账户，进行明细核算。

待偿债净资产的账务处理参见“应付短期政府债券”、“应付长期政府债券”、“借入款项”、“应付地方政府债券转贷款”、“应付主权外债转贷款”和“其他负债”。

本章小结

财政总预算会计的净资产是指政府财政资产减去负债的差额。财政总预算会计核算的净资产包括一般公共预算结转结余、政府性基金预算结转结余、国有资本经营预算结转结余、财政专户管理资金结余、专用基金结余、预算稳定调节基金、预算周转金、资产基金和待偿债净资产。

一般公共预算结转结余是指一般公共预算收支的执行结果。

政府性基金预算结转结余是指政府性基金预算收支的执行结果。

国有资本经营预算结转结余是指国有资本经营预算收支的执行结果。

财政专户管理资金结余是指纳入财政专户管理的教育收费等资金收支的执行结果。

专用基金结余是指专用基金收支的执行结果。

预算稳定调节基金是指政府财政安排用于弥补以后年度预算资金不足的储备资金。

预算周转金是指政府财政为调剂预算年度内季节性收支差额，保证及时用款而设置的库款周转资金。

资产基金是指政府财政持有的债权和股权投资等资产（与其相关的资金收支纳入预算管理）在净资产中占用的金额。

待偿债净资产是指政府财政承担应付短期政府债券、应付长期政府债券、借入款项、应付地方政府债券转贷款、应付主权外债转贷款、其他负债等负债（与其相关的资金收支纳入预算管理）而相应需在净资产中冲减的金额。

思考题

1.什么是财政总预算会计的净资产?财政总预算会计的净资产包括哪些种类?

2.什么是一般公共预算结转结余?什么是政府性基金预算结转结余?什么是国有资本经营预算结转结余?

3.什么是预算稳定调节基金？预算稳定调节基金的作用是什么?提取和安排预算稳定调节基金是否会造成一般公共预算资金累积结转结余的变化?为什么?

4.什么是预算周转金?预算周转金的作用是什么?

5.什么是财政总预算会计的资产基金和待偿债净资产?

第九章

财政总预算会计报表

学习目标

通过本章的学习，明确财政总预算会计报表的种类以及编制程序，熟悉年终清理的主要事项以及年终结账的环节，掌握资产负债表、收入支出表、预算执行情况表的编制，了解会计报表的审核与分析。

第一节　财政总预算会计报表及其编制程序

一、政府财政会计报表的种类

（一）财政总预算会计报表的含义及编制要求

财政总预算会计报表是反映政府财政预算执行结果和财务状况的书面文件，包括资产负债表、收入支出表、一般公共预算执行情况表、政府性基金预算执行情况表、国有资本经营预算执行情况表、财政专户管理资金收支情况表、专用基金收支情况表等会计报表和附注。

财政总预算会计应当按照下列规定编制会计报表：

（1）一般公共预算执行情况表、政府性基金预算执行情况表、国有资本经营预算执行情况表应当按旬、月度和年编制，财政专户管理资金收支情况表和专用基金收支情况表应当按月度和年度编制，收入支出表按月度和年度编制，资产负债表和附注应当至少按年度编制。旬报、月报的报送期限及编报内容应当根据上级政府财政具体要求和本行政区域预算管理的需要办理。

（2）总会计应当根据本制度编制并提供真实、完整的会计报表，切实做到账表一致，不得估列代编，弄虚作假。

总会计要严格按照统一规定的种类、格式、内容、计算方法和编制口径填制会计报表，以保证全国统一汇总和分析。汇总报表的单位，要把所属单位的报表汇集齐全，防止漏报。

（二）财政总预算会计报表的种类

财政总预算会计报表按照不同的角度，可以有不同的分类。

（1）按照编报时间，可分为旬报、月报和年报。旬报是反映政府财政从月初到本旬为止的预算收支执行情况的报表；月报表反映政府财政从年初至本月末止的财务状况、预算收支执行情况的报表；年报是反映年度预算收支的最终结果和财务状况的报表。

（2）按照报表反映的内容，分为资产负债表、预算执行情况表。资产负债表是反映某一级政府财政在某一特定日期财务状况的报表。预算执行情况表是反映某一级政府预算收支结余情况和收支执行情况的报表，包括收入支出表、一般公共预算执行情况表、政府性基金预算执行情况表、国有资本经营预算执行情况表、财政专户管理资金收支情况表、专用基金收支情况表等。

（3）按照报表反映的公共资源的管理政府划分，财政总预算会计报表包括本级政府会计报表和各级政府汇总报表。其中，某级政府财政部门编制的汇总报表包括本级政府及所辖行政区域内各层级下级政府的报表内容。

（三）财政总预算会计在年报编报过程中的职责

总会计年度报表，反映年度预算收支的最终结果和财务状况。总会计参与或具体负责组织下列决算草案的编审工作：

（1）参与组织制定决算草案编审办法。根据上级政府财政的统一要求和本行政区域预算管理的需要，提出年终收支清理、数字编列口径、决算审查和组织领导等具体要求，并对财政结算、结余处理等具体问题制定管理办法。

（2）根据上级政府财政的要求，结合本行政区域的具体情况制定本行政区域政府财政总决算统一表格。

（3）办理全年各项收支、预拨款项、往来款项等会计对账、结账工作。

（4）对下级政府财政布置决算草案编审工作，指导、督促其及时汇总报送决算。

（5）审核、汇总所属财政部门总决算草案，向上级政府财政部门报送本辖区汇总的财政总决算草案。

（6）编制决算说明和决算分析报告，向上级政府财政汇报决算编审工作情况，进行上下级政府财政之间的财政体制结算以及财政总决算的文件归档工作。

（7）各级政府财政应将汇总编制的本级决算草案及时报本级政府审定。各级政府财政应按照上级政府财政部门的要求，将经本级人民政府审定的本行政区域决算草案逐级及时报送备案。计划单列市的财政决算，除按规定报送财政部外，应按所在省的规定报所在省。具体的决算编审工作，按照财政决算管理部门的相关规定执行。

二、年终会计报表的编制程序

财政总预算会计编制年终报表，要遵循一定的工作程序。具体的工作程序和内容主要包括三个步骤：年终清理、年终结算、年终结账。

（一）年终清理

财政总预算会计在会计年度结束前，应当全面进行年终清理。这是保证年报编制质量的一项重要准备工作。总会计对年终决算清理期内发生的会计事项，应当划清会计年度。属于清理上年度的会计事项，记入上年度会计账；属于新年度的会计事项，记入新年度会计账，防止错记漏记。年终清理的主要事项包括：

1.核对年度预算

各项财政收支都是按预算执行的，预算数字是与预算单位确认最终拨款的依据，也是与上下级财政部门办理收支结算的依据。年终前，总会计应配合预算管理部门将本级政府财政全年预算指标与上、下级政府财政总预算和本级各部门预算进行核对，及时办理预算调整和转移支付事项。本年预算调整和对下转移支付一般截至11月底；各项预算拨款，一般截至12月25日。

2.清理本年预算收支

认真清理本年预算收入，督促征收部门和国家金库年终前如数缴库。应在本年预算支领列报的款项，非特殊原因，应在年终前办理完毕。应清理财政专户管理资金和专用基金收支。凡属应列入本年的收入，应及时催收，并缴入国库或指定财政专户。

3.组织征收部门和国家金库进行年度对账

4.清理核对当年拨款支出

总会计对本级各单位的拨款支出应与单位的拨款收入核对无误。属于应收回的拨款，应及时收回，并按收回数相应冲减预算支出。属于预拨下年度的经费，不得列入当年预算支出。

5.核实股权、债权和债务

财政部门、债务管理部门应于12月20日前向总会计提供与股权、债权、债务等核算和反映相关的资料。总会计对股权投资、借出款项、应收股利、应收地方政府债券转贷款、应收主权外债转贷款、借入款项、应付短期政府债券、应付长期政府债券、应付地方政府债券转贷款、应付主权外债转贷款、其他负债等余额，应与相关管理部门进行核对，记录不一致的，要及时查明原因，按规定调整账务，做到账实相符、账账相符。

6.清理往来款项

政府财政要认真清理其他应收款、其他应付款等各种往来款项，在年度终了前予以收回或归还。应转作收入或支出的各项款项，要及时转入本年有关收支账。

（二）年终结算

财政预算管理部门要在年终清理的基础上，于次年元月底前结清上下级政府财政的转移支付收支和往来款项。总会计要按照财政管理体制的规定，根据预算结算单，与年度预算执行过程中已补助和已上解数额进行比较，结合往来款和借垫款情况，计算出全年最后应补或应退数额，填制“年终财政决算结算单”，经核对无误后，作为年终财政结算凭证，据以入账。

（三）年终结账

经过年终清理和结算，把各项结算收支入账后，即可办理年终结账。年终结账工作一般分为年终转账、结清旧账和记入新账三个步骤，依次做账。

1.年终转账

计算出各科目12月份合计数和全年累计数，结出12月末余额，编制结账前的“资产负债表”，再根据收支余额填制记账凭证，将收支分别转入“一般公共预算结转结余”“政府性基金预算结转结余”“国有资本经营预算结转结余”“专用基金结余”“财政专户管理资金结余”等科目冲销。

2.结清旧账

将各个收入和支出科目的借方、贷方结出全年总计数。对年终有余额的科目，在“摘要”栏内注明“结转下年”字样，表示转入新账。

3.记入新账

根据年终转账后的总账和明细账余额编制年终“资产负债表”和有关明细表（不需填制记账凭证），将表列各科目余额直接记入新年度有关总账和明细账年初余额栏内，并在“摘要”栏注明“上年结转”字样，以区别新年度发生数。

决算经本级人民代表大会常务委员会（或人民代表大会）审查批准后，如需更正原报决算草案收入、支出，则要相应调整有关账目，重新办理结账事项。

第二节 财政总预算会计报表的编制

一、资产负债表

（一）概念及基本格式

资产负债表是反映一级政府财政某一特定日期各种预算资金在预算执行中形成的各项资产、负债、净资产的报表，应当按照资产、负债和净资产分类、分项列示。资产负债表可分为月报和年报两种。其中，月报是反映月末各种预算资金在预算执行中形成的各项资产、负债、净资产的报表。年报是反映年末各种预算资金在预算执行中形成的各项资产、负债、净资产的报表。

资产负债表采用“资产=负债+净资产”的平衡等式编制。资产负债表按账户式报表结构设置，报表左右总额平衡。报表左边是资产各个项目，又称资产部类；报表右边是负债和净资产各个项目，又称负债部类。资产负债表的一般格式见表9-1。

表9-1 **资产负债表** 会财政01表

编制单位： 年 月 日 单位：元

资产	期末余额	年初余额	负债和净资产	年初余额	期末余额
流动资产：			流动负债：		
国库存款			应付短期政府债券		
国库现金管理存款			应付利息		
其他财政存款			应付国库集中支付结余		
有价证券			与上级往来		
在途款			其他应付款		
预拨经费			应付代管资金		
借出款项			一年内到期的非流动负债		
应收股利			流动负债合计		
应收利息			非流动负债：		
与下级往来			应付长期政府债券		
其他应收款			应付地方政府债券转贷款		
流动资产合计			应付主权外债转贷款		
非流动资产：			借入款项		
应收地方政府债券转贷款			其他负债		
应收主权外债转贷款			非流动负债合计		

续表

资产	期末余额	年初余额	负债和净资产	期末余额	年初余额
股权投资			负债合计		
			净资产：		
待发国债			一般公共预算结转结余		
非流动资产合计			政府性基金预算结转结余		
			国有资本经营预算结转结余		
			财政专户管理资金结余		
			专用基金结余		
			预算稳定调节基金		
			预算周转金		
			资产基金		
			减：待偿债净资产		
			净资产合计		
资产总计			负债和净资产总计		

（二）填列方法

资产负债表“年初余额”栏内各项数字，应当根据上年年末资产负债表“期末余额”栏内数字填列。如果本年度资产负债表规定的各个项目的名称和内容同上年度不一致，应对上年年末资产负债表各个项目的名称和数字按照本年度的规定进行调整，填入本表“年初余额”栏内。

各级政府财政会计应先编出本级财政的资产负债表，然后和经审核无误的所属下级政府财政会计的资产负债表汇总编制成本地区财政的汇总资产负债表。

资产负债表“期末余额”栏各个项目的内容和填列方法。

1.资产类项目

（1）“国库存款”项目，反映政府财政期末存放在国库单一账户的款项金额。本项目应当根据“国库存款”科目的期末余额填列。

（2）“国库现金管理存款”项目，反映政府财政期末实行国库现金管理业务持有的存款金额。本项目应当根据“国库现金管理存款”科目的期末余额填列。

（3）“其他财政存款”项目，反映政府财政期末持有的其他财政存款金额。本项目应当根据“其他财政存款”科目的期末余额填列。

（4）“有价证券”项目，反映政府财政期末持有的有价证券金额。本项目应当根据“有价证券”科目的期末余额填列。

（5）“在途款”项目，反映政府财政期末持有的在途款金额。本项目应当根据“在途款”科目的期末余额填列。

（6）“预拨经费”项目，反映政府财政期末尚未转列支出或尚待收回的预拨经费金额。本项目应当根据“预拨经费”科目的期末余额填列。

（7）“借出款项”项目，反映政府财政期末借给预算单位尚未收回的款项金额。本项目应当根据“借出款项”科目的期末余额填列。

（8）“应收股利”项目，反映政府期末尚未收回的现金股利或利润金额。本项目应当根据“应收股利”科目的期末余额填列。

（9）“应收利息”项目，反映政府财政期末尚未收回应收利息金额。本项目应当根据“应收地方政府债券转贷款”科目和“应收主权外债转贷款”科目下“应收利息”明细科目的期末余额合计数填列。

（10）“与下级往来”项目，正数反映下级政府财政欠本级政府财政的款项金额；负数反映本级政府财政欠下级政府财政的款项金额。本项目应当根据“与下级往来”科目的期末余额填列，期末余额如为借方，则以正数填列；如为贷方，则以“-”号填列。

（11）“其他应收款”项目，反映政府财政期末尚未收回的其他应收款的金额。本项目应当根据“其他应收款”科目的期末余额填列。

（12）“应收地方政府债券转贷款”项目，反映政府财政期末尚未收回的地方政府债券转贷款的本金金额。本项目应当根据“应收地方政府债券转贷款”科目下“应收本金”明细科目的期末余额填列。

（13）“应收主权外债转贷款”项目，反映政府财政期末尚未收回的主权外债转贷款的本金金额。本项目应当根据“应收主权外债转贷款”科目下的“应收本金”明细科目的期末余额填列。

（14）“股权投资”项目，反映政府期末持有的股权投资的金额。本项目应当根据“股权投资”科目的期末余额填列。

（15）“待发国债”项目，反映中央政府财政期末尚未使用的国债发行额度。本项目应当根据“待发国债”科目的期末余额填列。

2.负债类项目

（1）“应付短期政府债券”项目，反映政府财政期末尚未偿还的发行期限不超过1年（含1年）的政府债券的本金金额。本项目应当根据“应付短期政府债券”科目下的“应付本金”明细科目的期末余额填列。

（2）“应付利息”项目，反映政府财政期末尚未支付的应付利息金额。本项目应当根据“应付短期政府债券”“借入款项”“应付地方政府债券转贷款”“应付主权外债转贷款”科目下的“应付利息”明细科目期末余额，以及属于分期付息到期还本的“应付长期政府债券”的“应付利息”明细科目期末余额计算填列。

（3）“应付国库集中支付结余”项目，反映政府财政期末尚未支付的国库集中支付结余金额。本项目应当根据“应付国库集中支付结余”科目的期末余额填列。

（4）“与上级往来”项目，正数反映本级政府财政期末欠上级政府财政的款项金额；负数反映上级政府财政欠本级政府财政的款项金额。本项目应当根据“与上级往来”科目的期末余额填列，期末余额如为借方，则以“-”号填列。

（5）“其他应付款”项目，反映政府财政期末尚未支付的其他应付款的金额。

本项目应当根据“其他应付款”科目的期末余额填列。

（6）“应付代管资金”项目，反映政府财政期末尚未支付的代管资金金额。本项目应当根据“应付代管资金”科目的期末余额填列。

（7）“一年内到期的非流动负债”项目，反映政府财政期末承担的1年以内（含1年）到偿还期的非流动负债。本项目应当根据“应付长期政府债券”“借入款项”“应付地方政府债券转贷款”“应付主权外债转贷款”“其他负债”等科目的期末余额及债务管理部门提供的资料分析填列。

（8）“应付长期政府债券”项目，反映政府财政期末承担的偿还期限超过1年的长期政府债券的本金金额及到期一次还本付息的长期政府债券的应付利息金额。本项目应当根据“应付长期政府债券”科目的期末余额分析填列。

（9）“应付地方政府债券转贷款”项目，反映政府财政期末承担的偿还期限超过1年的地方政府债券转贷款的本金金额。本项目应当根据“应付地方政府债券转贷款”科目下“应付本金”明细科目的期末余额分析填列。

（10）“应付主权外债转贷款”项目，反映政府财政期末承担的偿还期限超过1年的主权外债转贷款的本金金额。本项目应当根据“应付主权外债转贷款”科目下“应付本金”明细科目的期末余额分析填列。

（11）“借入款项”项目，反映政府财政期末承担的偿还期限超过1年的借入款项的本金金额。本项目应当根据“借入款项”科目下“应付本金”明细科目的期末余额分析填列。

（12）“其他负债”项目，反映政府财政期末承担的偿还期限超过1年的其他负债金额。本项目应当根据“其他负债”科目的期末余额分析填列。

3.净资产类项目

（1）“一般公共预算结转结余”项目，反映政府财政期末滚存的一般公共预算结转金额。本项目应当根据“一般公共预算结转结余”科目的期末余额填列。

（2）“政府性基金预算结转结余”项目，反映政府财政期末滚存的政府性基金预算结转结余金额。本项目应当根据“政府性基金预算结转结余”科目的期末余额填列。

（3）“国有资本经营预算结转结余”项目，反映政府财政期末滚存的国有资本经营预算结转结余金额。本项目应当根据“国有资本经营预算结转结余”科目的期末余额填列。

（4）“财政专户管理资金结余”项目，反映政府财政期末滚存的财政专户管理资金结余金额。本项目应当根据“财政专户管理资金结余”科目的期末余额填列。

（5）“专用基金结余”项目，反映政府财政期末滚存的专用基金结余金额。本项目应当根据“专用基金结余”科目的期末余额填列。

（6）“预算稳定调节基金”项目，反映政府财政期末预算稳定调节基金的余额。本项目应当根据“预算稳定调节基金”科目的期末余额填列。

（7）“预算周转金”项目，反映政府财政期末预算周转金的余额。本项目应当根据“预算周转金”科目的期末余额填列。

（8）“资产基金”项目，反映政府财政期末持有的应收地方政府债券转贷款、应收主权外债转贷款、股权投资和应收股利等资产在净资产中占用的金额。本项目应当根据“资产基金”科目的期末余额填列。

（9）“待偿债净资产”项目，反映政府财政期末因承担应付短期政府债券、应付长期政府债券、借入款项、应付地方政府债券转贷款、应付主权外债转贷款、其他负债等负债相应需在净资产中冲减的金额。本项目应当根据“待偿债净资产”科目的期末借方余额以“-”号填列。

二、收入支出表

（一）概念及基本格式

收入支出表是反映政府财政在某一会计期间各类财政资金收支余情况的报表，属于动态报表。收入支出表根据资金性质按照收入、支出、结转结余的构成分类、分项列示。收入支出表的一般格式见表9-2。

表9-2 **收入支出表** 会财政02表

编制单位： 年 月 单位：元

项目	一般公共预算		政府性基金预算		国有资本经营预算		财政专户管理资金		专用基金	
	本月数	本年累计数	本月数	本年累计数	本月数	本年累计数	本月数	本年累计数	本月数	本年累计数
年初结转结余										
收入合计										
本级收入										
其中：来自预算安排的收入	—	—	—	—	—	—	—	—		
补助收入					—	—	—	—	—	—
上解收入					—	—	—	—	—	—
地区间援助收入			—	—	—	—	—	—	—	—
债务收入					—	—	—	—	—	—
债务转贷收入					—	—	—	—	—	—
动用预算稳定调节基金			—	—	—	—	—	—	—	—
调入资金					—	—	—	—	—	—
支出合计										
本级支出										
其中：权责发生制列支							—	—	—	—
预算安排专用基金的支出			—	—	—	—	—	—	—	—
补助支出					—	—	—	—	—	—
上解支出					—	—	—	—	—	—
地区间援助支出			—	—	—	—	—	—	—	—
债务还本支出					—	—	—	—	—	—
债务转贷支出					—	—	—	—	—	—
安排预算稳定调节基金			—	—	—	—	—	—	—	—
调出资金							—	—	—	—
结余转出			—	—	—	—	—	—	—	—
其中：增设预算周转金			—	—	—	—	—	—	—	—
年末结转结余										

注：表中有“-”的部分不必填列。

（二）填列方法

收入支出表“本月数”栏，反映各项目的本月实际发生数。在编制年度收入支出表时，应将本栏改为“上年数”栏，反映上年度各项目的实际发生数；如果本年度收入支出表规定的各个项目的名称和内容同上年度不一致，应对上年度收入支出表各项目的名称和数字按照本年度的规定进行调整，填入本年度收入支出表的“上年数”栏。

收入支出表“本年累计数”栏反映各项目自年初起至报告期末止的累计实际发生数。编制年度收入支出表时，应当将本栏改为“本年数”。

收入支出表“本月数”栏各项目的内容和填列方法：

（1）“年初结转结余”项目，反映政府财政本年初各类资金结转结余金额。其中，一般公共预算的“年初结转结余”应当根据“一般公共预算结转结余”科目的年初余额填列；政府性基金预算的“年初结转结余”应当根据“政府性基金预算结转结余”科目的年初余额填列；国有资本经营预算的“年初结转结余”应当根据“国有资本经营预算结转结余”科目的年初余额填列；财政专户管理资金的“年初结转结余”应当根据“财政专户管理资金结余”科目的年初余额填列；专用基金的“年初结转结余”应当根据“专用基金结余”科目的年初余额填列。

（2）“收入合计”项目，反映政府财政本期取得的各类资金的收入合计金额。其中，一般公共预算的“收入合计”应当根据属于一般公共预算的“本级收入”、“补助收入”、“上解收入”、“地区间援助收入”、“债务收入”、“债务转贷收入”、“动用预算稳定调节基金”和“调入资金”各行项目金额的合计填列；政府性基金预算的“收入合计”应当根据属于政府性基金预算的“本级收入”、“补助收入”、“上解收入”、“债务收入”、“债务转贷收入”和“调入资金”各行项目金额的合计填列；国有资本经营预算的“收入合计”应当根据属于国有资本经营预算的“本级收入”项目的金额填列；财政专户管理资金的“收入合计”应当根据属于财政专户管理资金的“本级收入”项目的金额填列；专用基金的“收入合计”应当根据属于专用基金的“本级收入”项目的金额填列。

（3）“本级收入”项目，反映政府财政本期取得的各类资金的本级收入金额。其中，一般公共预算的“本级收入”应当根据“一般公共预算本级收入”科目的本期发生额填列；政府性基金预算的“本级收入”应当根据“政府性基金预算本级收入”科目的本期发生额填列；国有资本经营预算的“本级收入”应当根据“国有资本经营预算本级收入”科目的本期发生额填列；财政专户管理资金的“本级收入”应当根据“财政专户管理资金收入”科目的本期发生额填列；专用基金的“本级收入”应当根据“专用基金收入”科目的本期发生额填列。

（4）“补助收入”项目，反映政府财政本期取得的各类资金的补助收入金额。其中，一般公共预算的“补助收入”应当根据“补助收入”科目下的“一般公共预算补助收入”明细科目的本期发生额填列；政府性基金预算的“补助收入”应当根据“补助收入”科目下的“政府性基金预算补助收入”明细科目的本期发生额填列。

（5）“上解收入”项目，反映政府财政本期取得的各类资金的上解收入金额。其中，一般公共预算的“上解收入”应当根据“上解收入”科目下的“一般公共预算上解收入”明细科目的本期发生额填列；政府性基金预算的“上解收入”应当根据“上解收入”科目下的“政府性基金预算上解收入”明细科目的本期发生额填列。

（6）“地区间援助收入”项目，反映政府财政本期取得的地区间援助收入金额。本项目应当根据“地区间援助收入”科目的本期发生额填列。

（7）“债务收入”项目，反映政府财政本期取得的债务收入金额。其中，一般公共预算的“债务收入”应当根据“债务收入”科目下除“专项债务收入”以外的其他明细科目的本期发生额填列；政府性基金预算的“债务收入”应当根据“债务收入”科目下的“专项债务收入”明细科目的本期发生额填列。

（8）“债务转贷收入”项目，反映政府财政本期取得的债务转贷收入金额。其中，一般公共预算的“债务转贷收入”应当根据“债务转贷收入”科目下“地方政府一般债务转贷收入”明细科目的本期发生额填列；政府性基金预算的“债务转贷收入”应当根据“债务转贷收入”科目下的“地方政府专项债务转贷收入”明细科目的本期发生额填列。

（9）“动用预算稳定调节基金”项目，反映政府财政本期调用的预算稳定调节基金金额。本项目应当根据“动用预算稳定调节基金”科目的本期发生额填列。

（10）“调入资金”项目，反映政府财政本期取得的调入资金金额。其中，一般公共预算的“调入资金”应当根据“调入资金”科目下“一般公共预算调入资金”明细科目的本期发生额填列；政府性基金预算的“调入资金”应当根据“调入资金”科目下“政府性基金预算调入资金”明细科目的本期发生额填列。

（11）“支出合计”项目，反映政府财政本期发生的各类资金的支出合计金额。其中，一般公共预算的“支出合计”应当根据属于一般公共预算的“本级支出”、“补助支出”、“上解支出”、“地区间援助支出”、“债务还本支出”、“债务转贷支出”、“安排预算稳定调节基金”和“调出资金”各行项目金额的合计填列；政府性基金预算的“支出合计”应当根据属于政府性基金预算的“本级支出”、“补助支出”、“上解支出”、“债务还本支出”、“债务转贷支出”和“调出资金”各行项目金额的合计填列；国有资本经营预算的“支出合计”应当根据属于国有资本经营预算的“本级支出”和“调出资金”项目金额的合计填列；财政专户管理资金的“支出合计”应当根据属于财政专户管理资金的“本级支出”项目的金额填列；专用基金的“支出合计”应当根据属于专用基金的“本级支出”项目的金额填列。

（12）“补助支出”项目，反映政府财政本期发生的各类资金的补助支出金额。其中，一般公共预算的“补助支出”应当根据“补助支出”科目下的“一般公共预算补助支出”明细科目的本期发生额填列；政府性基金预算的“补助支出”应当根据“补助支出”科目下的“政府性基金预算补助支出”明细科目的本期发生额填列。

（13）“上解支出”项目，反映政府财政本期发生的各类资金的上解支出金额。其中，一般公共预算的“上解支出”应当根据“上解支出”科目下的“一般公共预算上解支出”明细科目的本期发生额填列；政府性基金预算的“上解支出”应当根据“上解支出”科目下的“政府性基金预算上解支出”明细科目的本期发生额填列。

（14）“地区间援助支出”项目，反映政府财政本期发生的地区间援助支出金额。本项目应当根据“地区间援助支出”科目的本期发生额填列。

（15）“债务还本支出”项目，反映政府财政本期发生的债务还本支出金额。其中，一般公共预算的“债务还本支出”应当根据“债务还本支出”科目下除“专项债务还本支出”以外的其他明细科目的本期发生额填列；政府性基金预算的“债务还本支出”应当根据“债务还本支出”科目下的“专项债务还本支出”明细科目的本期发生额填列。

（16）“债务转贷支出”项目，反映政府财政本期发生的债务转贷支出金额。其中，一般公共预算的“债务转贷支出”应当根据“债务转贷支出”科目下“地方政府一般债务转贷支出”明细科目的本期发生额填列；政府性基金预算的“债务转贷支出”应当根据“债务转贷支出”科目下的“地方政府专项债务转贷支出”明细科目的本期发生额填列。

（17）“安排预算稳定调节基金”项目，反映政府财政本期安排的预算稳定调节基金金额。本项目根据“安排预算稳定调节基金”科目的本期发生额填列。

（18）“调出资金”项目，反映政府财政本期发生的各类资金的调出资金金额。其中，一般公共预算的“调出资金”应当根据“调出资金”科目下“一般公共预算调出资金”明细科目的本期发生额填列；政府性基金预算的“调出资金”应当根据“调出资金”科目下“政府性基金预算调出资金”明细科目的本期发生额填列；国有资本经营预算的“调出资金”应当根据“调出资金”科目下“国有资本经营预算调出资金”明细科目的本期发生额填列。

（19）“增设预算周转金”项目，反映政府财政本期设置和补充预算周转金的金额。本项目应当根据“预算周转金”科目的本期贷方发生额填列。

（20）“年末结转结余”项目，反映政府财政本年末的各类资金的结转结余金额。其中，一般公共预算的“年末结转结余”应当根据“一般公共预算结转结余”科目的年末余额填列；政府性基金预算的“年末结转结余”应当根据“政府性基金预算结转结余”科目的年末余额填列；国有资本经营预算的“年末结转结余”应当根据“国有资本经营预算结转结余”科目的年末余额填列；财政专户管理资金的“年末结转结余”应当根据“财政专户管理资金结余”科目的年末余额填列；专用基金的“年末结转结余”应当根据“专用基金结余”科目的年末余额填列。

三、收支执行情况表

收支执行情况表是反映政府财政部门各类财政资金的运用情况如何的报表，包括一般公共预算执行情况表、政府性基金预算执行情况表、国有资本经营预算执行情况表、财政专户管理资金收支情况表、专用基金收支情况表。

（一）一般公共预算执行情况表

1.概念及基本格式

一般公共预算执行情况表是反映政府财政在某一会计期间一般公共预算收支执行结果的报表，按照《政府收支分类科目》中一般公共预算收支科目列示。一般公共预算执行情况表的一般格式见表9-3。

表9-3　**一般公共预算执行情况表**　会财政03-1表

编制单位：　年　月　旬　单位：元

项目	本旬数	本年（月）累计数
一般公共预算本级收入		
101 税收收入		
10101增值税		
1010101国内增值税		
⋮		
一般公共预算本级支出		
201 一般公共服务支出		
20101人大事务		
2010101行政运行		
⋮		

2.填列方法

（1）“一般公共预算本级收入”项目及所属各明细项目，应当根据“一般公共预算本级收入”科目及所属各明细科目的本期发生额填列。

（2）“一般公共预算本级支出”项目及所属各明细项目，应当根据“一般公共预算本级支出”科目及所属各明细科目的本期发生额填列。

（二）政府性基金预算执行情况表

1.概念及基本格式

政府性基金预算执行情况表是反映政府财政在某一会计期间政府性基金预算收支执行结果的报表，按照《政府收支分类科目》中政府性基金预算收支科目列示。政府性基金预算执行情况表的一般格式见表9-4。

表 9-4 **政府性基金预算执行情况表** 会财政03-2表

编制单位： 年 月 旬 单位：元

项目	本旬数	本年（月）累计数
政府性基金预算本级收入		
10301 政府性基金收入		
1030102 农网还贷资金收入		
103010201 中央农网还贷资金收入		
⋮		
政府性基金预算本级支出		
206 科学技术支出		
20610 核电站乏燃料处理处置基金支出		
2061001 乏燃料运输		
⋮		

2. 填列方法

（1）“政府性基金预算本级收入”项目及所属各明细项目，应当根据“政府性基金预算本级收入”科目及所属各明细科目的本期发生额填列。

（2）“政府性基金预算本级支出”项目及所属各明细项目，应当根据“政府性基金预算本级支出”科目及所属各明细科目的本期发生额填列。

（三）国有资本经营预算执行情况表

1. 概念及基本格式

国有资本经营预算执行情况表是反映政府财政在某一会计期间国有资本经营预算收支执行结果的报表，按照《政府收支分类科目》中国有资本经营预算收支科目列示。国有资本经营预算执行情况表的一般格式见表9-5。

表 9-5 **国有资本经营预算执行情况表** 会财政03-3表

编制单位： 年 月 旬 单位：元

项目	本旬数	本年（月）累计数
国有资本经营预算本级收入		
10306 国有资本经营收入		
1030601 利润收入		
103060103 烟草企业利润收入		
⋮		
国有资本经营预算本级支出		
208 社会保障和就业支出		
20804 补充全国社会保障基金		
2080451 国有资本经营预算补充社保基金支出		
⋮		

2.填列方法

（1）“国有资本经营预算本级收入”项目及所属各明细项目，应当根据“国有资本经营预算本级收入”科目及所属各明细科目的本期发生额填列。

（2）“国有资本经营预算本级支出”项目及所属各明细项目，应当根据“国有资本经营预算本级支出”科目及所属各明细科目的本期发生额填列。

（四）财政专户管理资金收支情况表

1.概念及基本格式

财政专户管理资金收支情况表是反映政府财政在某一会计期间纳入财政专户管理的财政专户管理资金全部收支情况的报表，按照相关政府收支分类科目列示。财政专户管理资金收支情况表的一般格式见表9-6。

表9－6　**财政专户管理资金收支情况表**　会财政04表

编制单位：　年　月　单位：元

项目	本月数	本年累计数
财政专户管理资金收入		
财政专户管理资金支出		

2.填列方法

（1）“财政专户管理资金收入”项目及所属各明细项目，应当根据“财政专户管理资金收入”科目及所属各明细科目的本期发生额填列。

（2）“财政专户管理资金支出”项目及所属各明细项目，应当根据“财政专户管理资金支出”科目及所属各明细科目的本期发生额填列。

（五）专用基金收支情况表

1.概念及基本格式

专用基金收支情况表是反映政府财政在某一会计期间专用基金全部收支情况的报表，按照不同类型的专用基金分别列示。财政专户管理资金收支情况表的一般格式见表9-7。

表9-7　　**专用基金收支情况表**　　会财政05表

编制单位：　　年　月　　单位：元

项目	本月数	本年累计数
专用基金收入		
粮食风险基金		
⋮		
专用基金支出		
粮食风险基金		
⋮		

2.填列方法

（1）“专用基金收入”项目及所属各明细项目，应当根据“专用基金收入”科目及所属各明细科目的本期发生额填列。

（2）“专用基金支出”项目及所属各明细项目，应当根据“专用基金支出”科目及所属各明细科目的本期发生额填列。

四、附注

（一）概念

附注是指对在会计报表中列示项目的文字描述或明细资料，以及对未能在会计报表中列示项目的说明。

（二）披露内容

总会计报表附注应当至少披露下列内容：

（1）遵循《财政总预算会计制度》的声明；

（2）本级政府财政预算执行情况和财务状况的说明；

（3）会计报表中列示的重要项目的进一步说明，包括其主要构成、增减变动情况等；

（4）或有负债情况的说明；

（5）有助于理解和分析会计报表的其他需要说明的事项。

第三节　财政总预算会计报表的审核与分析

为了保证财政总预算会计报表数字正确、内容完整，如实反映预算执行情况，各级财政部门在编制汇总报表前，要对本级各主管部门和下级财政部门的会计报表认真审核，以保证报表的质量。

对会计报表的审核，主要包括两方面的内容：一是政策性审核；二是技术性审核。前者是从贯彻政策、执行制度等方面，对各项预算收支执行情况及其结果进行审核；后者是从会计报表数字关系、数字计算的准确程度等方面，对各项预算收支执行情况及其结果进行审核。

年终，决算报表汇编完成后，地方各级财政决算报请各级人民政府审核，并提请同级人民代表大会讨论、审核和批准。国家财政决算报请国务院审核，并提交全国人民代表大会讨论、审查和批准。

各级财政总预算会计报表概括、集中地反映了各级财政总预算的执行情况，但它还不能直接说明预算收支完成好坏的原因。为了总结预算管理工作的经验，保证预算收支任务的实现，提高预算管理工作的水平，必须做好会计报表的分析工作。

财政总预算会计报表分析一般采用比较分析法，即将本期实际数与预算数比较，与上期实际数比较，以及用同类指标在不同地区、单位之间进行比较。本期实际数（预算执行数）与预算数进行比较，以考核预算收支执行的情况和进度；本期实际与上期实际完成数进行比较，并从中找出先进与落后的差距及其对预算收支的影响程度，进而分析原因，不断改进预算管理工作。

财政总预算会计报表分析的内容主要有：预算收支完成情况总的分析、预算收入完成情况的分析、预算支出完成情况的分析。它是根据财政收支总表、有关明细表、基本数字表、国民经济计划完成情况的资料及历史资料和实际调查研究所得的资料进行分析的。

本章小结

财政总预算会计报表是各级政府财政会计报告各种会计信息的主要文件形式。政府财政会计报表按照不同的角度，可以有不同的分类。

财政总预算会计编制年终报表，要遵循一定的工作程序。具体的工作程序和内容主要包括三个步骤：年终清理、年终结算、年终结账。

资产负债表是反映一级政府财政某一特定日期各种预算资金在预算执行中形成的各项资产、负债、净资产的报表，应当按照资产、负债和净资产分类、分项列示。

收入支出表是反映政府财政在某一会计期间各类财政资金收支余情况的报表，根据资金性质按照收入、支出、结转结余的构成分类、分项列示。

一般公共预算执行情况表是反映政府财政在某一会计期间一般公共预算收支执行结果的报表。

政府性基金预算执行情况表是反映政府财政在某一会计期间政府性基金预算收支执行结果的报表。

国有资本经营预算执行情况表是反映政府财政在某一会计期间国有资本经营预

算收支执行结果的报表。

财政专户管理资金收支情况表是反映政府财政在某一会计期间纳入财政专户管理的财政专户管理资金全部收支情况报表。

专用基金收支情况表是反映政府财政在某一会计期间专用基金全部收支情况的报表，按照不同类型的专用基金分别列示。

附注是指对在会计报表中列示项目的文字描述或明细资料，以及对未能在会计报表中列示项目的说明。

思考题

1. 财政总预算会计报表主要包括哪些种类?
2. 财政总预算会计年终决算的工作程序有哪些?
3. 财政总预算会计年终清理包括哪些主要事项?
4. 财政总预算会计如何进行年终结算?
5. 什么是资产负债表?应如何编制?
6. 什么是收入支出表?应如何编制?
7. 收支执行情况表包括哪些内容? 各自应如何编制?
8. 什么是专用基金收支情况表? 应如何编制?

第十章

财政国库支付执行机构会计

学习目标

通过本章的学习，明确财政国库支付执行机构的主要业务，掌握财政国库支付执行机构的会计核算。

第一节　财政国库支付执行机构的主要业务

财政国库支付执行机构是财政部门审核、监督财政资金收付工作的延伸。在财政部层面，财政国库支付执行机构称为国库支付中心；在地方财政部门层面，财政国库支付执行机构称为国库支付局，也称国库支付中心。我国自2001年开始进行财政国库管理制度改革，为适应建立财政国库单一账户制度的需要，财政部门开始设立国库支付执行机构。财政国库支付执行机构（国库支付中心）的主要业务，是按规定办理财政资金的支付，并及时将财政资金的支付情况向财政国库管理机构（国库司、国库处、国库科等）报告。财政总预算会计设在财政国库管理机构。

财政国库支付执行机构办理财政资金支付的方式主要是财政直接支付方式和财政授权支付方式。在财政直接支付方式下，财政国库支付执行机构通过财政部门在代理银行开设的财政零余额账户，将财政资金直接支付给物品或服务的提供者。在财政授权支付方式下，财政国库支付执行机构通过预算单位在代理银行开设的单位零余额账户，将财政资金直接支付给物品或服务的提供者或预算单位。

财政直接支付方式和财政授权支付方式是财政国库单一账户制度下的两种财政资金支付方式。财政国库支付执行机构在办理财政资金支付业务时：一方面，要对有关预算单位预算执行情况进行监督，使有关预算单位切实按照批准的部门预算和资金使用计划使用财政资金；另一方面，要加强与中国人民银行国库部门、财政零余额账户代理银行、单位零余额账户代理银行及预算单位等相关单位的合作，确保财政资金及时、有效、准确地支付，并确保财政资金支付信息正确无误。财政国库支付执行机构在按规定办理财政资金支付后，要及时将财政资金的支付情况向财政国库管理机构或财政总预算会计报告。财政总预算会计在收到财政国库支付执行机构的相关报告并与相关方面核对无误后，确认财政预算支出。

第二节　财政国库支付执行机构的会计核算

财政国库支付执行机构会计是财政总预算会计的延伸，其会计核算执行《财政总预算会计制度》。财政国库支付执行机构为了核算财政国库支付执行机构的主要业务，需要设置“财政零余额账户存款”和“已结报支出”两个特殊总账账户。其中“财政零余额账户存款”用来核算财政国库支付执行机构在代理银行开设的财政零余额账户的结算业务。贷方登记当天发生的直接支付的资金数；借方登记当天国库单一账户存款划入冲销数。每日清算后余额为零。“已结报支出”账户用来核算已用财政国库资金结清的支出业务。财政国库支付执行机构通过财政零余额账户将财政资金直接支付给物品或服务的提供者时，财政国库支付执行机构会计借记“一般公共预算本级支出——财政直接支付”“政府性基金预算本级支出——财政直接支付”等账户，贷记“财政零余额账户存款”账户；财政零余额账户代理银行在向物品或服务的提供者划款当日向中国人民银行国库清算资金、收回垫付款项，财政国库支付执行机构按日向财政国库管理机构报送预算支出结算清单、报告已用财政国库资金结清代理银行垫付的款项时，财政国库支付执行机构会计借记“财政零余额账户存款”账户，贷记“已结报支出——财政直接支付”账户。当天资金结算后，“一般公共预算本级支出”与“政府性基金预算本级支出”账户的借方余额合计数等于“已结报支出”账户的贷方余额合计数。“财政零余额账户存款”账户的余额为零。

财政国库支付执行机构收到有关预算单位财政授权支付代理银行交来的财政授权支付报告时，借记“一般公共预算本级支出——单位零余额账户额度”“政府性基金预算本级支出——单位零余额账户额度”等账户，贷记“已结报支出——财政授权支付”账户。

年终结账财政国库支付执行机构将“已结报支出”账户与“一般公共预算本级支出”“政府性基金预算本级支出”账户对冲时，借记“已结报支出——财政直接支付”“已结报支出——财政授权支付”，贷记“一般公共预算本级支出”“政府性基金预算本级支出”账户。结账后，“一般公共预算本级支出”“政府性基金预算本级支出”“已结报支出”账户的余额均为零。

“财政零余额账户存款”账户和“已结报支出”账户均为财政资金结算的过渡账户。其中，“财政零余额账户存款”账户反映财政零余额账户代理银行与财政资金收款人之间，以及财政零余额账户代理银行与中国人民银行国库之间的财政资金结算关系；“已结报支出”账户反映财政零余额账户代理银行与中国人民银行国库之间的财政资金结算关系。“财政零余额账户存款”账户每日资金结清后余额为零；“已结报支出”账户年终结账后余额为零。

【例10-1】某市财政国库支付执行机构采用财政直接支付方式通过财政零余额账户为某预算单位支付一般公共预算资金2 420 000元。财政国库支付执行机构会计编制会计分录：

借：一般公共预算本级支出　　2 420 000

　贷：财政零余额账户存款　　2 420 000

【例10-2】接【例10-1】，该市财政国库支付执行机构于发生财政直接支付业务的当日向财政国库管理机构报告财政预算资金支付情况，其中财政直接支付资金2 420 000元。财政国库支付执行机构会计编制会计分录：

借：财政零余额账户存款　　2 420 000

　贷：已结报支出——财政直接支付　　2 420 000

【例10-3】财政国库支付执行机构收到有关预算单位财政授权支付代理银行交来的财政授权支付报告，其中报告预算单位以财政授权支付方式使用了一般预算资金450 000元。与中国人民银行核对无误后，财政国库支付执行机构会计编制会计分录：

借：一般公共预算本级支出——单位零余额账户额度　　450 000

贷：已结报支出——财政授权支付　　450 000

【例10-4】年终，国库支付执行机构将发生的预算支出与有关各方核对一致。有关账户的余额为："已结报支出"898 120 000元，"一般公共预算本级支出"808 650 000元，"政府性基金预算本级支出"89 470 000元。财政国库支付执行机构会计编制会计分录：

借：已结报支出　　898 120 000

贷：一般公共预算本级支出　　808 650 000

政府性基金预算本级支出　　89 470 000

本章小结

财政国库支付执行机构（国库支付中心）的主要业务是按规定办理财政资金的支付，并及时将财政资金的支付情况向财政国库管理机构（国库司、国库处、国库科等）报告。财政国库支付执行机构办理财政资金支付的方式主要是财政直接支付方式和财政授权支付方式。

财政国库支付执行机构为了核算财政国库支付执行机构的主要业务，需要设置 "财政零余额账户存款"和"已结报支出"两个特殊账户。

思考题

1．财政国库支付执行机构的主要业务是什么？

2．财政国库支付执行机构会计需要设置哪两个特殊的总账账户？分别反映怎样的财政资金结算关系？

第三篇　行政单位会计

第十一章　行政单位会计概述

学习目标

通过本章的学习，明确行政单位的概念和特点，掌握行政单位会计的特点和一般原则，熟悉行政单位的会计要素和会计账户。

第一节　行政单位会计的概念与特点

一、行政单位的概念

行政单位是进行国家行政管理、组织经济建设和文化建设、维护社会公共秩序的单位。我国行政单位包括：国家权力机关，即全国人民代表大会和地方各级人民代表大会及其常务委员会；国家行政机关，即国务院及其所属各部委和地方各级人民政府的常设机构和派出机构；国家司法机关，即最高人民法院、最高人民检察院和地方各级审判机关和检察机关；国家政协机关，即全国政治协商会议和地方各级政协机关；军队等。有些单位虽在性质上不属于行政单位，如党派组织、人民团体等，但因其经费来源主要是国家财政拨款，其财务收支业务与行政单位相似，因而也视同行政单位。

属于上层建筑范畴的行政单位，其职能在于维护国家机器的正常运转。与属于经济基础范畴、从事商品生产和流通的企业相比，行政单位具有如下特点：

1.提供“产品”的公共性

行政单位的存在以满足社会共同需要为前提，其属于公共部门。它所提供的“产品”，即所提供的服务，属于“公共物品”。人们在消费这些“公共物品”时具有非排他性，即某个个人或集团消费并不影响其他社会成员同时消费，如和平的社会环境，而企业所提供的产品属于“私人物品”，仅供对其拥有所有权的人消费，具有排他性。

2.资金来源的无偿性和单一性

行政单位日常工作所需要的资金由财政拨款供应，具有无偿性，不需要行政单位自筹，以保证其执行公务的公正性、资金来源渠道单一。而企业的资金来源渠道比较多，可以由国家投资，也可能由私人投资，还可负债经营，且都是有偿使用。

3.预算执行的强制性

行政单位预算是行政单位根据其职责和工作任务编制的财务收支计划，由收入预算和支出预算组成，是行政单位取得、使用国家财政拨款的依据。行政单位预算是政府财政预算的重要组成部分，其预算执行情况直接影响着政府预算的执行情况，因此，行政单位预算的编报和审批有着严格的程序。按《预算法》和部门预算编制的要求，各接受财政拨款的行政单位必须有完整周密的预算，有预算安排才有支出，没有预算安排就没有支出，即财政拨款严格按预算进行，没有列入预算计划的支出，财政一般不供应资金，并严格执行收支两条线的管理规定。而企业预算只是企业内部财务管理的依据，不受政府的约束和控制，受市场影响，并可随时调整。

4.活动的非盈利性

行政单位工作的特殊性决定了其开展活动不以营利为目的，在向人们提供“公共物品”时，不向受益对象收取超过或弥补其经济代价的收入。当然，由于受益对象的广泛性和共同性，既无法准确地确定受益对象，也无法准确地确定收取收入的金额。而企业是一个经营组织，营利不仅是企业活动的目的，也是企业持续生存的前提。

5.资金管理权的限制性

随着我国财政资金的国库统一支付和政府集中采购制度的推广和实施，行政单位从财政部门取得的拨款多以额度的形式存在，而非银行存款。行政单位虽然拥有资金的所有权和预算范围内的使用权，但保管和支付财政资金的具体业务却由财政部门负责。行政单位采购商品和劳务的活动多由财政部门代为进行，行政单位在资金管理权上受到相当大的限制。

二、行政单位会计的概念

行政单位会计是反映和监督我国政府组成机构和相关组织预算执行情况及其结果的专业会计。行政单位会计的主体主要是行政单位，但也包括国家权力机关、审判机关、检察机关以及政党组织、接受预算拨款的人民团体等。行政单位会计的对象是部门预算资金，反映的是行政拨款的取得和使用情况，为预算管理服务。行政单位会计属于预算会计范畴，是政府会计的重要组成部分，对于加强行政单位管理，提供及时、准确的预算信息有着重要的作用。

行政单位会计与财政总预算会计是相互联系的，它们同属政府会计，都以财政预算资金为核算对象，要求以预算为基础，全面反映预算的执行情况及结果。财政部门的经费拨款，即行政单位的拨入经费；行政单位上缴的收入，即财政部门预算收入的组成部分。但是行政单位会计与财政总预算会计又存在一定的区别，行政单位会计的核算对象是部门预算资金，侧重于部门核算；而财政总预算会计的核算对象是政府预算，反映一级政府的宏观经济信息。

根据机构建制和经费领报关系，行政单位会计的组织系统分为主管会计单位、二级会计单位和基层会计单位三级。主管会计单位、二级会计单位和基层会计单位实行独立会计核算，负责组织、管理本部门、本单位的全部会计工作。不具备独立核算条件的行政单位，实行单据报账制度，作为“报销单位”管理。

三、行政单位会计的特点

行政单位会计是我国预算会计的重要组成部分，以部门预算资金为会计核算对象，反映行政单位的预算收支情况和结果。行政单位会计的特点主要体现在以下几个方面：

（一）行政单位会计核算目标为评价受托责任履行情况和决策有用性

行政单位会计核算目标是向会计信息使用者提供与行政单位财务状况、预算执行情况等有关的会计信息，反映行政单位受托责任的履行情况，有助于会计信息使用者进行管理、监督和决策。

行政单位会计信息使用者包括人民代表大会、政府及其有关部门、行政单位自身和其他会计信息使用者。

（二）行政单位会计核算的前提

行政单位应当对其自身发生的经济业务或者事项进行会计核算。

行政单位会计核算应当以行政单位各项业务活动持续正常的进行为前提。

行政单位应当划分会计期间，分期结算账目和编制财务报表。

会计期间至少分为年度和月度。会计年度、月度等会计期间的起讫日期采用公历日期。

行政单位会计核算应当以人民币为记账本位币。发生外币业务时，应当将有关外币金额折算为人民币金额计量。

（三）行政单位会计一般以收付实现制为核算基础

《行政单位会计制度》规定，行政单位会计一般以收付实现制为核算基础，以实际收付为基础确认各项收入和支出，以准确反映一定时期的收入、支出情况及结果，为预算管理服务。国家预算是以当年预计的现金流入量和流出量为编制基础，作为国家预算组成部分的行政单位资金收付以现金收付为标志记账，可提供与国家预算相一致的数据信息，便于反映预算的执行结果。

当然，行政单位会计核算一般采用收付实现制，特殊经济业务和事项应当按照《行政单位会计制度》的规定采用权责发生制核算。

第二节　行政单位会计核算原则

为了规范行政单位会计核算，保证会计信息质量，根据《会计法》和其他有关法律、行政法规和部门规章，制定《行政单位会计制度》。

行政单位在进行会计核算时，应遵循以下一般原则：

1.客观性原则

行政单位应当以实际发生的经济业务或者事项为依据进行会计核算，如实反映各项会计要素的情况和结果，保证会计信息真实可靠。

2.相关性原则

行政单位提供的会计信息应当与行政单位受托责任履行情况的反映、会计信息使用者的管理、监督和决策需要相关，有助于会计信息使用者对行政单位过去、现在或者未来的情况作出评价或者预测。

3.全面性原则

行政单位应当将发生的各项经济业务或者事项全部纳入会计核算，确保会计信息能够全面反映行政单位的财务状况和预算执行情况等。

4.及时性原则

行政单位对于已经发生的经济业务或者事项，应当及时进行会计核算，不得提前或者延后。

5. 可比性原则

行政单位提供的会计信息应当具有可比性。

同一行政单位不同时期发生的相同或者相似的经济业务或者事项，应当采用一致的会计政策，不得随意变更。确需变更的，应当将变更的内容、理由和对单位财务状况、预算执行情况的影响在附注中予以说明。

不同行政单位发生的相同或者相似的经济业务或者事项，应当采用统一的会计政策，确保不同行政单位会计信息口径一致、相互可比。

6. 明晰性原则

行政单位提供的会计信息应当清晰明了，便于会计信息使用者理解和使用。

第三节 行政单位会计要素与会计账户

行政单位会计应当按照业务或事项的经济特征确定会计要素。会计要素包括资产、负债、净资产、收入和支出。

行政单位会计账户是对行政单位会计要素所作的进一步分类。它是行政单位会计设置账户、组织会计核算的依据。行政单位会计账户按行政单位会计要素分为资产、负债、净资产、收入和支出五类。各级行政单位统一适用的会计账户见表11-1。

表11-1 行政单位会计账户表

序号	编号	账户名称
一、资产类		
1	1001	库存现金
2	1002	银行存款
3	1011	零余额账户用款额度
4	1021 102101 102102	财政应返还额度 财政直接支付 财政授权支付
5	1212	应收账款
6	1213	预付账款
7	1215	其他应收款
8	1301	存货
9	1501	固定资产
10	1502	累计折旧
11	1511	在建工程
12	1601	无形资产
13	1602	累计摊销
14	1701	待处理财产损溢
15	1801	政府储备物资

续表

序号	编号	账户名称
16	1802	公共基础设施
17	1901	受托代理资产
二、负债类		
18	2001	应缴财政款
19	2101	应缴税费
20	2201	应付职工薪酬
21	2301	应付账款
22	2302	应付政府补贴款
23	2305	其他应付款
24	2401	长期应付款
25	2901	受托代理负债
三、净资产类		
26	3001	财政拨款结转
27	3002	财政拨款结余
28	3101	其他资金结转结余
29	3501 350101 350111 350121 350131 350141 350151 350152	资产基金 预付款项 存货 固定资产 在建工程 无形资产 政府储备物资 公共基础设施
30	3502	待偿债净资产
四、收入类		
31	4001	财政拨款收入
32	4011	其他收入
五、支出类		
33	5001	经费支出
34	5101	拨出经费

各级行政单位应当按照规定使用表11-1中所示的统一设置的会计账户。

表11-1中所示的是总账账户，为了反映会计要素的具体情况，财政部门对部分总账账户规定了明细账户，行政单位应当按照财政部门的规定设置、使用明细账户。涉及财政资金的收入类账户和支出类账户按照财政部门的规定设置、使用明细账户；其余总账账户可以根据本单位需要，自行设置明细账户。

本制度统一规定会计账户编号。各级行政单位在使用会计账户编号时，应与会计账户名称同时使用。可以只使用会计账户名称，不使用会计账户编号，但不得只使用会计账户编号，不使用会计账户名称。

本章小结

行政单位是进行国家行政管理、组织经济建设和文化建设、维护社会公共秩序的单位。

行政单位会计核算目标是向会计信息使用者提供与行政单位财务状况、预算执行情况等有关的会计信息，反映行政单位受托责任的履行情况，有助于会计信息使用者进行管理、监督和决策。

行政单位会计信息使用者包括人民代表大会、政府及其有关部门、行政单位自身和其他会计信息使用者。

行政单位会计核算应当以人民币为记账本位币。发生外币业务时，应当将有关外币金额折算为人民币金额计量。

行政单位会计核算一般采用收付实现制，特殊经济业务和事项应当按照本制度的规定采用权责发生制核算。

行政单位会计根据其业务需要设置资产、负债、净资产、收入、支出五类会计要素。

思考题

1.行政单位与企业的主要区别是什么？

2.什么是行政单位会计？行政单位会计的特点是什么？

3.行政单位在进行会计核算时，应遵循的一般原则有哪些？

4.简述行政单位会计要素的内容。

第十二章

行政单位资产的核算

学习目标

通过本章的学习，了解行政单位资产的内容，掌握行政单位各项流动资产、固定资产和无形资产的确认、计量和核算。

行政单位资产是指行政单位占有或者使用的，能以货币计量的经济资源。所谓占有，是指行政单位对经济资源拥有法律上的占有权。由行政单位直接支配，供社会公众使用的政府储备物资、公共基础设施等，也属于行政单位核算的资产。

行政单位的资产包括流动资产、固定资产、无形资产、其他资产等。

第一节　流动资产

流动资产是指可以在1年以内（含1年）变现或者耗用的资产，包括库存现金、银行存款、零余额账户用款额度、财政应返还额度、应收及预付款项、存货等。

一、库存现金

行政单位的库存现金，是指行政单位存放在财务部门的货币资金。库存现金是一种流动性很强的流动资产，行政单位应当加强库存现金管理，遵循各种规定，以保证库存现金的安全、完整。

（一）库存现金的管理原则

根据《现金管理暂行条例》和《现金管理暂行条例实施细则》等有关规定，库存现金管理应遵循以下原则：

1.严格遵守银行核定的库存现金限额

库存现金限额是指银行根据规定，对在银行开户的行政单位，核定一个保留库存现金的最高额度。这一额度内的库存现金主要用于行政单位日常零星现金支付和备用金的需要。凡是超过限额的现金，必须及时存入银行。

2.现金收入必须及时送存银行，不得随意坐支

坐支是指将本单位的现金收入直接用于本单位的支出。行政单位每天收到的现金，必须当天送存银行，不能直接支用。因特殊原因需要坐支现金的，应事先报经银行审查批准，由开户银行核定坐支范围和限额。

3.明确规定现金的使用范围

根据《现金管理暂行条例》的规定，现金的使用范围为：职工工资、津贴，个人劳务报酬；根据国家规定颁发给个人的各种科学技术、文化艺术、体育等各项奖金，以及国家规定的对个人的其他现金支出；向个人收购农副产品和其他物资支付的价款；出差人员必须随身携带的差旅费；结算起点以下的零星支出和银行确定需要支付现金的其他支出。行政单位之间以及和其他单位的经济往来，除按规定范围可以使用现金外，均应通过开户银行转账结算。

4.严格现金的收付手续

行政单位向银行提取现金时，必须如实写明提取现金的用途；将现金存入银行时，必须如实写明存入现金的来源。收入现金必须开给收款人正式的收据，支付现金应在付款的原始凭证上加盖“现金付讫”戳记。

5.建立现金内部控制制度

行政单位应在现金的管理上强调内部控制的作用。一是不得以“白条”抵库。所谓“白条”抵库，就是以不符合财务制度的凭证顶替库存现金。二是行政单位之间不得相互借用现金。三是进行钱账分管，相互牵制，做到明确职责，相互监督。四是对现金收付款凭证从真实性、合法性、完整性、正确性等几个方面加强审核。

（二）库存现金的核算

为了核算库存现金业务，行政单位应设置“库存现金”账户。行政单位库存现金的主要账务处理如下：

（1）从银行等金融机构提取现金，按照实际提取的金额，借记本账户，贷记“银行存款”“零余额账户用款额度”等账户；将现金存入银行等金融机构，借记“银行存款”，贷记本账户；将现金退回单位零余额账户，借记“零余额账户用款额度”账户，贷记本账户。

（2）因支付内部职工出差等原因所借的现金，借记“其他应收款”账户，贷记本账户；出差人员报销差旅费时，按照应报销的金额，借记有关科账户，按照实际借出的现金金额，贷记“其他应收款”账户，按照其差额，借记或贷记本账户。

（3）因开展业务或其他事项收到现金，借记本账户，贷记有关账户；因购买服务、商品或者其他事项支出现金，借记有关账户，贷记本账户。

（4）收到受托代理的现金时，借记本账户，贷记“受托代理负债”账户；支付受托代理的现金时，借记“受托代理负债”账户，贷记本账户。

本账户期末借方余额，反映行政单位实际持有的库存现金。

行政单位应当设置“现金日记账”，由出纳人员根据收付款凭证，按照业务发生的顺序逐笔登记。每日终了，应当计算当日的现金收入合计数、现金支出合计数和结余数，并将结余数与实际库存数核对，做到账款相符。

每日终了结算现金收支，核对库存现金时发现有待查明原因的现金短缺或溢余，应通过“待处理财产损溢”账户核算。属于现金短缺的，应当按照实际短缺的金额，借记“待处理财产损溢”账户，贷记本账户；属于现金溢余的，应当按照实际溢余的金额，借记本账户，贷记“待处理财产损溢”账户。待查明原因后做如下处理：

如为现金短缺，属于应由责任人赔偿或向有关人员追回的部分，借记“其他应收款”账户，贷记“待处理财产损溢”账户。

如为现金溢余，属于应支付给有关人员或单位的，借记“待处理财产损溢”账户，贷记“其他应付款”账户。

行政单位有外币现金的，应当分别按照人民币、外币种类设置“现金日记账”进行明细核算。有关外币现金业务的账务处理参见“银行存款”账户的相关规定。

【例12-1】某行政单位从单位零余额账户中提取现金2 000元以备日常零星开支。应做会计分录：

借：库存现金　　2 000

贷：零余额账户用款额度 2 000

【例12-2】某行政单位职工王宏因工出差预借差旅费5 000元。应做会计分录：

借：其他应收款——王宏 5 000

贷：库存现金 5 000

【例12-3】某行政单位职工王宏报销差旅费4 700元（原借款5 000元）。应做会计分录：

借：经费支出 4 700

库存现金 300

贷：其他应收款——王宏 5 000

【例12-4】某行政单位收到按规定不需要上缴财政的零星杂项现金收入款300元。应做会计分录：

借：库存现金 300

贷：其他收入 300

【例12-5】某行政单位办公室购买办公用品1 000元，并直接领用。应做会计分录：

借：经费支出 1 000

贷：库存现金 1 000

【例12-6】某行政单位收到捐赠人受托代理的现金2 000元。应做会计分录：

借：库存现金 2 000

贷：受托代理负债 2 000

【例12-7】某行政单位盘点库存现金时发现溢余500元，原因待查。应做会计分录：

借：库存现金 500

贷：待处理财产损溢 500

经查上述溢余库存现金为某单位多交款，经单位主管批准后及时处理。应做会计分录：

借：待处理财产损溢 500

贷：其他应付款——某单位 500

二、银行存款

为了核算银行存款业务，行政单位应设置“银行存款”账户。本账户核算行政单位存入银行或者其他金融机构的各种存款。

行政单位应当严格按照国家有关支付结算办法的规定办理银行存款收支业务，并按照《行政单位会计制度》规定核算银行存款的各项收支业务。

银行存款的主要账务处理如下：

（1）将款项存入银行或者其他金融机构，借记本账户，贷记“库存现金”“其他收入”等有关账户。

（2）提取和支出存款时，借记有关账户，贷记本账户。

（3）收到银行存款利息，借记本账户，贷记“其他收入”等账户；支付银行手续费或银行扣收罚金等时，借记“经费支出”账户，贷记本账户。

（4）收到受托代理的银行存款时，借记本账户，贷记“受托代理负债”账户；支付受托代理的存款时，借记“受托代理负债”账户，贷记本账户。

行政单位发生外币业务的，应当按照业务发生当日或当期期初的即期汇率，将外币金额折算为人民币金额记账，并登记外币金额和汇率。

期末，各种外币账户的期末余额，应当按照期末的即期汇率折算为人民币，作为外币账户期末人民币余额。调整后的各种外币账户人民币余额与原账面余额的差额，作为汇兑损溢计入当期支出。

本账户期末借方余额，反映行政单位实际存放在银行或其他金融机构的款项。

行政单位应当按开户银行或其他金融机构、存款种类及币种等，分别设置“银行存款日记账”，由出纳人员根据收付款凭证，按照业务的发生顺序逐笔登记，每日终了应结出余额。“银行存款日记账”应定期与“银行对账单”核对，至少每月核对一次。月度终了，行政单位账面余额与银行对账单余额之间如有差额，必须逐笔查明原因并进行处理，按月编制“银行存款余额调节表”，并调节相符。

【例12-8】某行政单位收到开户行收款通知，其收到同级财政部门从财政国库核拨的预算资金2 000 000元。应做会计分录：

借：银行存款　　2 000 000

　贷：财政拨款收入　　2 000 000

【例12-9】某行政单位取得按规定应上缴财政的罚没收入50 000元，已存入银行。应做会计分录：

借：银行存款　　50 000

　贷：应缴财政款　　50 000

【例12-10】以支票购置办公用品直接交付使用，共计5 000元。应做会计分录：

借：经费支出　　5 000

　贷：银行存款　　5 000

【例12-11】某行政单位收到捐赠人受托代理的现金资产30 000元，已存入银行。应做会计分录：

借：银行存款　　30 000

　贷：受托代理负债　　30 000

三、零余额账户用款额度

行政单位零余额账户可以办理转账、提取现金等结算业务。

财政部门根据经批准的部门预算和用款计划，向行政单位零余额账户的代理银行下达财政授权支付用款额度时，行政单位的零余额账户用款额度增加；行政单位根据经批准的部门预算和用款计划，向行政单位零余额账户的代理银行开具支付令，从单位零余额账户向收款人支付款项，以及从单位零余额账户中提取现金时，行政单位的零余额账户用款额度减少。行政单位零余额账户的代理银行将行政单位开具的支付令与行政单位的部门预算和用款计划进行核对，并向收款人支付款项后，于当日营业终了前，通过行政单位的零余额账户与财政国库存款账户进行资金清算。资金清算后，行政单位零余额账户的余额为零。

零余额账户用款额度是行政单位的一个财政授权支付额度。但由于行政单位可以随时自行开具支付令，使用单位零余额账户中的用款额度实现支付，因此，零余额账户用款额度如同银行存款，是行政单位的一项特殊资产。

年度终了，代理银行和行政单位对截至该年12月31日24时财政授权支付额度的下达、支用、余额等情况进行对账签证。

为了核算实行国库集中支付的行政单位根据财政部门批复的用款计划收到和支用的零余额账户用款额度，行政单位应设置“零余额账户用款额度”账户。零余额账户用款额度的主要账务处理如下：

（1）收到“财政授权支付额度到账通知书”时，根据通知书所列数额，借记本账户，贷记“财政拨款收入”账户。

（2）按规定支用额度时，借记“经费支出”等账户，贷记本账户。

（3）从零余额账户提取现金时，借记“库存现金”账户，贷记本账户。

年末，根据代理银行提供的对账单做银行注销额度的相关账务处理，借记“财政应返还额度——财政授权支付”账户，贷记本账户。如单位本年度财政授权支付预算指标数大于财政授权支付额度下达数，根据二者间的差额，借记“财政应返还额度——财政授权支付”账户，贷记“财政拨款收入”账户。

下一年度初，行政单位根据代理银行提供的额度恢复到账通知书做恢复额度的相关账务处理，借记本账户，贷记“财政应返还额度——财政授权支付”账户。行政单位收到财政部门批复的上年末下达零余额账户用款额度时，借记本账户，贷记“财政应返还额度——财政授权支付”账户。

本账户期末借方余额，反映行政单位尚未支用的零余额账户用款额度。年度终了注销单位零余额账户用款额度后，本账户应无余额。

【例12-12】实行国库集中支付的某行政单位收到单位零余额账户代理银行转来的财政授权支付到账通知书，获得财政授权支付额度350 000元。应做会计分录：

借：零余额账户用款额度	350 000	
贷：财政拨款收入		350 000

【例12-13】某行政单位开出授权支付凭证，从单位零余额账户提取库存现金5 000元备日常支出。应做会计分录：

借：库存现金	5 000	

贷：零余额账户用款额度 5 000

【例12-14】通过单位零余额账户购买办公用品，金额共计113 000元，该批办公用品已验收入库。应做会计分录：

借：存货 113 000

贷：资产基金 113 000

同时：

借：经费支出 113 000

贷：零余额账户用款额度 113 000

【例12-15】年末，根据代理银行提供的对账单注销尚未用完的零余额账户用款额度47 000元。应做会计分录：

借：财政应返还额度——财政授权支付 47 000

贷：零余额账户用款额度 47 000

四、财政应返还额度

财政应返还额度是指实行国库集中支付的行政单位应收财政返还的资金额度。行政单位在年终尚未使用或尚未收到的预算额度，构成行政单位年终的财政应返还额度。行政单位年终的财政应返还额度是行政单位的一项特殊资产，属于应收款项的范畴。

为了核算实行国库集中支付的行政单位应收财政返还的资金额度，行政单位应设置“财政应返还额度”账户。本账户应当设置“财政直接支付”“财政授权支付”两个明细账户进行核算。财政应返还额度的主要账务处理如下：

（1）年末国库集中支付尚未使用资金额度的账务处理。

财政直接支付下，年末，行政单位根据本年度财政直接支付预算指标数与财政直接支付实际支出数的差额，借记本账户（“财政直接支付”），贷记财政拨款收入账户。

财政授权支付下，年末，财政授权支付尚未使用资金额度的账务处理，参见“零余额账户用款额度”账户。

（2）下年初恢复以前年度财政资金额度的账务处理，参见“零余额账户用款额度”账户。

（3）行政单位使用以前年度财政资金额度的账务处理。

财政直接支付下，行政单位使用以前年度财政直接支付额度发生支出时，借记“经费支出”账户，贷记本账户（“财政直接支付”）。

财政授权支付下，行政单位使用以前年度财政授权支付额度发生支出时的账务处理，参见“零余额账户用款额度”账户。

本账户期末借方余额反映行政单位应收财政返还的资金额度。

【例12-16】某行政单位年终确认本年度财政直接支付实际发生数900 000元，当年财政直接支付用款额度980 000元，本年度财政授权支付用款额度为420 000

元，财政部门已经下达到单位零余额账户的财政授权支付用款额度为415 000元，财政应返还额度为85 000元。应做会计分录：

借：财政应返还额度——财政直接支付　　80 000

　　　　　　　　——财政授权支付　　5 000

　贷：财政拨款收入　　85 000

【例12-17】某行政单位年终确认本年度财政部门已经下达到单位零余额账户的财政授权支付用款额度为415 000元，财政授权支付实际发生数为400 000元，注销年终尚未用完的零余额账户用款额度。应做会计分录：

借：财政应返还额度——财政授权支付　　15 000

　贷：零余额账户用款额度　　15 000

【例12-18】该行政单位次年初经批准使用上年末尚未使用的财政直接支付用款额度1 200元，购买日常业务活动中使用的办公用品一批，直接交有关部门使用。应做会计分录：

借：经费支出　　1 200

　贷：财政应返还额度——财政直接支付　　1 200

【例12-19】该行政单位次年初经批准恢复上年尚未使用的财政授权支付用款额度15 000元。应做会计分录：

借：零余额账户用款额度　　15 000

　贷：财政应返还额度——财政授权支付　　15 000

【例12-20】该行政单位次年初收到财政部门下达的上年度末尚未下达的财政授权支付用款额度5 000元。应做会计分录：

借：零余额账户用款额度　　5 000

　贷：财政应返还额度——财政授权支付　　5 000

【例12-21】该行政单位次年初经批准使用上年度末尚未使用和尚未收到的财政授权支付用款额度4 600元，支付日常业务活动中发生的物业管理费。应做会计分录：

借：经费支出　　4 600

　贷：零余额账户用款额度　　4 600

五、应收及预付款项

应收及预付款项是指行政单位在开展业务活动中形成的各项债权，包括应收账款、预付账款、其他应收款等。

（一）应收账款的核算

应收账款是指行政单位出租资产、出售物资等应当收取的款项。

为了核算行政单位出租资产、出售物资等应当收取的款项，行政单位应设置“应收账款”账户。本账户应当按照购货、接受服务单位（或个人）或开出、承兑商业汇票的单位等进行明细核算。行政单位收到的商业汇票，也通过本账户核算。

应收账款应当在资产已出租或物资已出售且尚未收到款项时确认。

行政单位应收账款的主要账务处理如下：

1.出租资产发生的应收账款

出租资产尚未收到款项时，按照应收未收金额，借记本账户，贷记“其他应付款”账户。收回应收账款时，借记“银行存款”等账户，贷记本账户；同时，借记“其他应付款”账户，按照应缴的税费，贷记“应缴税费”账户，按照扣除应缴税费后的净额，贷记“应缴财政款”账户。

2.出售物资发生的应收账款

物资已发出并达到约定状态且尚未收到款项时，按照应收未收金额，借记本账户，贷记“待处理财产损溢”账户。收回应收账款时，借记“银行存款”等账户，贷记本账户。

3.出租资产、出售物资收到商业汇票

出租资产收到商业汇票，按照商业汇票的票面金额，借记本账户，贷记“其他应付款”账户。出售物资收到商业汇票，按照商业汇票的票面金额，借记本账户，贷记“待处理财产损溢”账户。

商业汇票到期收回款项时，借记“银行存款”等账户，贷记本账户。其中，出租资产收回款项的，还应当同时借记“其他应付款”账户，按照应缴的税费，贷记“应缴税费”账户，按照扣除应缴税费后的净额，贷记“应缴财政款”账户。

行政单位应当设置“商业汇票备查簿”，逐笔登记应收商业汇票的种类、号数、出票日期、到期日、票面金额、交易合同号等相关信息。商业汇票到期结清票款或退票后，应当在备查簿内逐笔注销。

逾期3年或以上、有确凿证据表明确实无法收回的应收账款，按规定报经批准后通过“待处理财产损溢”账户予以核销。核销的应收账款应在备查簿中保留登记。

本账户期末借方余额反映行政单位尚未收回的应收账款。

【例12-22】某行政单位将一闲置办公楼出租，合同规定：租期5年，每年12月31日支付租金900 000元。年末时，应做会计分录：

借：应收账款	900 000	
贷：其他应付款		900 000

【例12-23】接【例12-22】，每年12月31日该行政单位收取租金900 000元，按规定应缴税费49 500元，收取租金扣除应缴税费后的净额为850 500元。应做会计分录：

借：银行存款	900 000	
贷：应收账款		900 000

同时：

借：其他应付款	900 000	
贷：应缴税费		49 500
应缴财政款		850 500

【例12-24】某行政单位经批准出售一批物资，价款10 000元，该批物资已发出并达约定状态且尚未收到款项，该批物质的实际成本为13 000元。应做会计分录：

（1）将出售的物质转入待处理财产损溢时：

借：待处理财产损溢——待处理财产价值	13 000	
贷：存货		13 000

（2）物质实现出售时：

借：资产基金——存货	13 000	
贷：待处理财产损溢——待处理财产价值		13 000

同时：

借：应收账款	10 000	
贷：待处理财产损溢——处理净收入		10 000

（3）收到价款并结转出售物质损溢时：

借：银行存款	10 000	
贷：应收账款		10 000

同时：

借：待处理财产损溢——处理净收入	10 000	
贷：应缴财政款		10 000

（二）预付账款的核算

预付账款是指行政单位按照购货、服务合同规定预付给供应单位（或个人）的款项。预付账款应当在已支付款项且尚未收到物资或服务时确认。

为了核算行政单位按照购货、服务合同规定预付给供应单位（或个人）的款项，行政单位应设置“预付账款”账户。行政单位依据合同规定支付的定金，也通过本账户核算。行政单位支付可以收回的订金，不通过本账户核算，应当通过“其他应收款”账户核算。

本账户应当按照供应单位（或个人）进行明细核算。预付账款的主要账务处理如下：

（1）发生预付账款时，借记本账户，贷记“资产基金——预付款项”账户；同时，借记“经费支出”账户，贷记“财政拨款收入”“零余额账户用款额度”“银行存款”等账户。

（2）收到所购物资或服务时，按照相应预付账款金额，借记“资产基金——预付款项”账户，贷记本账户；发生补付款项的，按照实际补付的款项，借记“经费支出”账户，贷记“财政拨款收入”“零余额账户用款额度”“银行存款”等账户。收到物资的，同时按照收到所购物资的成本，借记有关资产账户，贷记“资产基金”及相关明细账户。

（3）发生当年预付账款退回的，借记“资产基金——预付款项”账户，贷记本账户；同时，借记“财政拨款收入”“零余额账户用款额度”“银行存款”等账户，贷记“经费支出”账户。

发生以前年度预付账款退回的，借记“资产基金——预付款项”账户，贷记本账户；同时，借记“财政应返还额度”“零余额账户用款额度”“银行存款”等账户，贷记“财政拨款结转”“财政拨款结余”“其他资金结转结余”等账户。

逾期3年或以上、有确凿证据表明确实无法收到所购物资和服务且无法收回的预付账款，按照规定报经批准后予以核销。核销的预付账款应在备查簿中保留登记。

本账户期末借方余额反映行政单位实际预付但尚未结算的款项。

【例12-25】某行政单位与某公司约定购买两台设备，每台价款100 000元，该单位先支付50%的预付款。该公司收到预付款1个月后，将设备运抵该单位并调试成功，该单位于验收合格当日支付剩余50%的价款。应做会计分录：

（1）支付预付款时：

借：预付账款	100 000	
贷：资产基金——预付款项		100 000
借：经费支出	100 000	
贷：零余额账户用款额度		100 000

（2）1个月后，收到所购设备，并支付剩余50%的价款：

借：资产基金——预付款项	100 000	
贷：预付账款		100 000
借：经费支出	100 000	
贷：零余额账户用款额度		100 000
借：固定资产	200 000	
贷：资产基金——固定资产		200 000

（三）其他应收款的核算

其他应收款是指行政单位除应收账款、预付账款以外的其他各项应收及暂付款项，如职工预借的差旅费、拨付给内部有关部门的备用金、应向职工收取的各种垫付款项等。

为了核算行政单位除应收账款、预付账款以外的其他各项应收及暂付款项，行政单位应设置“其他应收款”账户，本账户应当按照其他应收款的类别以及债务单位（或个人）进行明细核算。其他应收款的主要账务处理如下：

（1）发生其他应收及暂付款项时，借记本账户，贷记“零余额账户用款额度”“银行存款”等账户。

（2）收回或转销上述款项时，借记“银行存款”“零余额账户用款额度”或有关支出等账户，贷记本账户。

（3）行政单位内部实行备用金制度的，有关部门使用备用金以后应当及时到财务部门报销并补足备用金。财务部门核定并发放备用金时，借记本账户，贷记“库存现金”等账户。根据报销数用现金补足备用金定额时，借记“经费支出”账户，贷记“库存现金”等账户，报销数和拨补数都不再通过本账户核算。

逾期3年或以上、有确凿证据表明确实无法收回的其他应收款，按规定报经批准后予以核销。核销的其他应收款应在备查簿中保留登记。

转入待处理财产损溢时，按照待核销的其他应收款金额，借记“待处理财产损溢”账户，贷记本账户。

已核销的其他应收款在以后期间又收回的，如属于在核销年度内收回的，借记“银行存款”等账户，贷记“经费支出”账户；如属于在核销年度以后收回的，借记“银行存款”等账户，贷记“财政拨款结转”“财政拨款结余”“其他资金结转结余”等账户。

本账户期末借方余额，反映行政单位尚未收回的其他应收款。

【例12-26】某行政单位职工李伟出差借款3 000元，财务部门以库存现金支付。应做会计分录：

借：其他应收款——李伟	3 000	
贷：库存现金		3 000

【例12-27】某行政单位下属部门从财务部门领取备用金20 000元，财务部门开出现金支票支付。应做会计分录：

借：其他应收款——××部门	20 000	
贷：银行存款		20 000

【例12-28】职工李伟出差回来后报销差旅费，实际开支2 600元，交回多余现金400元。应做会计分录：

借：库存现金	400	
经费支出	2 600	
贷：其他应收款——李伟		3 000

【例12-29】行政单位的下属部门到财务部门报销发票19 500元，财务部门补足备用金定额。应做会计分录：

借：经费支出	19 500	
贷：库存现金		19 500

六、存货

（一）存货的计价

存货是指行政单位在开展业务活动及其他活动中为耗用而储存的各种物资，包括材料、燃料、包装物和低值易耗品及未达到固定资产标准的家具、用具、装具等。

行政单位的存货应当按照实际成本计价。

存货在取得时：

（1）购入的存货，其成本包括购买价款、相关税费、运输费、装卸费、保险费以及其他使得存货达到目前场所和状态所发生的支出。

（2）置换换入的存货，其成本按照换出资产的评估价值，加上支付的补价或减去收到的补价，加上为换入存货支付的其他费用（运输费等）确定。

（3）接受捐赠、无偿调入的存货，其成本按照有关凭据注明的金额加上相关税费、运输费等确定；没有相关凭据可供取得，但依法经过资产评估的，其成本应当按照评估价值加上相关税费、运输费等确定；没有相关凭据可供取得，也未经评估的，其成本比照同类或类似存货的市场价格加上相关税费、运输费等确定；没有相关凭据也未经评估，其同类或类似存货的市场价格无法可靠取得的，该存货按照名义金额入账。

（4）委托加工的存货，其成本按照未加工存货的成本加上加工费用和往返运输费等确定。

存货发出时，应当根据实际情况采用先进先出法、加权平均法或者个别计价法确定发出存货的实际成本。计价方法一经确定，不得随意变更。

（二）存货的核算

为了核算行政单位在开展业务活动及其他活动中为耗用而储存的各种物资，行政单位应设置“存货”账户。行政单位接受委托人指定受赠人的转赠物资，应当通过“受托代理资产”账户核算，不通过本账户核算。行政单位随买随用的零星办公用品等，可以在购进时直接列作支出，不通过本账户核算。

本账户应当按照存货的种类、规格和保管地点等进行明细核算。行政单位有委托加工存货业务的，应当在本账户下设置“委托加工存货成本”明细账户。出租、出借的存货，应当设置备查簿进行登记。

存货的主要账务处理如下：

（1）存货在取得时：

①购入的存货验收入库，按照确定的成本，借记本账户，贷记“资产基金——存货”账户；同时，按照实际支付的金额，借记“经费支出”账户，贷记“财政拨款收入”“零余额账户用款额度”“银行存款”等账户；对于尚未付款的存货，应当按照应付未付的金额，借记“待偿债净资产”账户，贷记“应付账款”账户。

②换入的存货验收入库，按照确定的成本，借记本账户，贷记“资产基金——存货”账户；同时，按实际支付的补价、运输费等金额，借记“经费支出”账户，贷记“财政拨款收入”“零余额账户用款额度”“银行存款”等账户。

③接受捐赠、无偿调入的存货验收入库，按照确定的成本，借记本账户，贷记“资产基金——存货”账户；同时，按实际支付的相关税费、运输费等金额，借记“经费支出”账户，贷记“财政拨款收入”“零余额账户用款额度”“银行存款”等账户。

④委托加工的存货出库，借记本账户下的“委托加工存货成本”明细账户，贷记本账户下的相关明细账户。支付加工费用和相关运输费等时，借记“经费支出”账户，贷记“财政拨款收入”“零余额账户用款额度”“银行存款”等账户；同时，按照相同的金额，借记本账户下的“委托加工存货成本”明细账户，贷记“资产基

金——存货”账户。委托加工完成的存货验收入库时，按照委托加工存货的成本，借记本账户下的相关明细账户，贷记本账户下的“委托加工存货成本”明细账户。

（2）存货发出时：

①开展业务活动等领用、发出存货时，按照领用、发出存货的实际成本，借记“资产基金——存货”账户，贷记本账户。

②经批准对外捐赠、无偿调出存货时，按照对外捐赠、无偿调出存货的实际成本，借记“资产基金——存货”账户，贷记本账户。对外捐赠、无偿调出存货发生由行政单位承担的运输费等支出时，借记“经费支出”账户，贷记“财政拨款收入”“零余额账户用款额度”“银行存款”等账户。

③经批准对外出售、置换换出的存货，应当转入待处理财产损溢，按照相关存货的实际成本，借记“待处理财产损溢”账户，贷记本账户。

（3）报废、毁损的存货，应当转入待处理财产损溢，按照相关存货的账面余额，借记“待处理财产损溢”账户，贷记本账户。

本账户期末借方余额反映行政单位存货的实际成本。

行政单位的存货应当定期进行清查盘点，每年至少盘点一次。对于发生的存货盘盈、盘亏，应当及时查明原因，按规定报经批准后进行账务处理。

【例12-30】某行政单位通过单位零余额账户购入办公用品一批，其计18 000元，办公用品已验收入库。应做会计分录：

借：存货	18 000	
贷：资产基金——存货		18 000
同时：		
借：经费支出	18 000	
贷：零余额账户用款额度		18 000

【例12-31】某行政单位通过财政零余额账户购入专用材料一批，共计27 000元，对方垫付运费500元，专用材料已验收入库。应做会计分录：

借：存货	27 500	
贷：资产基金——存货		27 500
同时：		
借：经费支出	27 500	
贷：财政拨款收入		27 500

【例12-32】某行政单位收到政府统一采购的甲材料一批，价值45 000元，材料已验收入库，根据财政部门开具的拨款通知单等凭证，应做会计分录：

借：存货	45 000	
贷：资产基金——存货		45 000
同时：		
借：经费支出	45 000	
贷：财政拨款收入		45 000

【例12-33】某行政单位购入一批电脑耗材20 000元，并已开出转账支票支付价款，该批电脑耗材已验收入库。应做会计分录：

借：存货 20 000
　贷：资产基金——存货 20 000

同时：

借：经费支出 20 000
　贷：银行存款 20 000

【例12-34】某行政单位接受香港一人士捐赠的一批新材料，注明的发票金额为95 000元，另以银行存款支付运费2 000元，材料已验收入库。应做会计分录：

借：存货 97 000
　贷：资产基金——存货 97 000

同时：

借：经费支出 2 000
　贷：银行存款 2 000

【例12-35】某行政单位以银行转账支票购买办公用品2 000元，直接交付有关部门使用。应做会计分录：

借：经费支出 2 000
　贷：银行存款 2 000

【例12-36】某行政单位所属部门领用材料100千克，加权平均单价为30元/千克。应做会计分录：

借：资产基金——存货 3 000
　贷：存货 3 000

【例12-37】某行政单位期末盘点库存材料，盘亏70千克，每千克30元。应做会计分录：

借：待处理财产损溢——待处理财产价值 2 100
　贷：存货 2 100

【例12-38】接上例，上述盘亏的甲材料报经批准予以核销。应做会计分录：

借：资产基金 2 100
　贷：待处理财产损溢——待处理财产价值 2 100

第二节　固定资产

一、固定资产的概念及分类

固定资产是指使用期限超过1年（不含1年）、单位价值在规定标准以上（《行政单位财务规则》规定，单位价值在1 000元以上，其中：专用设备单位价值在1 500元以上），并在使用过程中基本保持原有物质形态的资产。单位价值虽未达到规定标准，但是耐用时间超过1年（不含1年）的大批同类物资，应当作为固定资产核算。

固定资产一般分为六类：房屋及构筑物；通用设备；专用设备；文物和陈列品；图书、档案；家具、用具、装具及动植物。

二、固定资产的核算

固定资产应当按照以下条件确认：

（1）购入、换入、无偿调入、接受捐赠不需安装的固定资产，在固定资产验收合格时确认。

（2）购入、换入、无偿调入、接受捐赠需要安装的固定资产，在固定资产安装完成交付使用时确认。

（3）自行建造、改建、扩建的固定资产，在建造完成交付使用时确认。

为了核算固定资产业务，行政单位应设置“固定资产”和“累计折旧”两个账户。

（一）固定资产核算的有关说明

（1）固定资产各组成部分具有不同使用寿命、适用不同折旧率的，应当分别将各组成部分确认为单项固定资产。

（2）购入需要安装的固定资产，应当先通过“在建工程”账户核算，安装完毕交付使用时，再转入本账户核算。

（3）行政单位的软件，如果其是相关硬件不可缺少的组成部分，应当将该软件的价值包括在所属的硬件价值中，一并作为固定资产，通过本账户进行核算；如果其不是相关硬件不可缺少的组成部分，应当将该软件作为无形资产，通过“无形资产”账户核算。

（4）行政单位购建房屋及构筑物不能够分清支付价款中的房屋及构筑物与土地使用权部分的，应当全部作为固定资产，通过本账户核算；能够分清支付价款中的房屋及构筑物与土地使用权部分的，应当将其中的房屋及构筑物部分作为固定资产，通过本账户核算，将其中的土地使用权部分作为无形资产的，通过“无形资产”账户核算；境外行政单位购买具有所有权的土地，作为固定资产的，通过本账户核算。

（5）行政单位借入、以经营租赁方式租入的固定资产，不通过本账户核算，应当设置备查簿进行登记。

行政单位应当设置“固定资产登记簿”和“固定资产卡片”，按照固定资产类别、项目和使用部门等进行明细核算。出租、出借的固定资产，应当设置备查簿进行登记。

（二）固定资产的主要账务处理

（1）取得固定资产时，应当按其成本入账。

①购入的固定资产，其成本包括实际支付的购买价款、相关税费、固定资产交

付使用前所发生的可归属于该项资产的运输费、装卸费、安装费和专业人员服务费等。

以一笔款项购入多项没有单独标价的固定资产，按照各项固定资产同类或类似固定资产市场价格的比例对总成本进行分配，分别确定各项固定资产的入账价值。

购入不需安装的固定资产，按照确定的固定资产成本，借记本账户，贷记“资产基金——固定资产”账户；同时，按照实际支付的金额，借记“经费支出”账户，贷记“财政拨款收入”“零余额账户用款额度”“银行存款”等账户。

购入需要安装的固定资产，先通过“在建工程”账户核算。安装完工交付使用时，借记本账户，贷记“资产基金——固定资产”账户；同时，借记“资产基金——在建工程”账户，贷记“在建工程”账户。

购入固定资产须分期付款或扣留质量保证金的，在取得固定资产时，按照确定的固定资产成本，借记本账户（不需安装）或“在建工程”账户（需要安装），贷记“资产基金——固定资产”或“资产基金——在建工程”账户；同时，按照已实际支付的价款，借记“经费支出”账户，贷记“财政拨款收入”“零余额账户用款额度”“银行存款”等账户；按照应付未付的款项或扣留的质量保证金等金额，借记“待偿债净资产”账户，贷记“应付账款”或“长期应付款”账户。

②自行建造的固定资产，其成本包括建造该项资产至交付使用前所发生的全部必要支出。

固定资产的各组成部分需要分别核算的，按照各组成部分固定资产造价确定其成本；没有各组成部分固定资产造价的，按照各组成部分固定资产同类或类似固定资产市场造价的比例对总造价进行分配，确定各组成部分固定资产的成本。工程完工交付使用时，按照自行建造过程中发生的实际支出，借记本账户，贷记“资产基金——固定资产”账户；同时，借记“资产基金——在建工程”账户，贷记“在建工程”账户；已交付使用但尚未办理竣工决算手续的固定资产，按照估计价值入账，待确定实际成本后再进行调整。

③自行繁育的动植物，其成本包括在达到可使用状态前所发生的全部必要支出。

④在原有固定资产基础上进行改建、扩建、修缮的固定资产，其成本按照原固定资产的账面价值（“固定资产”账户账面余额减去“累计折旧”账户账面余额后的净值）加上改建、扩建、修缮发生的支出，再扣除固定资产拆除部分账面价值后的金额确定。

将固定资产转入改建、扩建、修缮时，按照固定资产的账面价值，借记“在建工程”账户，贷记“资产基金——在建工程”账户；同时，按照固定资产的账面价值，借记“资产基金——固定资产”账户，按照固定资产已计提折旧，借记“累计折旧”账户，按照固定资产的账面余额，贷记本账户。

工程完工交付使用时，按照确定的固定资产成本，借记本账户，贷记“资产基金——固定资产”账户；同时，借记“资产基金——在建工程”账户，贷记“在建工程”账户。

⑤置换取得的固定资产，其成本按照换出资产的评估价值加上支付的补价或减去收到的补价，加上为换入固定资产支付的其他费用（运输费等）确定，借记本账户（不需安装）或“在建工程”账户（需安装），贷记“资产基金——固定资产”“资产基金——在建工程”账户；按照实际支付的补价、相关税费、运输费等，借记“经费支出”账户，贷记“财政拨款收入”“零余额账户用款额度”“银行存款”等账户。

⑥接受捐赠、无偿调入的固定资产，其成本按照有关凭据注明的金额加上相关税费、运输费等确定；没有相关凭据可供取得，但依法经过资产评估的，其成本应当按照评估价值加上相关税费、运输费等确定；没有相关凭据可供取得、也未经评估的，其成本比照同类或类似固定资产的市场价格加上相关税费、运输费等确定；没有相关凭据也未经评估，其同类或类似固定资产的市场价格无法可靠取得的，所取得的固定资产应当按照名义金额入账。

接受捐赠、无偿调入的固定资产，按照确定的成本，借记本账户（不需安装）或“在建工程”账户（需要安装），贷记“资产基金——固定资产”“资产基金——在建工程”账户；按照实际支付的相关税费、运输费等，借记“经费支出”账户，贷记“财政拨款收入”“零余额账户用款额度”“银行存款”等账户。

（2）与固定资产有关的后续支出，分以下情况处理：

①为增加固定资产使用效能或延长其使用寿命而发生的改建、扩建或修缮等后续支出，应当计入固定资产成本，通过“在建工程”账户核算，完工交付使用时转入本账户。有关账务处理参见“在建工程”账户。

②为维护固定资产正常使用而发生的日常修理等后续支出，应当计入当期支出但不计入固定资产成本，借记“经费支出”账户，贷记“财政拨款收入”“零余额账户用款额度”“银行存款”等账户。

（3）出售、置换固定资产。

经批准出售、置换的固定资产转入待处理财产损溢时，按照固定资产的账面价值，借记“待处理财产损溢”账户，按照已计提折旧，借记“累计折旧”账户，按照固定资产的账面余额，贷记本账户。

（4）无偿调出、对外捐赠固定资产。

经批准无偿调出、对外捐赠固定资产时，按照固定资产的账面价值，借记“资产基金——固定资产”账户，按照已计提折旧，借记“累计折旧”账户，按照固定资产的账面余额，贷记本账户。

无偿调出、对外捐赠固定资产发生由行政单位承担的拆除费用、运输费等，按照实际支付的金额，借记“经费支出”账户，贷记“财政拨款收入”“零余额账户用款额度”“银行存款”等账户。

（5）报废、毁损固定资产。

报废、毁损的固定资产转入待处理财产损溢时，按照固定资产的账面价值，借记“待处理财产损溢”账户，按照已计提折旧，借记“累计折旧”账户，按照固定资产的账面余额，贷记本账户。

（6）盘盈、盘亏固定资产。

行政单位的固定资产应当定期进行清查盘点，每年至少盘点一次。对于固定资产发生盘盈、盘亏的，应当及时查明原因，按照规定报经批准后进行账务处理。

本账户期末借方余额反映行政单位固定资产的原价。

（三）累计折旧核算的有关说明

“累计折旧”账户核算行政单位固定资产、公共基础设施计提的累计折旧。本账户应当按照固定资产、公共基础设施的类别、项目等进行明细核算。占有公共基础设施的行政单位，应当在本账户下设置“固定资产累计折旧”和“公共基础设施累计折旧”两个二级明细账户，分别核算对固定资产和公共基础设施计提的折旧。

行政单位对固定资产、公共基础设施是否计提折旧由财政部另行规定；按照规定对固定资产、公共基础设施计提折旧的，折旧金额应当根据固定资产、公共基础设施原价和折旧年限确定。

（四）累计折旧的主要账务处理

（1）按月计提固定资产、公共基础设施折旧时，按照应计提折旧金额，借记“资产基金——固定资产”“资产基金——公共基础设施”账户，贷记本账户。

（2）处置固定资产、公共基础设施时，按照所处置固定资产、公共基础设施的账面价值，借记“待处理财产损溢”账户（出售、置换、报废、毁损、盘亏）或“资产基金——固定资产”“资产基金——公共基础设施”账户（无偿调出、对外捐赠），按照固定资产、公共基础设施已计提折旧，借记本账户，按照固定资产、公共基础设施的账面余额，贷记“固定资产”“公共基础设施”账户。

本账户期末贷方余额，反映行政单位计提的固定资产、公共基础设施累计折旧。

【例12-39】某行政单位通过单位零余额账户购入一台设备，买价100 000元，增值税17 000元，运费及安装费共计2 000元。应做会计分录：

借：固定资产	119 000	
贷：资产基金——固定资产		119 000

同时：

借：经费支出	119 000	
贷：零余额账户用款额度		119 000

【例12-40】某行政单位用银行存款购买一台计算机，价款11 000元，价款用支票付讫，货已验收。应做会计分录：

借：固定资产	11 000	
贷：资产基金——固定资产		11 000

同时：

借：经费支出　　11 000
　贷：银行存款　　11 000

【例 12-41】某行政单位通过政府集中采购一批设备，价值20 000元，由财政全额支付。供应商交付设备给行政单位，已经验收。应做会计分录：

借：固定资产　　20 000
　贷：资产基金——固定资产　　20 000

同时：

借：经费支出　　20 000
　贷：财政拨款收入　　20 000

【例 12-42】某行政单位通过政府集中采购一批设备，价值30 000元，由财政负担总额的60%，单位负担总额的40%。行政单位将负担的采购资金12 000元划入政府采购专户。应做会计分录：

借：其他应收款——政府采购款　　12 000
　贷：银行存款　　12 000

【例 12-43】行政单位通过政府集中采购的上述设备，已经由供应商交付给行政单位，并通过验收。应做会计分录：

借：固定资产　　30 000
　贷：资产基金——固定资产　　30 000

同时：

借：经费支出　　30 000
　贷：财政拨款收入　　18 000
　　　其他应收款——政府采购款　　12 000

【例 12-44】某行政单位接受外单位捐赠汽车一辆，价值260 000元，发生运费、调试费，共计20 000元，以银行存款支付。应做会计分录：

借：固定资产　　280 000
　贷：资产基金——固定资产　　280 000

同时：

借：经费支出　　20 000
　贷：银行存款　　20 000

【例 12-45】某行政单位改扩建其办公楼。该办公楼原价1 000 000元，已提折旧600 000元。应做会计分录：

借：在建工程　　400 000
　贷：资产基金——在建工程　　400 000

同时：

借：资产基金——固定资产　　400 000
　　累计折旧　　600 000
　贷：固定资产　　1 000 000

【例 12-46】某行政单位按月计提固定资产折旧 700 000 元，应做会计分录：

借：资产基金——固定资产　　700 000

　贷：累计折旧　　700 000

【例 12-47】某行政单位报废一台专用设备，该设备账面价值为 150 000 元，已提折旧 145 000 元。应做会计分录：

借：待处理财产损溢——待处理财产价值　　5 000

　　累计折旧　　145 000

　贷：固定资产　　150 000

【例 12-48】上述报废的专用设备报经批准予以核销。报废设备取得变价收入 13 000 元。应做会计分录：

借：资产基金——固定资产　　5 000

　贷：待处理财产损溢——待处理财产价值　　5 000

取得变价收入时：

借：银行存款　　13 000

　贷：待处理财产损溢——处理净收入　　13 000

同时：

借：待处理财产损溢——处理净收入　　13 000

　贷：应缴财政款　　13 000

【例 12-49】某行政单位年终进行财产清查，结果盘盈设备一台，经评估其重置价值为 26 000 元。按规定程序批准并进行账务处理。应做会计分录：

借：固定资产　　26 000

　贷：待处理财产损溢　　26 000

报经批准予以处理时：

借：待处理财产损溢　　26 000

　贷：资产基金——固定资产　　26 000

在建工程是指行政单位已经发生必要支出，但尚未交付使用的建设工程，包括新建、改建、扩建、修缮等各种建筑、设备安装工程和信息系统建设工程。

行政单位已经发生必要支出，但尚未完工交付使用的各种在建工程的实际成本，应通过“在建工程”账户核算。不能够增加固定资产、公共基础设施使用效能或延长其使用寿命的修缮、维护费等，不通过本账户核算。本账户应当按照具体工程项目等进行明细核算；需要分摊计入不同工程项目的间接工程成本，应当通过本账户下设置的“待摊投资”明细账户核算。

行政单位的基本建设投资应当按照国家有关规定单独建账、单独核算，同时按照《行政单位会计制度》的规定至少按月并入本账户及其他相关账户。

在建工程应当在属于在建工程的成本发生时确认。在建工程（非基本建设项目）的主要账务处理略。

第三节 无形资产

无形资产是指不具有实物形态而能够为使用者提供某种权利的非货币性资产，包括著作权、土地使用权、专利权、非专利技术等。无形资产应当在完成对其权属的规定登记或其他证明单位取得无形资产时确认。

为了核算无形资产的业务，行政单位应设置“无形资产”“累计摊销”等账户。

“无形资产”账户核算行政单位各项无形资产的原价。本账户应当按照无形资产的类别、项目等进行明细核算。行政单位购入的不是相关硬件不可缺少组成部分的软件，应当作为无形资产核算。

（1）无形资产的主要账务处理如下：

①取得无形资产时，应当按照其实际成本入账。

A.外购的无形资产，其成本包括实际支付的购买价款、相关税费以及可归属于该项资产达到预定用途所发生的其他支出。

购入的无形资产，按照确定的成本，借记本账户，贷记“资产基金——无形资产”账户；同时，按照实际支付的金额，借记“经费支出”账户，贷记“财政拨款收入”“零余额账户用款额度”“银行存款”等账户。

购入无形资产尚未付款的，取得无形资产时，按照确定的成本，借记本账户，贷记“资产基金——无形资产”账户；同时，按照应付未付的款项金额，借记“待偿债净资产”账户，贷记“应付账款”账户。

B.委托软件公司开发软件，视同外购无形资产进行会计处理。

a.软件开发前按照合同约定预付开发费用时，借记“预付账款”账户，贷记“资产基金——预付款项”账户；同时，借记“经费支出”账户，贷记“财政拨款收入”“零余额账户用款额度”“银行存款”等账户。

b.软件开发完成交付使用，并支付剩余或全部软件开发费用时，按照软件开发费用总额，借记本账户，贷记“资产基金——无形资产”账户；按照实际支付的金额，借记“经费支出”账户，贷记“财政拨款收入”“零余额账户用款额度”“银行存款”等账户；按照冲销的预付开发费用，借记“资产基金——预付款项”账户，贷记“预付账款”账户。

c.自行开发并按法律程序申请取得的无形资产，按照依法取得时发生的注册费、聘请律师费等费用确定成本。

取得无形资产时，按照确定的成本，借记本账户，贷记“资产基金——无形资产”账户；同时，按照实际支付的金额，借记“经费支出”账户，贷记“财政拨款收入”“零余额账户用款额度”“银行存款”等账户。

依法取得前所发生的研究开发支出，应当于发生时直接计入当期支出，但不计入无形资产的成本，借记“经费支出”账户，贷记“财政拨款收入”“零余额账户用款额度”“财政应返还额度”“银行存款”等账户。

d.置换取得的无形资产，其成本按照换出资产的评估价值加上支付的补价或减去收到的补价，加上为换入无形资产支付的其他费用（登记费等）确定。

置换取得的无形资产，按照确定的成本，借记本账户，贷记“资产基金——无形资产”账户；按照实际支付的补价、相关税费等，借记“经费支出”账户，贷记“财政拨款收入”“零余额账户用款额度”“银行存款”等账户。

e.接受捐赠、无偿调入的无形资产，其成本按照有关凭据注明的金额加上相关税费确定；没有相关凭据可供取得，但依法经过资产评估的，其成本应当按照评估价值加上相关税费确定；没有相关凭据可供取得，也未经评估的，其成本比照同类或类似资产的市场价格加上相关税费确定；没有相关凭据也未经评估，其同类或类似无形资产的市场价格无法可靠取得的，所取得的无形资产应当按照名义金额入账。

接受捐赠、无偿调入无形资产时，按照确定的无形资产成本，借记本账户，贷记“资产基金——无形资产”账户；按照发生的相关税费，借记“经费支出”账户，贷记“零余额账户用款额度”“银行存款”等账户。

行政单位应当按照本制度的规定对无形资产进行摊销；对无形资产计提摊销的金额，应当根据无形资产原价和摊销年限确定。

②与无形资产有关的后续支出，分以下情况处理：

A.为增加无形资产使用效能而发生的后续支出，如对软件进行升级改造或扩展其功能等所发生的支出，应当计入无形资产的成本，借记本账户，贷记“资产基金——无形资产”账户；同时，借记“经费支出”账户，贷记“财政拨款收入”“零余额账户用款额度”“银行存款”等账户。

B.为维护无形资产的正常使用而发生的后续支出，如对软件进行的漏洞修补、技术维护等所发生的支出，应当计入当期支出但不计入无形资产的成本，借记“经费支出”账户，贷记“财政拨款收入”“零余额账户用款额度”“银行存款”等账户。

③报经批准出售、置换无形资产转入待处理财产损溢时，按照待出售、置换换出无形资产的账面价值，借记“待处理财产损溢”账户，按照已计提摊销，借记“累计摊销”账户，按照无形资产的账面余额，贷记本账户。

④报经批准无偿调出、对外捐赠无形资产，按照无偿调出、对外捐赠无形资产的账面价值，借记“资产基金——无形资产”账户，按照已计提摊销，借记“累计摊销”账户，按照无形资产的账面余额，贷记本账户。无偿调出、对外捐赠无形资产发生由行政单位承担的相关费用支出等，按照实际支付的金额，借记“经费支出”账户，贷记“财政拨款收入”“零余额账户用款额度”“银行存款”等账户。

⑤无形资产预期不能为行政单位带来服务潜力或经济利益的，应当按规定报经批准后将无形资产的账面价值予以核销。

待核销的无形资产转入待处理财产损溢时，按照待核销无形资产的账面价值，借记“待处理财产损溢”账户，按照已计提摊销，借记“累计摊销”账户，按照无形资产的账面余额，贷记本账户。

本账户期末借方余额反映行政单位无形资产的原价。

（2）累计摊销的主要账务处理如下：

行政单位应当按照《行政单位会计制度》的规定对无形资产进行摊销（以名义金额计量的无形资产除外）；对无形资产计提摊销的金额，应当根据无形资产原价和摊销年限确定。

“累计摊销”账户核算行政单位无形资产计提的累计摊销。本账户应当按照无形资产的类别、项目等进行明细核算。

①按月计提无形资产摊销时，按照应计提摊销金额，借记“资产基金——无形资产”账户，贷记本账户。

②无形资产处置时，按照所处置无形资产的账面价值，借记“待处理财产损溢”账户（出售、置换、核销）或“资产基金——无形资产”账户（无偿调出、对外捐赠），按照已计提摊销，借记本账户，按照无形资产的账面余额，贷记“无形资产”账户。

本账户期末贷方余额反映行政单位计提的无形资产累计摊销。

【例12-50】某行政单位从一科研机构购入一项非专利技术，价值370 000元，通过零余额账户支付。应做会计分录：

借：无形资产　　370 000

　贷：资产基金——无形资产　　370 000

同时：

借：经费支出　　370 000

　贷：零余额账户用款额度　　370 000

【例12-51】某行政单位本月摊销无形资产，价值30 000元。应做会计分录：

借：资产基金——无形资产　　30 000

　贷：累计摊销　　30 000

【例12-52】某行政单位为维护计算机设备的正常使用，通过银行转账支付计算机软件技术维护费等，共支出35 000元。应做会计分录：

借：经费支出　　35 000

　贷：银行存款　　35 000

【例12-53】某行政单位将一项预期不具有服务潜力的非专利技术按规定报经批准后将其账面价值予以核销。该非专利技术取得时的入账价值为150 000元，已计提累计摊销135 000元。应做会计分录：

（1）转入待处理财产损溢时：

借：待处理财产损溢——待处理财产价值　　15 000

　　累计摊销　　135 000

　贷：无形资产　　150 000

（2）报经批准予以核销时：

借：资产基金——无形资产　　15 000

贷：待处理财产损溢——待处理财产价值 15 000

第四节 其他资产

其他资产是指由行政单位直接支配，供社会公众使用的政府储备物资、公共基础设施等，其也属于行政单位核算的资产。

一、政府储备物资的核算

政府储备物资是行政单位直接储存管理的各项政府应急或救灾储备物资等。

为了核算政府储备物资的业务，行政单位应设置“政府储备物资”账户。负责采购并拥有储备物资调拨权力的行政单位（简称“采购单位”）将政府储备物资交由其他行政单位（简称“代储单位”）代为储存的，由采购单位通过本账户核算政府储备物资，代储单位将受托代储的政府储备物资作为受托代理资产核算。

本账户应当按照政府储备物资的种类、品种、存放地点等进行明细核算。

政府储备物资应当在其到达存放地点并验收时确认。

政府储备物资的主要账务处理如下：

（1）取得政府储备物资时，应当按照其成本入账。

①购入的政府储备物资，其成本包括购买价款、相关税费、运输费、装卸费、保险费以及其他使政府储备物资达到目前场所和状态所发生的支出；单位支付的政府储备物资保管费、仓库租赁费等日常储备费用，不计入政府储备物资的成本。

购入的政府储备物资验收入库，按照确定的成本，借记本账户，贷记“资产基金——政府储备物资”账户；同时，按实际支付的金额，借记“经费支出”账户，贷记“财政拨款收入”“零余额账户用款额度”“银行存款”等账户。

②接受捐赠、无偿调入的政府储备物资，其成本按照有关凭据上注明的金额加上相关税费、运输费等确定；没有相关凭据可供取得，但依法经过资产评估的，其成本应当按照评估价值加上相关税费、运输费等确定；没有相关凭据可供取得，也未经评估的，其成本比照同类或类似政府储备物资的市场价格加上相关税费、运输费等确定。

接受捐赠、无偿调入的政府储备物资验收入库，按照确定的成本，借记本账户，贷记“资产基金——政府储备物资”账户，由行政单位承担运输费用等的，按实际支付的相关税费、运输费等金额，借记“经费支出”账户，贷记“财政拨款收入”“零余额账户用款额度”“银行存款”等账户。

（2）政府储备物资发出时，应当根据实际情况采用先进先出法、加权平均法或者个别计价法确定发出政府储备物资的实际成本。计价方法一经确定，不得随意变更。

①经批准对外捐赠、无偿调出政府储备物资时，按照对外捐赠、无偿调出政府储备物资的实际成本，借记“资产基金——政府储备物资”账户，贷记本账户。

对外捐赠、无偿调出政府储备物资发生由行政单位承担的运输费等支出时，借记“经费支出”账户，贷记“财政拨款收入”“零余额账户用款额度”“银行存款”等账户。

②行政单位报经批准将不需储备的物资出售时，应当转入待处理财产损溢，按照相关储备物资的账面余额，借记“待处理财产损溢”账户，贷记本账户。

行政单位管理的政府储备物资应当定期进行清查盘点，每年至少盘点一次。对于发生的政府储备物资盘盈、盘亏或者报废、毁损，应当及时查明原因，按规定报经批准后进行账务处理。

本账户期末借方余额反映行政单位管理的政府储备物资的实际成本。

【例12-54】某行政单位通过单位零余额账户购入一批政府储备物资，共计300 000元。该批政府储备物资已验收入库。应做会计分录：

借：政府储备物资　　300 000
　贷：资产基金——政府储备物资　　300 000
同时：
借：经费支出　　300 000
　贷：零余额账户用款额度　　300 000

【例12-55】某行政单位通过财政零余额账户购入一批政府储备物资，共计200 000元，对方垫付运费3 000元。该批物资已验收入库。应做会计分录：

借：政府储备物资　　203 000
　贷：资产基金——政府储备物资　　203 000
同时：
借：经费支出　　203 000
　贷：财政拨款收入　　203 000

【例12-56】某行政单位接受华人企业家捐赠的一批救灾物资，发票金额为571 000元，另以银行存款支付运费5 000元。物资已验收入库。应做会计分录：

借：政府储备物资　　576 000
　贷：资产基金——政府储备物资　　576 000
同时：
借：经费支出　　5 000
　贷：银行存款　　5 000

【例12-57】某行政单位经批准向南方灾区无偿调出政府储备物资，实际成本为700 000元，另以银行存款支付运输费等20 000元。应做会计分录：

借：资产基金——政府储备物资　　700 000
　贷：政府储备物资　　700 000
同时：
借：经费支出　　20 000
　贷：银行存款　　20 000

【例 12-58】某行政单位年末盘点政府储备物资，结果发现某物资盘亏，计 75 000元。应做会计分录：

借：待处理财产损溢——待处理财产价值 75 000

　贷：政府储备物资 75 000

【例 12-59】接【例 12-58】，上述盘亏的政府储备物资报经批准予以核销。应做会计分录：

借：资产基金——政府储备物资 75 000

　贷：待处理财产损溢——待处理财产价值 75 000

二、公共基础设施的核算

公共基础设施是由行政单位占有并直接负责维护管理、供社会公众使用的工程性公共基础设施资产，包括城市交通设施、公共照明设施、环保设施、防灾设施、健身设施、广场及公共构筑物等。

为了核算公共基础设施的业务，行政单位应设置“公共基础设施”账户。

与公共基础设施配套使用的修理设备、工具器具、车辆等动产，作为管理公共基础设施的行政单位的固定资产核算，不通过本账户核算。

与公共基础设施配套、供行政单位在公共基础设施管理中自行使用的房屋构筑物等，能够与公共基础设施分开核算的，作为行政单位的固定资产核算，不通过本账户核算。

本账户应当按照公共基础设施的类别和项目进行明细核算。

行政单位应当结合本单位的具体情况，制定适合本单位管理的公共基础设施目录、分类方法，作为进行公共基础设施核算的依据。

公共基础设施应当在对其取得占有权时确认。

公共基础设施的主要账务处理如下：

(1) 公共基础设施在取得时，应当按照其成本入账。

①行政单位自行建设的公共基础设施，其成本包括建造该公共基础设施至交付使用前所发生的全部必要支出。

公共基础设施的各组成部分需要分别核算的，按照各组成部分公共基础设施造价确定其成本；没有各组成部分公共基础设施造价的，按照各组成部分公共基础设施同类或类似市场造价的比例对总造价进行分配，确定各组成部分公共基础设施的成本。

公共基础设施建设完工交付使用时，按照确定的成本，借记本账户，贷记“资产基金——公共基础设施”账户；同时，借记“资产基金——在建工程”账户，贷记“在建工程”账户。已交付使用但尚未办理竣工决算手续的公共基础设施，按照估计价值入账，待确定实际成本后再进行调整。

②接受其他单位移交的公共基础设施，其成本按照公共基础设施的原账面价值确认，借记本账户，贷记“资产基金——公共基础设施”账户。

（2）公共基础设施的后续支出。

与公共基础设施有关的后续支出，分以下情况处理：

①为增加公共基础设施使用效能或延长其使用寿命而发生的改建、扩建或大型修缮等后续支出，应当计入公共基础设施成本，通过“在建工程”账户核算，完工交付使用时转入本账户。

②为维护公共基础设施的正常使用而发生的日常修理等后续支出，应当计入当期支出，借记有关支出账户，贷记“财政拨款收入”“零余额账户用款额度”“银行存款”等账户。

（3）公共基础设施的处置。

行政单位管理的公共基础设施向其他单位移交、毁损、报废时，应当按照规定报经批准后进行账务处理。

①经批准向其他单位移交公共基础设施时，按照移交公共基础设施的账面价值，借记“资产基金——公共基础设施”账户，按照已计提折旧，借记“累计折旧”账户，按照公共基础设施的账面余额，贷记本账户。

②报废、毁损的公共基础设施，转入待处理财产损溢时，按照待处理公共基础设施的账面价值，借记“待处理财产损溢”账户，按照已计提折旧，借记“累计折旧”账户，按照公共基础设施的账面余额，贷记本账户。

本账户期末借方余额，反映行政单位管理的公共基础设施的实际成本。

【例12-60】某行政单位将一完工验收的城市交通设施交付使用，验收确定的成本为5 700 000元。应做会计分录：

借：公共基础设施	5 700 000	
贷：资产基金——公共基础设施		5 700 000

同时：

借：资产基金——在建工程	5 700 000	
贷：在建工程		5 700 000

【例12-61】某行政单位接受其他单位移交的公共照明设施，该设施的原账面价值为350 000元。应做会计分录：

借：公共基础设施	350 000	
贷：资产基金——公共基础设施		350 000

【例12-62】某行政单位本月计提某公共基础设施折旧45 000元。应做会计分录：

借：资产基金——公共基础设施	45 000	
贷：累计折旧		45 000

【例12-63】某行政单位为维护公共基础设施的正常使用，经批准通过单位零余额账户支付日常修理费35 000元。应做会计分录：

借：经费支出	35 000	
贷：零余额账户用款额度		35 000

三、受托代理资产的核算

受托代理资产是行政单位接受委托方委托管理的各项资产，包括受托指定转赠的物资、受托储存管理的物资等。

为了核算受托代理资产的业务，行政单位应设置“受托代理资产”账户。

行政单位收到受托代理资产为现金和银行存款的，不通过本账户核算，应当通过“库存现金”“银行存款”账户进行核算。

本账户应当按照资产的种类和委托人进行明细核算；属于转赠资产的，还应当按照受赠人进行明细核算。

受托代理资产应当在行政单位收到受托代理的资产时确认。

受托代理资产的主要账务处理如下：

（一）受托转赠物资

（1）接受委托人委托需要转赠给受赠人的物资，其成本按照有关凭据注明的金额确定；没有相关凭据可供取得的，其成本比照同类或类似物资的市场价格确定。

接受委托转赠的物资验收入库，按照确定的成本，借记本账户，贷记“受托代理负债”账户；受托协议约定由行政单位承担相关税费、运输费等的，还应当按照实际支付的相关税费、运输费等金额，借记“经费支出”账户，贷记“银行存款”等账户。

（2）将受托转赠物资交付受赠人时，按照转赠物资的成本，借记“受托代理负债”账户，贷记本账户。

（3）转赠物资的委托人取消了对捐赠物资的转赠要求，且不再收回捐赠物资的，应当将转赠物资转为存货或固定资产，按照转赠物资的成本，借记“受托代理负债”账户，贷记本账户；同时，借记“存货”“固定资产”账户，贷记“资产基金——存货”“资产基金——固定资产”账户。

（二）受托储存管理物资

（1）接受委托人委托储存管理的物资，其成本按照有关凭据注明的金额确定。

接受委托储存的物资验收入库，按照确定的成本，借记本账户，贷记“受托代理负债”账户。

（2）支付由受托单位承担的与受托储存管理的物资相关的运输费、保管费等费用时，按照实际支付的金额，借记“经费支出”账户，贷记“银行存款”等账户。

（3）根据委托人要求交付受托储存管理的物资时，按照储存管理物资的成本，借记“受托代理负债”账户，贷记本账户。

本账户期末借方余额，反映单位受托代理资产中实物资产的价值。

【例12-64】某行政单位受香港一企业家委托要转赠给新疆一希望小学教学用

物资，有关凭据上注明的金额为700 000元，该批物资已验收入库。受托协议约定由行政单位承担相关运输费14 000元，已通过银行转账支付。应做会计分录：

借：受托代理资产　　700 000

　贷：受托代理负债　　700 000

借：经费支出　　14 000

　贷：银行存款　　14 000

【例12-65】接【例12-64】，该行政单位将受托转赠的教学用物资交付希望学校。应做会计分录：

借：受托代理负债　　700 000

　贷：受托代理资产　　700 000

【例12-66】某行政单位受某企业委托储存管理一批救灾帐篷，有关凭据注明的金额为3 000 000元，该批储存管理的物资已验收入库。应做会计分录：

借：受托代理资产　　3 000 000

　贷：受托代理负债　　3 000 000

【例12-67】根据受托协议约定由行政单位承担的运输费为17 000元，已通过银行转账支付。应做会计分录：

借：经费支出　　17 000

　贷：银行存款　　17 000

本章小结

行政单位资产是行政单位占有或者使用的，能以货币计量的经济资源，包括流动资产、固定资产、在建工程、无形资产等。

流动资产是指可以在1年以内（含1年）变现或者耗用的资产，包括库存现金、银行存款、零余额账户用款额度、财政应返还额度、应收及预付款项、存货等。

固定资产是指使用期限超过1年（不含1年），单位价值在规定标准以上，并且在使用过程中基本保持原有物质形态的资产。

在建工程是指行政单位已经发生必要支出，但尚未交付使用的建设工程，包括新建、改建、扩建、修缮的各种建筑、设备安装工程和信息系统建设工程。

无形资产是指不具有实物形态而能够为使用者提供某种权利的非货币性资产，包括著作权、土地使用权、专利权、非专利技术等。

此外，由行政单位直接支配，供社会公众使用的政府储备物资、公共基础设施等，也属于行政单位核算的资产。

思考题

1．什么是行政单位的资产？行政单位的资产包括哪些种类？

2．什么是行政单位的流动资产？行政单位的流动资产包括哪些种类？

3．什么是行政单位的零余额账户用款额度？行政单位如何核算零余额账户用款额度？

4．什么是行政单位的财政应返还额度？行政单位如何核算财政应返还额度？

5．行政单位的固定资产可分为哪几类？行政单位的固定资产如何计提折旧？

6．行政单位的无形资产如何计价摊销？

第十三章

行政单位负债的核算

学习目标

通过本章的学习，明确流动负债和非流动负债的内容，掌握应缴财政款、应缴税费、应付职工薪酬、应付及暂存款项、应付政府补贴款、长期应付款等业务的确认与核算，了解行政单位负债项目在报表中的披露。

行政单位负债是指行政单位所承担的能以货币计量，需要以资产等偿还的债务。行政单位的负债按照流动性，分为流动负债和非流动负债。

行政单位的负债，应当在确定承担偿债责任并且能够可靠地进行货币计量时确认，并且应当按照承担的相关合同金额或实际发生额进行计量。

第一节 流动负债

行政单位的流动负债是指预计在1年内（含1年）偿还的负债，包括应缴财政款、应缴税费、应付职工薪酬、应付账款、应付政府补贴款、其他应付款等。

一、应缴财政款

应缴财政款是指行政单位按照规定取得的应当上缴财政的款项，包括罚没收入、行政事业性收费、政府性基金、国有资产处置和出租收入、其他应缴账政款项等。

1.罚没收入

罚没收入指行政单位依据国家法律法规，对公民、法人和其他组织实施经济处罚取得的各种罚款、没收款及没收财物变价款。

2.行政事业性收费

行政事业性收费指行政单位在行使管理职能的过程中，依据国家法律法规向公民、法人和其他组织收取的行政性费用，如行政单位按国家规定为发放各种证照、簿册等而收取的证照工本费、手续费、商标注册费、企业登记注册费、房屋所有权登记费、公证费等。

3.政府性基金

政府性基金指行政单位依据有关的法律法规向公民、法人和其他组织无偿征收的具有专门用途的财政预算资金，如铁路建设基金、民航基础设施建设基金、文化事业建设基金、残疾人就业保障金、政府住房基金、城市公用事业附加、地方教育附加、地方水利建设基金、车辆通行费等。

4.国有资产处置和出租收入

《行政单位国有资产管理暂行办法》规定：行政单位出租、出借和经营使用国有资产形成的收入以及处置国有资产获得的收入属于国家所有，应当按照政府非税收入管理的规定，实行“收支两条线”管理。

5.其他应缴财政款项

为了核算行政单位取得的按规定应当上缴财政的款项，行政单位应设置“应缴财政款”账户。该账户应当按照应缴财政款项的类别进行明细核算。

应缴财政款应当在收到应缴财政的款项时确认。

行政单位按照国家税法等有关规定应当缴纳的各种税费，通过“应缴税费”账户核算，不在本账户核算。

应缴财政款的主要账务处理如下：

（1）取得按照规定应当上缴财政的款项时，借记“银行存款”等账户，贷记本账户。

（2）处置资产取得应当上缴财政的处置净收入时，通过“待处理财产损溢”账户核算。

（3）上缴应缴财政的款项时，按照实际上缴的金额，借记本账户，贷记“银行存款”账户。

本账户贷方余额，反映行政单位应当上缴财政但尚未缴纳的款项。年终清缴后，本账户一般无余额。

【例13-1】某行政单位取得按照规定应当上缴财政的罚没款35 000元。具体账户是“非税收入——罚没收入——一般罚没收入”，款项已存入银行。应做会计分录：

借：银行存款	35 000	
贷：应缴财政款——罚没收入		35 000

【例13-2】某行政单位收到一项应缴财政预算的行政事业性收费52 000元，具体账户是“非税收入——行政事业性收费收入——税务行政事业性收费收入”。应做会计分录：

借：银行存款	52 000	
贷：应缴财政款		52 000

【例13-3】某行政单位按规定将收到的应缴财政款项65 200元上缴国库，具体账户是“非税收入——行政事业性收费收入——公安行政事业性收费收入”。应做会计分录：

借：应缴财政款	65 200	
贷：银行存款		65 200

【例13-4】某行政单位出售一辆汽车，收到出售款项30 000元存入银行，出售该车应纳增值税1 500元，汽车已经交付买方，该汽车取得时的入账价值为120 000元，估计已提折旧100 000元。应做会计分录：

（1）转入待处理时：

借：待处理财产损溢——待处理财产价值	20 000	
累计折旧	100 000	
贷：固定资产		120 000

（2）收到款项时：

借：银行存款	30 000	
贷：待处理财产损溢——处理净收入		30 000

（3）发生应缴增值税时：

借：待处理财产损溢——处理净收入	1 500	
贷：应缴税费		1 500

（4）报经批准予以核销时：

借：资产基金——固定资产 20 000
　贷：待处理财产损溢——待处理财产价值 20 000
同时：
借：待处理财产损溢——处理净收入 28 500
　贷：应缴财政款 28 500

二、应缴税费

应缴税费是指行政单位按照税法等有关规定应当缴纳的各种税费，包括增值税、城市维护建设税、教育费附加、房产税、车船税、城镇土地使用税等。

为了核算行政单位按照税法等规定应当缴纳的各种税费，行政单位应设置“应缴税费”账户，行政单位代扣代缴的个人所得税，也通过本账户核算。该账户应当按照应缴纳的税费种类进行明细核算。

应缴税费应当在产生缴纳税费义务时确认。

应缴税费的主要账务处理如下：

（1）因资产处置等发生增值税、城市维护建设税、教育费附加等缴纳义务的，按照税法等规定计算的应缴税费金额，借记“待处理财产损溢”账户，贷记本账户；实际缴纳时，借记本账户，贷记“银行存款”等账户。

（2）因出租资产等发生增值税、城市维护建设税、教育费附加等缴纳义务的，按照税法等规定计算的应缴税费金额，借记“应缴财政款”等账户，贷记本账户；实际缴纳时，借记本账户，贷记“银行存款”等账户。

（3）代扣代缴个人所得税，按照税法等规定计算的应代扣代缴的个人所得税金额，借记“应付职工薪酬”账户（从职工工资中代扣个人所得税）或“经费支出”账户（从劳务费中代扣个人所得税），贷记本账户。实际缴纳时，借记本账户，贷记“财政拨款收入”“零余额账户用款额度”“银行存款”等账户。

本账户期末贷方余额，反映行政单位应缴未缴的税费金额。

【例13-5】某行政单位2014年1月转让一项专利权，该专利权原账面价值300 000元，已累计摊销130 000元，取得转让收入200 000元，款项已存入银行。转让该专利权应缴税费11 000元。应做会计分录：

（1）转入待处理时：
借：待处理财产损溢——待处理财产价值 170 000
　　累计摊销 130 000
　贷：无形资产 300 000
（2）实现销售时：
借：资产基金——无形资产 170 000
　贷：待处理财产损溢——待处理财产价值 170 000
（3）收到价款时：
借：银行存款 200 000

贷：待处理财产损溢——处理净收入 200 000

（4）发生应缴税费时：

借：待处理财产损溢——处理净收入 11 000

贷：应缴税费 11 000

（5）结转处置损溢时：

借：待处理财产损溢——处理净收入 189 000

贷：应缴财政款 189 000

三、应付职工薪酬

应付职工薪酬是指行政单位按照有关规定应付的职工工资、津贴补贴等，包括基本工资，奖金，国家统一规定的津贴补贴、社会保险费、住房公积金等。

为了核算行政单位按照有关规定应付给职工及为职工支付的各种薪酬，行政单位应设置“应付职工薪酬”账户；本账户应当根据国家有关规定按照“工资（离退休费）”“地方（部门）津贴补贴”“其他个人收入”“社会保险费”“住房公积金”等进行明细核算。

应付职工薪酬应当在规定支付职工薪酬的时间确认。

应付职工薪酬的主要账务处理如下：

（1）发生应付职工薪酬时，按照计算出的应付职工薪酬金额，借记“经费支出”账户，贷记本账户。

（2）向职工支付工资、津贴补贴等薪酬时，按照实际支付的金额，借记本账户，贷记“财政拨款收入”“零余额账户用款额度”“银行存款”等账户。

从应付职工薪酬中代扣为职工垫付的水电费、房租等费用时，按照实际扣除的金额，借记本账户（工资），贷记“其他应收款”等账户。

从应付职工薪酬中代扣代缴个人所得税时，按照代扣代缴的金额，借记本账户（工资），贷记“应缴税费”账户。

从应付职工薪酬中代扣代缴社会保险费和住房公积金时，按照代扣代缴的金额，借记本账户（工资），贷记“其他应付款”账户。

（3）缴纳单位为职工承担的社会保险费和住房公积金时，借记本账户（社会保险费、住房公积金），贷记“财政拨款收入”“零余额账户用款额度”“银行存款”等账户。

本账户期末贷方余额反映行政单位应付未付的职工薪酬。

【例 13-6】某行政单位按国家有关规定，应向职工支付薪酬 570 000 元。应做会计分录：

借：经费支出 570 000

贷：应付职工薪酬 570 000

【例 13-7】某行政单位按国家有关规定，通过单位零余额账户向职工支付薪酬 380 000 元，并代扣个人所得税 115 000 元，代扣住房公积金 75 000 元。应做会计分录：

借：应付职工薪酬　570 000

　贷：零余额账户用款额度　380 000

　　　应缴税费　115 000

　　　其他应付款　75 000

【例13-8】某行政单位按照国家规定，应发放职工人员伙食补助费7 500元、交通补助费3 500元。应做会计分录：

借：经费支出　11 000

　贷：应付职工薪酬　11 000

【例13-9】某行政单位按照国家规定，发放职工人员伙食补助费7 500元、交通补助费3 500元，通过银行转账支付。应做会计分录：

借：应付职工薪酬　11 000

　贷：银行存款　11 000

【例13-10】某行政单位通过单位零余额账户缴纳为职工承担的社会保险费55 000元，住房公积金75 000元。应做会计分录：

借：应付职工薪酬　130 000

　贷：零余额账户用款额度　130 000

四、应付账款

应付账款是行政单位因购买物资或服务、工程建设等而应付的偿还期限在1年以内（含1年）的款项。

为了核算行政单位因购买物资或服务、工程建设等而应付的偿还期限在1年以内（含1年）的款项，行政单位应设置“应付账款”账户。本账户应当按照债权单位（或个人）进行明细核算。

应付账款应当在收到所购物资或服务、完成工程时确认。

应付账款的主要账务处理如下：

（1）收到所购物资或服务、完成工程但尚未付款时，按照应付未付款项的金额，借记“待偿债净资产”账户，贷记本账户。

（2）偿付应付账款时，借记本账户，贷记“待偿债净资产”账户；同时，借记“经费支出”账户，贷记“财政拨款收入”“零余额账户用款额度”“银行存款”等账户。

（3）无法偿付或债权人豁免偿还的应付账款，应当按照规定报经批准后进行账务处理。经批准核销时，借记本账户，贷记“待偿债净资产”账户。核销的应付账款应在备查簿中保留登记。

本账户期末贷方余额反映行政单位尚未支付的应付账款。

【例13-11】某行政单位为开展业务活动购入甲材料，材料价款为210 000元，发生运输费和保险费27 000元。购入的材料已验收入库。材料价款及费用尚未支付。应做会计分录：

借：待偿债净资产 237 000

　贷：应付账款 237 000

同时：

借：存货 237 000

　贷：资产基金——存货 237 000

【例 13-12】某行政单位通过财政零余额账户偿付上述应付账款。应做会计分录：

借：应付账款 237 000

　贷：待偿债净资产 237 000

同时：

借：经费支出 237 000

　贷：财政拨款收入 237 000

五、应付政府补贴款

应付政府补贴款是指负责发放政府补贴的行政单位，按照有关规定应支付给政府补贴接受者的各种政府补贴款。

为了核算负责发放政府补贴的行政单位，按照规定应当支付给政府补贴接受者的各种政府补贴款，行政单位应设置"应付政府补贴款"账户。本账户应当按照应支付的政府补贴种类进行明细核算。行政单位还应当按照补贴接受者建立备查簿，进行相应明细核算。

应付政府补贴款应当在规定发放政府补贴的时间确认。

应付政府补贴款的主要账务处理如下：

（1）发生应付政府补贴款时，按照规定计算出应付政府补贴金额，借记"经费支出"账户，贷记本账户。

（2）支付应付政府补贴款时，借记本账户，贷记"零余额账户用款额度""银行存款"等账户。

本账户期末贷方余额反映行政单位应付未付的政府补贴金额。

【例 13-13】某行政单位发生应付某单位项目的政府补贴款 9 000 000 元，应做会计分录：

借：经费支出 9 000 000

　贷：应付政府补贴款 9 000 000

【例 13-14】某行政单位支付【例 13-13】应付的政府补贴款 9 000 000 元，应做会计分录：

借：应付政府补贴款 9 000 000

　贷：零余额账户用款额度 9 000 000

六、其他应付款

其他应付款是行政单位除应缴财政款、应缴税费、应付职工薪酬、应付政府补贴款、应付账款以外的其他各项偿还期在1年以内（含1年）的应付及暂存款项，如收取的押金、保证金、未纳入行政单位预算管理的转拨资金、代扣代缴职工社会保险费和住房公积金等。

为了核算行政单位其他应付款业务，行政单位应设置“其他应付款”账户。本账户应当按照其他应付款的类别以及债权单位（或个人）进行明细核算。

其他应付款的主要账务处理如下：

（1）发生其他各项应付及暂存款项时，借记“银行存款”等账户，贷记本账户。

（2）支付其他各项应付及暂存款项时，借记本账户，贷记“银行存款”等账户。

（3）因故无法偿付或债权人豁免偿还的其他应付款项，应当按规定报经批准后进行账务处理。经批准核销时，借记本账户，贷记“其他收入”账户。核销的其他应付款应在备查簿中保留登记。

本账户期末贷方余额反映行政单位尚未支付的其他应付款。

【例13-15】某行政单位出租办公用房10间，月租金10万元，每月收一次租金，房子已出租1个月，但仍未收到租金。增值税税率为5%。应做会计分录：

（1）月末，尚未收到租金时：

借：应收账款	100 000	
贷：其他应付款		100 000

（2）收到租金10万元、应交增值税5 000元时：

借：银行存款	100 000	
贷：应收账款		100 000
借：其他应付款	100 000	
贷：应缴税费		5 000
应缴财政款		95 000

【例13-16】某行政单位从应付职工薪酬中代扣代缴职工社会保险费170 000元，住房公积金335 000元。应做会计分录：

借：应付职工薪酬	505 000	
贷：其他应付款		505 000

【例13-17】某行政单位将长期无人认领的其他应付款项35 000元，按规定报经批准后核销。应做会计分录：

借：其他应付款	35 000	
贷：其他收入		35 000

核销的其他应付款应在备查簿中保留登记。

第二节 非流动负债

非流动负债是指流动负债以外的负债。行政单位的非流动负债包括长期应付款和受托代理负债。

一、长期应付款

长期应付款是指行政单位发生的偿还期限超过1年（不含1年）的应付款项，如跨年度分期付款购入固定资产的价款等。

为了核算行政单位长期应付款业务，行政单位应设置“长期应付款”账户，本账户应当按照长期应付款的类别以及债权单位（或个人）进行明细核算。

长期应付款应当按照以下条件确认：

（1）因购买物资、服务等发生的长期应付款，应当在收到所购物资或服务时确认。

（2）因其他原因发生的长期应付款，应当在承担付款义务时确认。

长期应付款的主要账务处理如下：

（1）发生长期应付款时，按照应付未付的金额，借记“待偿债净资产”账户，贷记本账户。

（2）偿付长期应付款时，借记“经费支出”账户，贷记“财政拨款收入”“零余额账户用款额度”“银行存款”等账户；同时，借记本账户，贷记“待偿债净资产”账户。

（3）无法偿付或债权人豁免偿还的长期应付款，应当按照规定报经批准后进行账务处理。经批准核销时，借记本账户，贷记“待偿债净资产”账户。核销的长期应付款应在备查簿中保留登记。

本账户期末贷方余额反映行政单位尚未支付的长期应付款。

【例13-18】某行政单位采取分期付款方式购入一台设备，设备价款为300 000元，分5年等额付清，即每年支付价款60 000元。该设备验收合格并交付使用。应做会计分录：

（1）分期付款购入固定资产交付使用时，按确定的固定资产成本：

借：固定资产　　300 000

　贷：资产基金——固定资产　　300 000

（2）按应付未付的长期应付款金额：

借：待偿债净资产　　300 000

　贷：长期应付款　　300 000

【例13-19】接【例13-18】，该行政单位每年通过单位零余额账户支付价款60 000元。应做会计分录：

借：经费支出　　60 000

贷：零余额账户用款额度　　60 000

借：长期应付款　　60 000

贷：待偿债净资产　　60 000

【例 13-20】某行政单位将一笔无法偿付的长期应付款57 000元，按规定报经批准后核销。应做会计分录：

借：长期应付款　　57 000

贷：待偿债净资产　　57 000

核销的长期应付款应在备查簿中保留登记。

二、受托代理负债

受托代理负债是行政单位接受委托，取得受托管理资产时形成的负债。

为了核算行政单位接受委托，取得受托管理资产时形成的负债，行政单位应设置“受托代理负债”账户。本账户应当按照委托人等进行明细核算。属于指定转赠物资和资金的，还应当按照指定受赠人进行明细核算。

受托代理负债应当在行政单位收到受托代理资产并产生受托代理义务时确认。

本账户的账务处理参见“受托代理资产”“库存现金”“银行存款”等账户。

本账户期末贷方余额反映行政单位尚未清偿的受托代理负债。

【例 13-21】某行政单位接受一企业委托转赠的一批救灾物资，有关凭据上注明的金额为900 000元，该批物资已验收入库。受托协议约定由行政单位承担相关运输费15 000元，已通过银行转账支付。应做会计分录：

借：受托代理资产　　900 000

贷：受托代理负债　　900 000

借：经费支出　　15 000

贷：银行存款　　15 000

【例 13-22】接【例 13-21】，该行政单位将受托转赠的该批救灾物资交付受赠人。应做会计分录：

借：受托代理负债　　900 000

贷：受托代理资产　　900 000

行政单位确认的负债项目，应当列入资产负债表；行政单位承担或有责任（偿债责任需要通过未来不确定事项的发生或不发生予以证实）的负债，不列入资产负债表，但应当在报表附注中披露。

本章小结

行政单位负债是指行政单位所承担的能以货币计量，需要以资产等偿还的债务。行政单位的负债按照流动性，分为流动负债和非流动负债。

流动负债是指预计在1年内（含1年）偿还的负债。行政单位的流动负债包括应缴财政款、应缴税费、应付职工薪酬、应付及暂存款项、应付政府补贴款、其他应付款等。

非流动负债是指流动负债以外的负债。行政单位的非流动负债包括长期应付款和受托代理负债。

行政单位的负债，应当在确定承担偿债责任并且能够可靠地进行货币计量时确认，并且应当按照承担的相关合同金额或实际发生额进行计量。

行政单位确认的负债项目，应当列入资产负债表；行政单位承担或有责任的负债，不列入资产负债表，但应当在报表附注中披露。

思考题

1．什么是行政单位负债？行政单位负债如何进行分类？
2．行政单位的流动负债包括哪些内容？“其他应付款”如何进行核算？
3．什么是行政单位的应缴财政款？应缴财政款包括哪些内容？
4．行政单位的应付职工薪酬包括哪些内容？如何进行核算？
5．行政单位的应缴税费包括哪些内容？

第十四章

行政单位收入的核算

学习目标

通过本章的学习，明确财政拨款收入的概念和管理要求，掌握财政拨款收入的确认和核算，熟悉其他收入的内容和核算。

行政单位收入是指行政单位依法取得的非偿还性资金，包括财政拨款收入和其他收入。

第一节 财政拨款收入

一、财政拨款收入的概念和管理要求

财政拨款收入是指行政单位从同级财政部门取得的财政预算资金。财政拨款收入是行政单位最主要的资金来源，是行政单位开展业务活动最主要的财力保证。

行政单位财政拨款收入的管理要求是：

1.按部门预算和用款计划申请取得财政拨款收入

行政单位应当严格按照经批准的年度部门预算和分月用款计划申请取得财政拨款收入，不可申请无预算、无计划或超预算、超计划的财政拨款收入。

2.按用途申请取得财政拨款收入

行政单位应当按部门预算规定的资金用途申请取得财政拨款收入，未经财政部门批准，不得擅自改变财政拨款收入的用途。按部门预算的要求，行政单位的经费支出分为基本支出和项目支出两大类。行政单位在申请取得财政拨款收入时，首先需要区分基本支出经费需求和项目支出经费需求进行申请，然后按基本支出的具体支出账户和项目支出的具体支出账户分别进行申请。基本支出的财政拨款收入和项目支出的财政拨款收入应当分别进行核算，不能混淆。基本支出和项目支出中具体的财政拨款收入，如基本支出中的人员经费和日常公用经费，以及项目支出中的不同项目经费也需要分别核算，不能混淆。

3.按预算级次申请取得财政拨款收入

行政单位应当按预算级次逐级申请取得财政拨款收入，不可越级申请财政拨款收入。二级会计单位以及有上级单位的基层会计单位应当向主管会计单位或上级会计单位申请取得财政拨款收入，不可直接向财政部门申请取得财政拨款收入。

4.按规定的财政资金支付方式申请取得财政拨款收入

财政资金的支付方式有财政直接支付、财政授权支付和财政实拨资金三种。其中，前两种是财政国库单一账户制度下的财政资金支付方式，第三种是传统财政资金支付方式。行政单位在确定年度部门预算和分月用款计划时，应同时确定财政资金的支付方式以及相应支付方式下的支付数额。

5.将财政拨款收入和其他收入等收入来源同时纳入收入预算，实行统一管理、统筹安排使用

行政单位发生的经费支出，是统筹安排财政拨款收入和其他收入的结果。行政单位应实行各种收支统一管理、统筹安排使用的预算管理方法。

二、财政拨款收入的确认

行政单位的收入一般应当在收到款项时予以确认，并按照实际收到的金额进行计量。按照财政资金的支付方式，行政单位财政拨款收入的取得方式也相应有财政直接支付、财政授权支付和财政实拨资金三种。由于三种财政资金支付方式的业务流程不同，行政单位财政拨款收入的确认也有所区别。

1.财政直接支付方式下财政拨款收入的确认

在财政直接支付方式下，行政单位根据部门预算和用款计划，在实际需要财政部门支付资金时，向财政部门提出财政直接支付申请，财政部门经审核无误后，通过财政零余额账户直接将款项支付给收款人，行政单位在收到财政部门委托财政零余额账户代理银行转来的财政直接支付入账通知书时，确认财政拨款收入。在财政直接支付方式下，行政单位确认财政拨款收入时，实际上已经使用了财政资金。

2.财政授权支付方式下财政拨款收入的确认

在财政授权支付方式下，行政单位根据部门预算和用款计划，按规定的时间和程序向财政部门申请财政授权支付用款额度，财政部门经审核无误后，将财政授权支付用款额度下达到行政单位零余额账户代理银行。行政单位在收到单位零余额账户代理银行转来的财政授权支付到账通知书时，确认财政拨款收入。在财政授权支付方式下，行政单位确认财政拨款收入时，还没有实际使用财政资金，只是收到一个可以使用的财政资金用款额度，行政单位可以在收到的财政资金用款额度内使用财政资金，实际上财政资金仍然存放在财政国库存款账户中。

3.财政实拨资金方式下财政拨款收入的确认

在财政实拨资金方式下，行政单位根据部门预算和用款计划，按规定的时间和程序向财政部门或上级单位提出资金拨入申请，财政部门或上级单位经审核无误后，将财政资金直接拨入行政单位开户银行。行政单位在收到开户银行转来的收款通知时，确认财政拨款收入。财政实拨资金方式下，行政单位确认财政拨款收入时，实际收到货币资金，行政单位可以在银行存款的实际余额内使用相应的货币资金。

三、财政拨款收入的核算

为了核算财政拨款收入业务，行政单位应设置“财政拨款收入”账户。该账户核算行政单位从同级财政部门取得的财政预算资金。本账户应当设置“基本支出拨款”和“项目支出拨款”两个明细账户，分别核算行政单位取得用于基本支出和项目支出的财政拨款资金。同时，按照《政府收支分类科目》中“支出功能分类账户”的项级账户进行明细核算，在“基本支出拨款”明细账户下按照“人员经费”和“日常公用经费”进行明细核算，在“项目支出拨款”明细账户下按照具体项目进行明细核算。

有公共财政预算拨款、政府性基金预算拨款等两种或两种以上财政拨款的行政单位，还应当按照财政拨款的种类分别进行明细核算。

财政拨款收入的主要账务处理如下：

（1）财政直接支付方式下，行政单位根据收到的“财政直接支付入账通知书”及相关原始凭证，借记“经费支出”账户，贷记本账户。

年末，行政单位根据本年度财政直接支付预算指标数与财政直接支付实际支出数的差额，借记“财政应返还额度——财政直接支付”账户，贷记本账户。

（2）财政授权支付方式下，行政单位根据收到的“财政授权支付额度到账通知书”，借记“零余额账户用款额度”等账户，贷记本账户。

年末，如行政单位本年度财政授权支付预算指标数大于财政授权支付额度下达数，则根据两者间的差额，借记“财政应返还额度——财政授权支付”账户，贷记本账户。

（3）其他方式下，实际收到财政拨款收入时，借记“银行存款”等账户，贷记本账户。

（4）本年度财政直接支付的资金收回时，借记本账户，贷记“经费支出”等账户。

（5）年末，将本账户本年发生额转入财政拨款结转时，借记本账户，贷记“财政拨款结转”账户。

年终结账后，本账户应无余额。

【例14-1】某市所属行政单位税务局收到同级财政国库支付执行机构委托其代理银行转来的财政直接支付入账通知书，财政国库支付执行机构通过财政零余额账户为本单位支付一笔项目预算经费，具体的账户和金额为：“项目支出拨款——信息化建设——专用设备购置”46 000元。假设该行政单位没有政府性基金预算拨款收入。应做会计分录：

借：经费支出　　46 000

　贷：财政拨款收入——项目支出拨款——信息化建设　　46 000

同时：

借：固定资产——专用设备　　46 000

　贷：资产基金——固定资产　　46 000

【例14-2】某市所属行政单位发展与改革委员会收到其代理银行转来的财政授权支付到账通知书，收到同级财政部门拨入本月财政授权支付用款额度400 000元，规定用于基本支出中的日常公用经费支出。假设该行政单位没有政府性基金预算拨款收入。应做会计分录：

借：零余额账户用款额度　　400 000

　贷：财政拨款收入——基本支出拨款——日常公用经费——行政运行　　400 000

【例14-3】某市所属行政单位卫生局收到开户银行转来的收账通知书，其收到同级财政部门拨入一笔预算经费，共计420 000元，规定用于基本支出中的人员经费支出190 000元，用于日常公用经费支出230 000元，假设该行政单位没有政府性基金预算拨款收入。应做会计分录：

借：银行存款 420 000

贷：财政拨款收入——基本支出拨款——人员经费——行政运行 190 000

——基本支出拨款——日常公用经费——行政运行 230 000

【例14-4】某市所属行政单位人力资源与社会保障局收到其代理银行转来的财政授权支付到账通知书，其收到同级财政部门拨入一笔财政授权支付用款额度230 000元，规定用于开展就业管理事务，假设该行政单位没有政府性基金预算拨款收入。应做会计分录：

借：零余额账户用款额度 230 000

贷：财政拨款收入——项目支出拨款——就业管理 230 000

【例14-5】某市所属行政单位公安局收到同级财政国库支付执行机构委托其代理银行转来的财政直接支付入账通知书，财政国库支付执行机构通过财政零余额账户为该行政单位支付了一笔项目支出预算经费，具体项目、金额为："禁毒管理" 360 000元，假设该行政单位没有政府性基金预算拨款收入。应做会计分录：

借：经费支出 360 000

贷：财政拨款收入——项目支出拨款——禁毒管理 360 000

【例14-6】某市人大年终结账，"财政拨款收入"总账账户的贷方余额为586 000元。财政拨款收入有关明细账户的贷方金额为："基本支出拨款——人员经费" 110 000元，"基本支出拨款——日常公用经费" 190 000元；"项目支出拨款——人大会议" 90 000元，"项目支出拨款——人大立法" 123 000元，"项目支出拨款——人大监督" 73 000元。假设该行政单位没有政府性基金预算拨款收入。应做会计分录：

借：财政拨款收入——基本支出拨款——人员经费——行政运行 110 000

——基本支出拨款——日常公用经费——行政运行 190 000

——项目支出拨款——人大会议 90 000

——项目支出拨款——人大立法 123 000

——项目支出拨款——人大监督 73 000

贷：财政拨款结转 586 000

【例14-7】某市所属行政单位文化局收到其代理银行转来的财政授权支付到账通知书，其收到同级财政部门拨入一笔公共财政预算拨款财政授权支付用款额度160 000元，规定用于基本支出的日常公用经费。同时，其收到同级财政部门拨入的一笔政府性基金预算拨款财政授权支付用款额度60 000元，具体项目为"文化事业建设基金——精神文明建设"。应做会计分录：

借：零余额账户用款额度 220 000

贷：财政拨款收入——基本支出拨款——日常公用经费——行政运行　　160 000
——政府性基金预算拨款——文化事业建设基金——精神文明建设
60 000

【例 14-8】某市所属行政单位水利局收到同级财政国库支付执行机构委托其代理银行转来的财政直接支付入账通知书，财政国库支付执行机构使用政府性基金预算资金为本单位支付了一笔项目支出预算经费45 000元，具体项目为“地方水利建设基金——水利工程建设”。应做会计分录：

借：经费支出　　45 000
贷：财政拨款收入——政府性基金预算拨款——地方水利建设基金——水利工程建设
45 000

【例 14-9】某市所属行政单位水利局年终结账，“财政拨款收入”总账账户的贷方余额为729 000元。财政拨款收入有关明细账账户的贷方金额为：“公共财政预算拨款——基本支出拨款——人员经费——行政运行”120 000元，“公共财政预算拨款——基本支出拨款——日常公用经费——行政运行”185 000元；“公共财政预算拨款——项目支出拨款——水利工程建设”102 000元，“政府性基金预算拨款——地方水利建设基金——水利工程建设”250 000元，“政府性基金预算拨款——地方水利建设基金支出——水利工程维护”72 000元。应做会计分录：

借：财政拨款收入——公共财政预算拨款——基本支出拨款——人员经费
——行政运行　　120 000
——公共财政预算拨款——基本支出拨款——日常公用经费
——行政运行　　185 000
——公共财政预算拨款——项目支出拨款——水利工程建设
102 000
——政府性基金预算拨款——地方水利建设基金支出
——水利工程建设　　250 000
——政府性基金预算拨款——地方水利建设基金支出
——水利工程维护　　72 000
贷：财政拨款结转　　729 000

第二节　其他收入

一、其他收入的概念和内容

其他收入是指行政单位依法取得的除财政拨款收入以外的各项收入。其他收入的内容主要包括从非同级财政部门、上级主管部门等取得的用于完成项目或专项任务的资金、库存现金溢余、银行存款的利息收入等。行政单位从非同级财政部门、上级主管部门等取得指定转给其他单位，且未纳入本单位预算管理的资金，不通过本账户核算，应当通过“其他应付款”账户核算。

二、其他收入的核算

为了核算其他收入的业务，行政单位应设置“其他收入”账户。本账户核算行政单位取得的除财政拨款收入以外的其他各项收入。本账户应当按照其他收入的类别、来源单位、项目资金和非项目资金进行明细核算。对于项目资金收入，还应当按照具体项目进行明细核算。

其他收入的主要账务处理如下：

（1）收到属于其他收入的各种款项时，按照实际收到的金额，借记“银行存款”“库存现金”等账户，贷记本账户。

（2）年末，将本账户本年发生额转入其他资金结转结余时，借记本账户，贷记“其他资金结转结余”账户。

年终结账后，本账户应无余额。

【例 14-10】某市行政单位接到银行通知，本季度的银行存款利息为 1 500 元，属于非项目资金收入。应做会计分录：

借：银行存款　　1 500

　贷：其他收入——银行存款利息收入——非项目资金　　1 500

【例 14-11】某市行政单位库存现金溢余 200 元，无法查明原因，经批准转作其他收入，属于非项目资金收入。应做会计分录：

借：待处理财产损溢　　200

　贷：其他收入——库存现金溢余——非项目资金　　200

【例 14-12】某市属行政单位从省级财政部门取得用于完成 A 项目的资金 150 000 元，存入银行。应做会计分录：

借：银行存款　　150 000

　贷：其他收入——省级财政——项目资金——A 项目　　150 000

【例 14-13】某市属行政单位年终结账，“其他收入”总账账户贷方余额为 275 200 元。“其他收入”有关明细账户的贷方余额为：“银行存款利息收入——非项目资金”25 000 元，“库存现金溢余——非项目资金”200 元，“省级财政——项目资金——A 项目”250 000 元。将“其他收入”账户的贷方余额全数转入“其他资金结转结余”账户。应做会计分录：

借：其他收入——银行存款利息收入——非项目资金　　25 000

　　　　　——库存现金溢余——非项目资金　　200

　　　　　——省级财政——项目资金——A 项目　　250 000

　贷：其他资金结转结余　　275 200

本章小结

行政单位收入是指行政单位依法取得的非偿还性资金，包括财政拨款收入和其他收入。

财政拨款收入是指行政单位从同级财政部门取得的财政预算资金。财政拨款收入是行政单位最主要的资金来源，是行政单位开展业务活动最主要的财力保证。

行政单位财政拨款收入的管理要求是：按部门预算和用款计划申请取得财政拨款收入；按用途申请取得财政拨款收入；按预算级次申请取得财政拨款收入；按规定的财政资金支付方式申请取得财政拨款收入；将财政拨款收入和其他收入等收入来源同时纳入收入预算，实行统一管理、统筹安排使用。

按照财政资金的支付方式，行政单位财政拨款收入的取得方式相应有财政直接支付、财政授权支付和财政实拨资金三种。由于三种财政资金支付方式的业务流程不同，行政单位财政拨款收入的确认也有所区别。

其他收入是指行政单位依法取得的除财政拨款收入以外的各项收入。其他收入的内容主要包括从非同级财政部门、上级主管部门等取得的用于完成项目或专项任务的资金、库存现金溢余、银行存款的利息收入等。

思考题

1.什么是行政单位的收入？行政单位的收入包括哪些种类？

2.什么是行政单位的财政拨款收入？行政单位财政拨款收入的管理要求是什么？

3.在不同的财政资金管理方式下，行政单位如何确认财政拨款收入？

4.什么是行政单位的其他收入？行政单位的其他收入包括哪些主要内容？

第十五章

行政单位支出的核算

学习目标

通过本章的学习，熟悉经费支出的概念和分类，明确经费支出的管理要求，掌握行政单位经费支出、拨出经费的核算。

行政单位支出是指行政单位为保障机构正常运转和完成工作任务所发生的资金耗费和损失。行政单位支出包括经费支出和拨出经费。

第一节　经费支出

一、经费支出的概念

行政单位经费支出是指行政单位自身开展业务活动使用各项资金发生的基本支出和项目支出。行政单位的经费支出是行政单位发生的与履行政府管理职能相关的支出，是行政单位最主要的支出，也是行政单位资金管理的重点。

行政单位经费支出是行政单位对包括财政拨款收入、其他收入等各种收入来源综合安排使用的结果，是行政单位在支出预算执行过程中各项资金的实际消耗数。

二、经费支出的分类

为了全面反映行政单位各项经费支出的内容和结构，便于分析和考核各项经费支出的实际情况及效果，从而有针对性地加强和改善对行政单位经费支出的管理，需要对行政单位的经费支出按照一定的要求进行分类。

（一）按经济用途分类

《政府收支分类科目》中的“支出经济分类账户”是行政单位经费支出按经济用途分类的直接依据。《政府收支分类科目》中的“支出经济分类账户”分设类、款两级账户，类、款两级账户在内容上逐步细化。

按照《政府收支分类科目》的规定，行政单位经费支出分为以下几类：

1.工资福利支出

该类级账户反映行政单位开支的在职职工和编制外长期聘用人员的各类劳动报酬，以及为上述人员缴纳的各项社会保险费等。该类级账户分设的款级账户有：基本工资、津贴补贴、奖金、社会保障缴费、伙食费、伙食补助费、其他工资福利支出。

2.商品和服务支出

该类级账户反映单位购买商品和服务的支出（不包括用于购置固定资产、战略性和应急性储备等的支出）。该类级账户分设的款级账户有：办公费、印刷费、咨询费、手续费、水费、电费、邮电费、取暖费、物业管理费、差旅费、因公出国（境）费、维修（护）费、租赁费、会议费、培训费、招待费、专用材料费、装备购置费、工程建设费、作战费、军用油料费、军队其他运行维护费、被装购置费、专用燃料费、劳务费、委托业务费、工会经费、福利费、公务用车运行维护费、其他交通费用、其他商品和服务支出。

3.对个人和家庭的补助

该类级账户反映政府用于对个人和家庭的补助支出。该类级账户分设的款级账户有：离休费、退休费、退职（役）费、抚恤金、生活补助、救济费、医疗费、奖励金、生产补贴、住房公积金、提租补贴、购房补贴、其他对个人和家庭的补助支出。

4.基本建设支出

该类级账户反映各级发展与改革部门集中安排的一般预算财政拨款（不包括政府性基金及各类拼盘自筹资金等）用于购置固定资产、战略性和应急性储备、土地和无形资产，以及购建基础设施、大型修缮所发生的支出。该类级账户分设的款级账户有：房屋建筑物购建、办公设备购置、专用设备购置、基础设施建设、大型修缮、信息网络购建、物资储备、交通设备购置、其他基本建设支出。

5.其他资本性支出

该类级账户反映非各级发展与改革部门集中安排的用于购置固定资产、战略性和应急性储备、土地和无形资产，以及购建基础设施、大型修缮和财政支持企业更新改造所发生的支出。该类级账户分设的款级账户有：房屋建筑物购建、办公设备购置、专用设备购置、基础设施建设、大型修缮、信息网络购建、物资储备、交通工具购置、其他基本建设支出、物资储备、土地补偿、安置补助、地上附着物和青苗补偿、拆迁补偿、交通设备购置。

（二）按部门预算要求分类

按照部门预算的要求，行政单位的经费支出分为基本支出和项目支出两大类。

1.基本支出

基本支出是指行政单位为保障机构正常运转和完成日常工作任务发生的支出，如行政单位按规定支付给工作人员的基本工资、津贴，行政单位为完成日常工作所发生的办公费、差旅费、交通费等。行政单位的基本支出是行政单位的基本资金消耗，是行政单位维持日常正常运转的基本资金保证。按照部门预算管理的要求，行政单位基本支出分为人员经费支出和日常公用经费支出两部分。其中，人员经费支出的具体账户包括《政府收支分类科目》中的“工资福利支出”账户及“对个人和家庭的补助支出”账户；日常公用经费支出的具体账户包括《政府收支分类科目》中的“商品和服务支出”账户以及“基本建设支出”账户和“其他资本性支出”中的“办公设备购置”、“专用设备购置”和“交通工具购置”账户。按规定，行政单位购置办公设备、专用设备和交通工具属于日常公用经费支出预算的内容。这种分类的目的在于遵循定员定额的原则，编制基本支出预算和实现对基本支出的管理和控制。

2.项目支出

项目支出是行政单位为完成专项工作或特定任务而发生的支出。行政单位的项目支出一般包括大型专项会议支出、专项任务支出、大型专项修缮支出、专项基本建设支出等。行政单位的项目支出均有专项资金来源。行政单位的项目支出具体账户可以同时包括《政府收支分类科目》中的“商品和服务支出”账户以及“基本建设支出”账户和“其他资本性支出”账户中的相关明细账户。项目支出通常是不宜实行定员定额管理的支出项目。

（三）按不同的经费性质分类

按照不同的经费性质，行政单位的经费支出可以分为财政拨款支出和其他资金支出两类。

1.财政拨款支出

财政拨款支出是指行政单位使用财政拨款收入资金而发生的经费支出。

财政拨款支出按财政拨款种类分为公共财政预算拨款支出和政府性基金预算拨款支出等。

（1）公共财政预算拨款支出是指行政单位使用公共财政预算拨款收入而发生的经费支出。

（2）政府性基金预算拨款支出是指行政单位使用政府性基金预算拨款收入而发生的经费支出。

2.其他资金支出

其他资金支出是指行政单位使用除财政拨款收入以外的资金而发生的经费支出。

三、经费支出的管理要求

经费支出管理是行政单位财务管理的一项重要内容，也是财政部门或上级主管部门考核行政单位预算执行情况的重要内容。行政单位必须严格按照有关规定，加强对经费支出的管理。行政单位经费支出的管理要求主要包括：

（1）行政单位应当将各项支出全部纳入单位预算，各项支出由单位财务部门按照批准的预算和有关规定审核办理。各项经费支出必须严格按照部门预算规定的用途和数额使用，不可办理无预算、超预算范围的经费支出，也不可随意提高或降低经费支出的标准。对于违反财经纪律的开支，行政单位一律不得办理报销支出。

（2）行政单位的支出应当严格执行国家规定的开支范围及标准，建立健全经费支出的内部管理制度。行政单位应当建立健全各项经费支出的内部管理制度，对各项经费支出实施严格的制度管理。例如，应当建立健全各项经费支出全部由单位财务部门统一管理的制度，其他职能部门不可在财务部门之外设立账外账或“小金库”；应当建立健全重大支出项目的严格审批制度，未经有关审批程序，不可发生重大经费支出等。

（3）严格项目支出的管理。行政单位的项目资金，应当按照批准的项目和用途使用，专款专用、单独核算，并按照规定向同级财政部门或者上级预算单位报告资金使用情况，接受同级财政部门和上级预算单位的检查监督。项目完成后，行政单位应当向同级财政部门或者上级预算单位报送项目支出决算和使用效果的书面报告。

（4）行政单位应当严格执行国库集中支付制度和政府采购制度等规定。

（5）行政单位应当加强支出的绩效管理，提高资金的使用效率。行政单位在办理经费支出时应当注意勤俭节约，既要保证行政任务的顺利完成，又要合理地使用各项资金，努力使行政单位的每一笔经费支出都能达到应有的效果。

四、经费支出的核算

为了核算经费支出业务，行政单位应设置“经费支出”账户。该账户核算行政单位在开展业务活动中发生的各项支出。本账户应当分别按照“财政拨款支出”和“其他资金支出”、“基本支出”和“项目支出”等进行明细核算；并按照《政府收支分类科目》中“支出功能分类账户”的项级账户进行明细核算；在“基本支出”明细账户下按照“人员经费”和“日常公用经费”进行明细核算，在“项目支出”明细账户下按照具体项目进行明细核算；同时，“基本支出”和“项目支出”明细账户下，还应当按照《政府收支分类科目》中“支出经济分类账户”的款级账户进行明细核算。

有公共财政预算拨款、政府性基金预算拨款等两种或两种以上财政拨款的行政单位，还应当按照财政拨款的种类分别进行明细核算。

行政单位的支出一般应当在支付款项时予以确认，并按照实际支付金额进行计量。采用权责发生制确认的支出，应当在其发生时予以确认，并按照实际发生额进行计量。

经费支出的主要账务处理如下：

（1）计提单位职工薪酬时，按照计算出的金额，借记本账户，贷记“应付职工薪酬”账户。

（2）支付外部人员劳务费，按照应当支付的金额，借记本账户，按照代扣代缴个人所得税的金额，贷记“应缴税费”账户，按照扣税后实际支付的金额，贷记“财政拨款收入”“零余额账户用款额度”“银行存款”等账户。

（3）支付购买存货、固定资产、无形资产、政府储备物资和工程结算的款项，按照实际支付的金额，借记本账户，贷记“财政拨款收入”“零余额账户用款额度”“银行存款”等账户；同时，按照采购或工程结算成本，借记“存货”“固定资产”“无形资产”“在建工程”“政府储备物资”等账户，贷记“资产基金”及其明细账户。

（4）发生预付账款的，按照实际预付的金额，借记本账户，贷记“财政拨款收入”“零余额账户用款额度”“银行存款”等账户；同时，借记“预付账款”账户，贷记“资产基金——预付款项”账户。

（5）偿还应付款项时，按照实际偿付的金额，借记本账户，贷记“财政拨款收入”“零余额账户用款额度”“银行存款”等账户；同时，借记“应付账款”“长期应付款”账户，贷记“待偿债净资产”账户。

（6）发生其他各项支出时，按照实际支付的金额，借记本账户，贷记“财政拨款收入”“零余额账户用款额度”“银行存款”等账户。

（7）行政单位因退货等原因发生支出收回，属于当年支出收回的，借记“财政拨款收入”“零余额账户用款额度”“银行存款”等账户，贷记本账户；属于以前年度支出收回的，借记“财政应返还额度”“零余额账户用款额度”“银行存款”等账户，贷记“财政拨款结转”“财政拨款结余”“其他资金结转结余”等账户。

（8）年末，将本账户本年发生额分别转入财政拨款结转和其他资金结转结余时，借记“财政拨款结转”“其他资金结转结余”账户，贷记本账户。

年终结账后，本账户应无余额。

【例15-1】某市所属行政单位税务局收到同级财政国库支付执行机构委托其代理银行转来的财政直接支付入账通知书，财政国库支付执行机构通过财政零余额账户为本单位支付一笔项目预算经费，具体的科目和金额为：“项目支出——信息化建设——专用设备购置”46 000元。假设该行政单位没有政府性基金预算拨款收入。应做会计分录：

借：经费支出——财政拨款支出——项目支出——信息化建设——专用设备购置　46 000

　贷：财政拨款收入——项目支出拨款——信息化建设　46 000

同时：

借：固定资产——专用设备　46 000

　贷：资产基金——固定资产　46 000

【例15-2】某市人民代表大会收到同级财政国库支付执行机构委托其代理银行转来的财政直接支付入账通知书，财政国库支付执行机构通过财政零余额账户为该单位支付了一笔项目支出预算经费560 000元。具体科目为“项目支出——人大会议——会议费”。假设该行政单位没有政府性基金预算拨款收入，因而也没有相应的政府性基金预算拨款支出。应做会计分录：

借：经费支出——财政拨款支出——项目支出——人大会议——会议费　560 000

　贷：财政拨款收入　560 000

【例15-3】某市所属行政单位卫生局，出于开展业务活动的需要，通过单位零余额账户支付一笔基本支出预算经费4 500元，具体科目为：“经费支出——财政拨款支出——基本支出——日常公用经费——办公费”。假设该行政单位没有财政政府性基金预算财政拨款收入，因而也没有相应的政府性基金预算拨款支出。应做会计分录：

借：经费支出——财政拨款支出——基本支出——日常公用经费——办公费——行政运行　4 500

　贷：零余额账户用款额度　4 500

【例15-4】某市检察院，出于开展业务活动的需要，通过单位零余额账户支付一笔项目支出预算经费，共计6 200元，其中：“项目支出——查办和预防职务犯罪——交通费”4 200元，“项目支出——公诉和审判监督——印刷费”2 000元。假设该行政单位没有政府性基金预算拨款收入，因而也没有相应的政府性基金预算拨款支出。应做会计分录：

借：经费支出——财政拨款支出——项目支出——查办和预防职务犯罪
　　　　——交通费　　4 200
　　——财政拨款支出——项目支出——公诉和审判监督
　　　　——印刷费　　2 000
　贷：零余额账户用款额度　　6 200

【例15-5】某市所属行政单位教育局购入办公设备一台，通过单位零余额账户支付该设备买价100 000元，增值税17 000元，用银行存款支付运费500元。假设该行政单位没有政府性基金预算拨款收入，因而也没有相应的政府性基金预算拨款支出。应做会计分录：

借：经费支出——财政拨款支出——基本支出——日常公用经费
　　　　——办公设备购置——行政运行　　117 500
　贷：零余额账户用款额度　　117 000
　　　银行存款　　500

同时：

借：固定资产　　117 500
　贷：资产基金——固定资产　　117 500

【例15-6】某市所属行政单位纪律检查委员会年终结账。“经费支出”总账账户的借方余额为1 215 000元。经费支出有关明细账户的借方余额为：“基本支出——人员经费”350 000元，“基本支出——日常公用经费”420 000元，“项目支出——大案要案查处”160 000元，“项目支出——派驻派出机构”280 000元，“其他资金支出——项目支出——大案要案查处”5 000元。该行政单位没有政府性基金预算拨款收入，因而也没有相应的政府性基金预算拨款支出。应做会计分录：

借：财政拨款结转　　1 210 000
　　其他资金结转结余　　5 000
　贷：经费支出——财政拨款支出——基本支出——人员经费　　350 000
　　　　——财政拨款支出——基本支出——日常公用经费　　420 000
　　　　——财政拨款支出——项目支出——大案要案查处　　160 000
　　　　——财政拨款支出——项目支出——派驻派出机构　　280 000
　　　　——其他资金支出——项目支出——大案要案查处　　5 000

【例15-7】某市所属行政单位城建局，出于开展业务活动的需要，通过单位零余额账户支付基本支出预算经费和项目支出预算经费，共计701 000元，其中：“经费支出——公共财政预算拨款支出 ——基本支出——日常公用经费——办公设备购置——行政运行”80 000元，“经费支出——政府性基金预算拨款支出——城市公用事业附加支出——城市公共设施 ——专用设备购置”620 000元。同时，通过单位开户银行支付了购买一次性消耗的办公用品1 000元。应做会计分录：

借：经费支出——公共财政预算拨款支出——基本支出——日常公用经费
　　　　——办公设备购置——行政运行　　80 000

借：经费支出——政府性基金预算拨款支出——城市公用事业附加支出
——城市公共设施——专用设备购置 620 000
——其他资金支出——基本支出——日常公用经费
——办公费——行政运行 1 000
贷：零余额账户用款额度 700 000
银行存款 1 000

同时：

借：固定资产 700 000
贷：资产基金——固定资产 700 000

【例15-8】某市所属行政单位水利局尚未进行国库集中支付制度改革。该单位开出转账支票支付一笔项目预算经费50 000元，具体科目为："经费支出——政府性基金预算拨款支出——地方水利建设基金支出——水利工程建设——基础设施建设"。应做会计分录：

借：经费支出——政府性基金预算拨款支出——地方水利建设基金支出
——水利工程建设——基础设施建设 50 000
贷：银行存款 50 000

【例15-9】某市所属行政单位水利局年终结账。"经费支出"总账账户的借方余额为2 141 000元。经费支出有关明细账户的借方余额为："公共财政预算拨款支出——基本支出——人员经费"650 000元，"公共财政预算拨款支出——基本支出——日常公用经费"920 000元，"公共财政预算拨款支出——项目支出——水质监测"20 000元；"政府性基金预算拨款——地方水利建设基金支出——水利工程建设——基础设施建设"400 000元，"政府性基金预算拨款支出——地方水利建设基金支出——城市防洪——基础设施建设"150 000元，"其他资金支出——基本支出——日常公用经费——办公费"1 000元。应做会计分录：

借：财政拨款结转 2 140 000
其他资金结转结余 1 000
贷：经费支出——公共财政预算拨款支出——基本支出——人员经费
650 000
——公共财政预算拨款支出——基本支出——日常公用经费
920 000
——公共财政预算拨款支出——项目支出——水质监测 20 000
——政府性基金预算拨款支出——地方水利建设基金支出
——水利工程建设——基础设施建设 400 000
——政府性基金预算拨款支出——地方水利建设基金支出
——城市防洪——基础设施建设 150 000
——其他资金支出——基本支出——日常公用经费——办公费
1 000

第二节 拨出经费

一、拨出经费的概念

拨出经费是指行政单位纳入单位预算管理、拨付给所属单位的非同级财政拨款资金，如拨给所属单位的专项经费和补助经费等。

二、拨出经费的核算

为了核算拨出经费业务，行政单位应设置“拨出经费”账户，核算行政单位向所属单位拨出的纳入单位预算管理的非同级财政拨款资金。该账户应当分别按照“基本支出”和“项目支出”进行明细核算，还应当按照接受拨出经费的具体单位和款项类别等分别进行明细核算。

拨出经费的主要账务处理如下：

（1）向所属单位拨付非同级财政拨款资金等款项时，借记本账户，贷记“银行存款”等账户。

（2）收回拨出经费时，借记“银行存款”等账户，贷记本账户。

（3）年末，将本账户本年发生额转入其他资金结转结余时，借记“其他资金结转结余”账户，贷记本账户。

年终结账后，本账户应无余额。

【例15-10】某市所属行政单位教育局通过银行存款账户向所属二级预算单位甲小学转拨一笔公共财政预算经费85 000元，具体账户是“拨出经费——基本支出——日常公用经费——甲小学”。应做会计分录：

借：拨出经费——基本支出——日常公用经费——甲小学　　85 000

　贷：银行存款　　85 000

【例15-11】某市所属行政单位公安局通过银行存款账户向所属二级预算单位经济犯罪侦查支队拨付省级财政拨款资金专项经费。具体账户为：“拨出经费——项目支出——经济犯罪侦查——经济犯罪侦查支队”4 800元。应做会计分录：

借：拨出经费——项目支出——经济犯罪侦查——经济犯罪侦查支队　　4 800

　贷：银行存款　　4 800

【例15-12】某市所属行政单位卫生局年终结账。“拨出经费”总账账户借方余额为862 000元。“拨出经费”有关明细账户借方余额为：“基本支出——日常公用经费”342 000元，“基本支出——人员经费”257 000元，“项目支出——重大公共卫生专项”263 000元。应做会计分录：

借：其他资金结转结余　　862 000

　贷：拨出经费——基本支出——日常公用经费　　342 000

　　　　　　——基本支出——人员经费　　257 000

贷：拨出经费——项目支出——重大公共卫生专项　263 000

本章小结

行政单位支出是指行政单位为保障机构正常运转和完成工作任务所发生的资金耗费和损失。行政单位支出包括经费支出和拨出经费。

经费支出是指行政单位自身开展业务活动使用各项资金发生的基本支出和项目支出。

拨出经费是指行政单位纳入单位预算管理、拨付给所属单位的非同级财政拨款资金。

思考题

1. 什么是行政单位支出？行政单位支出有哪些种类？
2. 什么是行政单位的经费支出？行政单位经费支出如何分类？
3. 行政单位经费支出的管理要求是什么？
4. 什么是行政单位的拨出经费？

第十六章

行政单位净资产的核算

学习目标

通过本章的学习，熟悉行政单位净资产的内容，理解行政单位各项净资产的概念，掌握行政单位各项净资产的核算。

行政单位净资产是指行政单位资产扣除负债后的余额，包括财政拨款结转、财政拨款结余、其他资金结转结余、资产基金、待偿债净资产等。

第一节 财政拨款结转

一、财政拨款结转的概念

财政拨款结转是指行政单位当年预算已执行但尚未完成，或因故未执行，下一年度需要按照原用途继续使用的财政拨款滚存资金。

二、财政拨款结转的核算

为了核算财政拨款结转业务，行政单位应设置“财政拨款结转”账户。该账户核算行政单位滚存的财政拨款结转资金，包括基本支出结转、项目支出结转。本账户应当设置“基本支出结转”“项目支出结转”两个明细账户；在“基本支出结转”明细账户下，按照“人员经费”和“日常公用经费”进行明细核算，在“项目支出结转”明细账户下，按照具体项目进行明细核算；本账户还应当按照《政府收支分类科目》中“支出功能分类账户”的项级账户进行明细核算。

有公共财政预算拨款、政府性基金预算拨款等两种或两种以上财政拨款的行政单位，还应当按照财政拨款种类分别进行明细核算。

本账户还可以根据管理需要，按照财政拨款结转变动原因，设置“收支转账”“结余转账”“年初余额调整”“归集上缴”“归集调入”“单位内部调剂”“剩余结转”等明细账户，进行明细核算。

财政拨款结转的主要账务处理如下：

（1）调整以前年度财政拨款结转。因发生差错更正、以前年度支出收回等原因，需要调整财政拨款结转的，按照实际调增财政拨款结转的金额，借记有关账户，贷记本账户（年初余额调整）；按照实际调减财政拨款结转的金额，借记本账户（年初余额调整），贷记有关账户。

（2）从其他单位调入财政拨款结余资金。按照规定从其他单位调入财政拨款结余资金时，按照实际调增的额度数额或调入的资金数额，借记“零余额账户用款额度”“银行存款”等账户，贷记本账户（归集调入）及其明细。

（3）上缴财政拨款结转。按照规定上缴财政拨款结转资金时，按照实际核销的额度数额或上缴的资金数额，借记本账户（归集上缴）及其明细，贷记“财政应返还额度”“零余额账户用款额度”“银行存款”等账户。

（4）单位内部调剂结余资金。经财政部门批准对财政拨款结余资金改变用途，调整用于其他未完成项目的，按照调整的金额，借记“财政拨款结余”账户（单位内部调剂）及其明细，贷记本账户（单位内部调剂）及其明细。

（5）结转本年财政拨款收入和支出。

①年末，将财政拨款收入本年发生额转入本账户，借记“财政拨款收入——基本支出拨款”“财政拨款收入——项目支出拨款”账户及其明细，贷记本账户（收支转账——基本支出结转、收支转账——项目支出结转）及其明细。

②年末，将财政拨款支出本年发生额转入本账户，借记本账户（收支转账——基本支出结转、收支转账——项目支出结转）及其明细，贷记“经费支出——财政拨款支出——基本支出”“经费支出——财政拨款支出——项目支出”账户及其明细。

（6）将完成项目的结转资金转入财政拨款结余。年末完成上述财政拨款收支转账后，对各项目执行情况进行分析，按照有关规定将符合财政拨款结余性质的项目余额转入财政拨款结余，借记本账户（结余转账——项目支出结转）及其明细，贷记“财政拨款结余”（结余转账——项目支出结余）账户及其明细。

（7）年末冲销有关明细账户余额。

年末收支转账后，将本账户所属“收支转账”“结余转账”“年初余额调整”“归集上缴”“归集调入”“单位内部调剂”等明细账户余额转入“剩余结转”明细账户；转账后，本账户除“剩余结转”明细账户外，其他明细账户应无余额。

本账户期末贷方余额反映行政单位滚存的财政拨款结转资金数额。

【例16-1】某市检察院年终结账。“财政拨款收入”和“经费支出”总账和明细账的余额见表16-1和表16-2。该行政单位没有政府性基金预算拨款收入，因而也没有相应的政府性基金预算拨款支出，没有政府性基金预算拨款结转。

表16-1 **“财政拨款收入”总账和明细账户的贷方余额** 单位：元

总账账户	明细账户	贷方余额
财政拨款收入		857 000
	基本支出拨款——人员经费	120 400
	基本支出拨款——日常公用经费	388 000
	项目支出拨款——查办和预防职务犯罪	231 200
	项目支出拨款——公诉和审判监督	85 600
	项目支出拨款——控告申诉	31 800

表16-2 **“经费支出”总账和明细账户的借方余额** 单位：元

总账账户	明细账户	借方余额
经费支出		850 000
	财政拨款支出——基本支出——人员经费	120 400
	财政拨款支出——基本支出——日常公用经费	386 000
	财政拨款支出——项目支出——查办和预防职务犯罪	230 200
	财政拨款支出——项目支出——公诉和审判监督	81 600
	财政拨款支出——项目支出——控告申诉	31 800

（1）年末，将财政拨款收入本年发生额转入财政拨款结转时，应做会计分录：

借：财政拨款收入——基本支出拨款——人员经费 120 400
——基本支出拨款——日常公用经费 388 000
——项目支出拨款——查办和预防职务犯罪 231 200
——项目支出拨款——公诉和审判监督 85 600
——项目支出拨款——控告申诉 31 800
贷：财政拨款结转——收支转账——基本支出结转——人员经费 120 400
——收支转账——基本支出结转——日常公用经费 388 000
——收支转账——项目支出结转——查办和预防职务犯罪 231 200
——收支转账——项目支出结转——公诉和审判监督 85 600
——收支转账——项目支出结转——控告申诉 31 800

（2）年末，将财政拨款支出本年发生额转入财政补助结转时，应做会计分录：

借：财政拨款结转——收支转账——基本支出结转——人员经费 120 400
——收支转账——基本支出结转——日常公用经费 386 000
——收支转账——项目支出结转——查办和预防职务犯罪 230 200
——收支转账——项目支出结转——公诉和审判监督 81 600
——收支转账——项目支出结转——控告申诉 31 800
贷：经费支出——财政拨款支出——基本支出——人员经费 120 400
——财政拨款支出——基本支出——日常公用经费 386 000
——财政拨款支出——项目支出——查办和预防职务犯罪 230 200
——财政拨款支出——项目支出——公诉和审判监督 81 600
——财政拨款支出——项目支出——控告申诉 31 800

【例16-2】接【例16-1】，经查，“查办和预防职务犯罪”和“控告申诉”项目当年的专项业务活动都已经完成，当年的结转资金转入当年结余。“公诉和审判监督”项目当年的专项业务活动尚未完成，形成的收支财政拨款结转应当继续用于延续至明年的公诉和审判监督项目支出预算。将完成项目的结转资金转入财政拨款结余账户时，应做会计分录：

借：财政拨款结转——结余转账——项目支出结转——查办和预防职务犯罪 1 000

贷：财政拨款结余——结余转账——项目支出结余——查办和预防职务犯罪
1 000

【例 16-3】接【例 16-1】，根据财政部门要求，将基本支出中的日常公用经费的当年结转资金 2 000 元上缴财政。按照规定上缴财政拨款结转资金时，按照实际核销的财政授权额度数额，应做会计分录：

借：财政拨款结转——归集上缴——基本支出结转——日常公用经费
2 000

贷：零余额账户用款额度　2 000

【例 16-4】接【例 16-1】，将本账户所属“收支转账”明细账户余额转入“剩余结转”明细账户。应做会计分录：

借：财政拨款结转——收支转账——基本支出结转——日常公用经费
2 000

——收支转账——项目支出结转——公诉和审判监督
4 000

——收支转账——项目支出结转——查办和预防职务犯罪
1 000

贷：财政拨款结转——剩余结转——基本支出结转——日常公用经费　2 000

——剩余结转——项目支出结转——公诉和审判监督
4 000

——剩余结转——项目支出结转——查办和预防职务犯罪
1 000

【例 16-5】接【例 16-1】，将本账户所属 “结余转账”明细账户余额转入“剩余结转”明细账户，应做会计分录：

借：财政拨款结转——剩余结转——项目支出结转——查办和预防职务犯罪
1 000

贷：财政拨款结转——结余转账——项目支出结转——查办和预防职务犯罪
1 000

【例 16-6】接【例 16-1】，将本账户所属 “归集上缴”明细账户余额转入“剩余结转”明细账户，应做会计分录：

借：财政拨款结转——剩余结转——基本支出结转——日常公用经费
2 000

贷：财政拨款结转——归集上缴——基本支出结转——日常公用经费　2 000

转账后，本账户除“剩余结转”明细账户的贷方余额为 4 000 元，其他明细账户均无余额。

【例 16-7】某市所属行政单位水利局年终结账。“财政拨款收入”和“经费支出”总账和明细账的余额见表 16-3 和表 16-4。

表16-3　　"财政拨款收入"总账和明细账户的贷方余额　　单位：元

总账账户	明细账户	贷方余额
财政拨款收入		6 177 600
	公共财政预算拨款——基本支出拨款——人员经费	1 920 000
	公共财政预算拨款——基本支出拨款——日常公用经费	2 980 000
	公共财政预算拨款——项目支出拨款——水质监测	631 200
	政府性基金预算拨款——地方水利建设基金支出——水利工程建设——基础设施建设	235 600
	政府性基金预算拨款——地方水利建设基金支出——城市防洪——基础设施建设	410 800

表16-4　　"经费支出"总账和明细账户的借方余额　　单位：元

总账账户	明细账户	借方余额
经费支出		6 040 200
	公共财政预算拨款支出——基本支出——人员经费	1 920 000
	公共财政预算拨款支出——基本支出——日常公用经费	2 980 000
	公共财政预算拨款支出——项目支出——水质监测	530 200
	政府性基金预算拨款支出——地方水利建设基金支出——水利工程建设——基础设施建设	210 000
	政府性基金预算拨款支出——地方水利建设基金支出——城市防洪——基础设施建设	400 000

（1）年末，将财政拨款收入本年发生额转入财政拨款结转时，应做会计分录：

借：财政拨款收入——公共财政预算拨款——基本支出拨款——人员经费　1 920 000

——公共财政预算拨款——基本支出拨款——日常公用经费　2 980 000

——公共财政预算拨款——项目支出拨款——水质监测　631 200

——政府性基金预算拨款——地方水利建设基金支出——水利工程建设——基础设施建设　235 600

——政府性基金预算拨款——地方水利建设基金支出——城市防洪——基础设施建设　410 800

贷：财政拨款结转——公共财政预算拨款结转——收支结转——基本支出结转——人员经费　1 920 000

贷：财政拨款结转——公共财政预算拨款结转——收支结转

——基本支出结转——日常公用经费 2 980 000

——公共财政预算拨款结转——收支结转

——项目支出结转——水质监测 631 200

——政府性基金预算拨款结转——收支结转

——项目支出结转——水利工程建设

——基础设施建设 235 600

——政府性基金预算拨款结转——收支结转

——项目支出结转——城市防洪

——基础设施建设 410 800

（2）年末，将财政拨款支出本年发生额转入财政拨款结转时，应做会计分录：

借：财政拨款结转——公共财政预算拨款结转——收支结转——基本支出结转

——人员经费 1 920 000

——公共财政预算拨款结转——收支结转——基本支出结转

——日常公用经费 2 980 000

——公共财政预算拨款结转——收支结转——项目支出结转

——水质监测 530 200

——政府性基金预算拨款结转——收支结转——项目支出结转

——水利工程建设——基础设施建设 210 000

——政府性基金预算拨款结转——收支结转——项目支出结转

——城市防洪——基础设施建设 400 000

贷：经费支出——公共财政预算拨款支出——基本支出——人员经费

1 920 000

——公共财政预算拨款支出——基本支出——日常公用经费

2 980 000

——公共财政预算拨款支出——项目支出——水质监测

530 200

——政府性基金预算拨款支出——地方水利建设基金支出

——水利工程建设——基础设施建设 210 000

——政府性基金预算拨款支出——地方水利建设基金支出

——城市防洪——基础设施建设 400 000

明细账户登记后，有关“财政拨款结转”明细账户的贷方余额为：“收支结转——基本支出结转——人员经费”0，“收支结转——基本支出结转——日常公用经费”0；“收支结转——项目支出结转——水质监测”101 000元，“收支结转——项目支出结转——水利工程建设——基础设施建设”25 600元，“收支结转——项目支出结转——城市防洪——基础设施建设”10 800元。

【例16-8】接【例16-7】，经查，“水质监测”项目当年的专项业务活动都已经完成，当年的结转资金转入当年结余。"政府性基金预算拨款支出——地方水利建设基金支出——水利工程建设——基础设施建设"项目和"政府性基金预算拨款支出——地方水利建设基金支出——城市防洪——基础设施建设"项目当年的专项业务活动尚未完成，形成的收支财政拨款结转，应当继续用于延续至明年的该项目支出预算。

将完成项目的结转资金转入财政拨款结余账户，应做会计分录：

借：财政拨款结转——结余转账——项目支出结转——水质监测　101 000

贷：财政拨款结余——结余转账——项目支出结转——水质监测　101 000

【例 16-9】接【例 16-7】，年末收支转账后，将本账户所属"收支转账"明细账户余额转入"剩余结转"明细账户。应做会计分录：

将本账户所属"收支转账"明细账户余额转入"剩余结转"明细账户：

借：财政拨款结转——收支结转——公共财政预算拨款结转——项目支出结转——水质监测　101 000

——收支结转——政府性基金预算拨款结转——项目支出结转——水利工程建设——基础设施建设　25 600

——收支结转——政府性基金预算拨款结转——项目支出结转——城市防洪——基础设施建设　10 800

贷：财政拨款结转——剩余结转——公共财政预算拨款结转——项目支出结转——水质监测　101 000

——剩余结转——政府性基金预算拨款结转——项目支出结转——水利工程建设——基础设施建设　25 600

——剩余结转——政府性基金预算拨款结转——项目支出结转——城市防洪——基础设施建设　10 800

【例 16-10】接【例 16-7】，将本账户所属"结余转账"明细账户余额转入"剩余结转"明细账户。应做会计分录：

借：财政拨款结转——剩余结转——项目支出结转——水质监测　101 000

贷：财政拨款结转——结余转账——项目支出结转——水质监测　101 000

转账后，本账户除"剩余结转"明细账户的贷方余额 36 400 元，其他明细账户均无余额。

第二节　财政拨款结余

一、财政拨款结余的概念

行政单位财政拨款结余是指行政单位当年预算工作目标已实现，或因故终止，剩余的财政拨款滚存资金。

二、财政拨款结余的核算

为了核算财政拨款结余业务，行政单位应设置“财政拨款结余”账户。该账户核算行政单位滚存的财政拨款项目支出结余资金。本账户应当按照具体项目、《政府收支分类科目》中“支出功能分类账户”的项级账户等进行明细核算。

有公共财政预算拨款、政府性基金预算拨款等两种或两种以上财政拨款的行政单位，还应当按照财政拨款的种类分别进行明细核算。

本账户还可以根据管理需要，按照财政拨款结余变动原因，设置“结余转账”“年初余额调整”“归集上缴”“单位内部调剂”“剩余结余”等明细账户，进行明细核算。

财政拨款结余的主要账务处理如下：

（1）调整以前年度财政拨款结余。因发生差错更正、以前年度支出收回等原因，需要调整财政拨款结余的，按照实际调增财政拨款结余的金额，借记有关账户，贷记本账户（年初余额调整）；按照实际调减财政拨款结余的金额，借记本账户（年初余额调整），贷记有关账户。

（2）上缴财政拨款结余。按照规定上缴财政拨款结余时，按照实际核销的额度数额或上缴的资金数额，借记本账户（归集上缴）及其明细，贷记“财政应返还额度”“零余额账户用款额度”“银行存款”等账户。

（3）单位内部调剂结余资金。经财政部门批准将本单位完成项目结余资金调整用于基本支出或其他未完成项目支出时，按照批准调剂的金额，借记本账户（单位内部调剂）及其明细，贷记“财政拨款结转”（单位内部调剂）账户及其明细。

（4）将完成项目的结转资金转入财政拨款结余。年末，对财政拨款各项目执行情况进行分析，按照有关规定将符合财政拨款结余性质的项目余额转入本账户，借记“财政拨款结转”（结余转账——项目支出结转）账户及其明细，贷记本账户（结余转账——项目支出结余）及其明细。

（5）年末冲销有关明细账户余额。年末，将本账户所属“结余转账”“年初余额调整”“归集上缴”“单位内部调剂”等明细账户余额转入“剩余结余”明细账户；转账后，本账户除“剩余结余”明细账户外，其他明细账户应无余额。

本账户期末贷方余额反映行政单位滚存的财政拨款结余资金数额。

【例16-11】接【例16-1】，按照规定上缴财政拨款结余时，实际核销的财政应返还额度数额为1 000元。应做会计分录：

借：财政拨款结余——归集上缴——项目支出结余——查办和预防职务犯罪　1 000

　贷：财政应返还额度　1 000

【例16-12】接【例16-1】，年末，将本账户所属“结余转账”明细账户余额转入“剩余结余”明细账户。应做会计分录：

借：财政拨款结余——结余转账——项目支出结余——查办和预防职务犯罪

1 000

贷：财政拨款结余——剩余结余——项目支出结余——查办和预防职务犯罪

1 000

【例16-13】接【例16-1】，年末，将本账户所属“归集上缴”明细账户余额转入“剩余结余”明细账户。应做会计分录：

借：财政拨款结余——剩余结余——项目支出结余——查办和预防职务犯罪

1 000

贷：财政拨款结余——归集上缴——项目支出结余——查办和预防职务犯罪

1 000

第三节 其他资金结转结余

一、其他资金结转结余的概念

其他资金结转结余是指行政单位除财政拨款收支以外的各项收支相抵后剩余的滚存资金。

二、其他资金结转结余的核算

为了核算其他资金结转结余业务，行政单位应设置“其他资金结转结余”账户。该账户核算行政单位除财政拨款收支以外的其他各项收支相抵后剩余的滚存资金。本账户应当设置“项目结转”和“非项目结余”明细账户，分别对项目资金和非项目资金进行明细核算。对于项目结转，还应当按照具体项目进行明细核算。本账户还可以根据管理需要按照其他资金结转结余变动原因，设置“收支转账”“年初余额调整”“结余调剂”“剩余结转结余”等明细账户，进行明细核算。

其他资金结转结余的主要账务处理如下：

（1）调整以前年度其他资金结转结余。因发生差错更正、以前年度支出收回等原因，需要调整其他资金结转结余的，按照实际调增的金额，借记有关账户，贷记本账户（年初余额调整）及其明细。按照实际调减的金额，借记本账户（年初余额调整）及其明细，贷记有关账户。

（2）结转本年其他资金收入和支出：

①年末，将其他收入中的项目资金收入本年发生额转入本账户，借记“其他收入”账户及其明细，贷记本账户（项目结转——收支转账）及其明细；将其他收入中的非项目资金收入本年发生额转入本账户，借记“其他收入”账户及其明细，贷记本账户（非项目结余——收支转账）。

②年末，将其他资金支出中的项目支出本年发生额转入本账户，借记本账户（项目结转——收支转账）及其明细，贷记“经费支出——其他资金支出”账户

(项目支出)及其明细、“拨出经费”账户(项目支出)及其明细；将其他资金支出中的基本支出本年发生额转入本账户，借记本账户(非项目结余——收支转账)，贷记“经费支出——其他资金支出”账户(基本支出)、“拨出经费”账户(基本支出)。

(3)缴回或转出项目结余。完成上述转账后，对本年末各项目执行情况进行分析，区分年末已完成项目和尚未完成项目，在此基础上，对完成项目的剩余资金根据不同情况进行账务处理：

①需要缴回原项目资金出资单位的，按照缴回的金额，借记本账户(项目结转——结余调剂)及其明细，贷记“银行存款”“其他应付款”等账户。

②将项目剩余资金留归本单位用于其他非项目用途的，按照剩余的项目资金金额，借记本账户(项目结转——结余调剂)及其明细，贷记本账户(非项目结余——结余调剂)。

(4)用非项目资金结余补充项目资金。按照实际补充项目资金的金额，借记本账户(非项目结余——结余调剂)，贷记本账户(项目结转——结余调剂)及其明细。

(5)年末冲销有关明细账户余额。年末收支转账后，将本账户所属“收支转账”“年初余额调整”“结余调剂”等明细账户余额转入“剩余结转结余”明细账户；转账后，本账户除“剩余结转结余”明细账户外，其他明细账户应无余额。

本账户期末贷方余额，反映行政单位滚存的各项非财政拨款资金结转结余数额。

【例16-14】某行政单位年终结账。“其他收入——银行存款利息收入——非项目资金”为25 000元，“其他收入——库存现金溢余——非项目资金”为300元，“其他收入——省级财政——项目资金——大案要案查处”为250 000元，“经费支出——其他资金支出——基本支出——日常公用经费——办公费”为24 000元。“经费支出——其他资金支出——项目支出——大案要案查处”为200 000元，“拨出经费——项目支出——大案要案查处”为40 000元。结转本年其他资金收入和支出时，应做会计分录：

借：其他收入——银行存款利息收入——非项目资金　25 000
　　　　　——库存现金溢余——非项目资金　300
　　　　　——省级财政——项目资金——大案要案查处　250 000
　贷：其他资金结转结余——非项目结余——收支转账　25 300
　　　　　　　　　——项目结转——收支转账——大案要案查处　250 000

借：其他资金结转结余——非项目结余——收支转账　24 000
　　　　　　　　　——项目结转——收支转账——大案要案查处　240 000
　贷：经费支出——其他资金支出——基本支出——日常公用经费——办公费　24 000

贷：经费支出——其他资金支出——项目支出——大案要案查处 200 000

拨出经费——项目支出——大案要案查处 40 000

【例16-15】接【例16-14】，大案要案查处项目已完成，剩余资金10 000元需要缴回省级财政时，应做会计分录：

借：其他资金结转结余——项目结转——结余调剂——大案要案查处 10 000

贷：银行存款 10 000

【例16-16】年末将本账户所属“收支转账”明细账户余额转入“剩余结转结余”明细账户。应做会计分录：

借：其他资金结转结余——非项目结余——收支转账 1 300

——项目结转——收支转账——大案要案查处 10 000

贷：其他资金结转结余——剩余结转结余 11 300

【例16-17】年末将本账户所属 “结余调剂”明细账户余额转入“剩余结转结余”明细账户。应做会计分录：

借：其他资金结转结余——剩余结转结余 10 000

贷：其他资金结转结余——项目结转——结余调剂——大案要案查处 10 000

第四节　资产基金

一、资产基金的概念

资产基金是指行政单位的非货币性资产在净资产中占用的金额。行政单位的非货币性资产包括预付账款、存货、固定资产、在建工程、无形资产、政府储备物资、公共基础设施等。

二、资产基金的核算

为了核算资产基金业务，行政单位应设置“资产基金”账户。该账户核算行政单位的预付账款、存货、固定资产、在建工程、无形资产、政府储备物资、公共基础设施等非货币性资产在净资产中占用的金额。本账户应当设置“预付款项”“存货”“固定资产”“在建工程”“无形资产”“政府储备物资”“公共基础设施”等明细账户，进行明细核算。

资产基金的主要账务处理如下：

（1）资产基金应当在发生预付账款，取得存货、固定资产、在建工程、无形资产、政府储备物资、公共基础设施时确认。

①发生预付账款时，按照实际发生的金额，借记“预付账款”账户，贷记本账户（预付款项）；同时，按照实际支付的金额，借记“经费支出”账户，贷记“财

政拨款收入”“零余额账户用款额度”“银行存款”等账户。

②取得存货、固定资产、在建工程、无形资产、政府储备物资、公共基础设施等资产时，按照取得资产的成本，借记“存货”“固定资产”“在建工程”“无形资产”“政府储备物资”“公共基础设施”等账户，贷记本账户（存货、固定资产、在建工程、无形资产、政府储备物资、公共基础设施）；同时，按照实际发生的支出，借记“经费支出”账户，贷记“财政拨款收入”“零余额账户用款额度”“银行存款”等账户。

（2）收到预付账款购买的物资或服务时，应当相应冲减资产基金。

按照相应的预付账款金额，借记本账户（预付款项），贷记“预付账款”账户。

（3）领用和发出存货、政府储备物资时，应当相应冲减资产基金。

领用和发出存货、政府储备物资时，按照领用和发出存货、政府储备物资的成本，借记本账户（存货、政府储备物资），贷记“存货”“政府储备物资”账户。

（4）计提固定资产折旧、公共基础设施折旧，摊销无形资产时，应当冲减资产基金。

计提固定资产折旧、公共基础设施折旧，摊销无形资产时，按照计提的折旧、摊销金额，借记本账户（固定资产、公共基础设施、无形资产），贷记“累计折旧”“累计摊销”账户。

（5）无偿调出、对外捐赠存货、固定资产、无形资产、政府储备物资、公共基础设施时，应当冲减该资产对应的资产基金。

①无偿调出、对外捐赠存货、政府储备物资时，按照存货、政府储备物资的账面余额，借记本账户及其明细，贷记“存货”“政府储备物资”等账户。

②无偿调出、对外捐赠固定资产、公共基础设施、无形资产时，按照相关固定资产、公共基础设施、无形资产的账面价值，借记本账户及其明细，按照已计提折旧、已摊销的金额，借记“累计折旧”“累计摊销”账户，按照固定资产、公共基础设施、无形资产的账面余额，贷记“固定资产”“公共基础设施”“无形资产”账户。

（6）通过“待处理财产损溢”账户核算的资产处置，参见有关账务处理。

本账户期末贷方余额反映行政单位非货币性资产在净资产中占用的金额。

【例16-18】某行政单位按照购货合同预付供应单位货款5 000元，款项通过单位零余额账户支付。应做会计分录：

借：预付账款	5 000	
贷：资产基金——预付款项		5 000

同时：

借：经费支出	5 000	

贷：零余额账户用款额度 5 000

【例16-19】接【例16-18】收到预付账款购买的存货，价款5 000元，增值税税款850元，运杂费200元，通过单位零余额账户补付款项1 050元，该批存货验收入库。应做会计分录：

借：资产基金——预付款项 5 000

贷：预付账款 5 000

借：经费支出 1 050

贷：零余额账户用款额度 1 050

借：存货 6 050

贷：资产基金——存货 6 050

【例16-20】某行政单位月末计提固定资产折旧6 000元。应做会计分录：

借：资产基金——固定资产 6 000

贷：累计折旧 6 000

【例16-21】某行政单位专用设备一台原价40 000元，已提折旧18 000元，因不用，决定予以出售。出售价款10 000元存入银行。在清理过程中，以银行存款支付清理费用500元。因出售该项固定资产发生的按照税法规定计算的应缴税费金额为500元。应做会计分录：

（1）转入待处理资产损溢时：

借：待处理资产损溢——待处理资产价值 22 000

累计折旧 18 000

贷：固定资产 40 000

（2）实际出售时：

借：资产基金——固定资产 22 000

贷：待处理资产损溢——待处理财产价值 22 000

（3）收到价款时：

借：银行存款 10 000

贷：待处理资产损溢——处理净收入 10 000

（4）发生清理费用时：

借：待处理资产损溢——处理净收入 500

贷：银行存款 500

（5）按照税法规定计算的应缴税费金额时：

借：待处理财产损溢——处理净收入 500

贷：应缴税费 500

（6）处置完毕时：

借：待处置资产损溢——处理净收入 9 000

贷：应缴财政款 9 000

第五节 待偿债净资产

一、待偿债净资产的概念

待偿债净资产是指行政单位因发生应付账款和长期应付款而相应须在净资产中冲减的金额。

二、待偿债净资产的核算

为了核算待偿债净资产业务，行政单位应设置“待偿债净资产”账户。该账户核算行政单位因发生应付账款和长期应付款而相应须在净资产中冲减的金额。

待偿债净资产的主要账务处理如下：

（1）发生应付账款、长期应付款时，按照实际发生的金额，借记本账户，贷记“应付账款”“长期应付款”等账户。

（2）偿付应付账款、长期应付款时，按照实际偿付的金额，借记“应付账款”“长期应付款”等账户，贷记本账户；同时，按照实际支付的金额，借记“经费支出”账户，贷记“财政拨款收入”“零余额账户用款额度”“银行存款”等账户。

（3）因债权人原因，核销确实无法支付的应付账款、长期应付款时，按照报经批准核销的金额，借记“应付账款”“长期应付款”账户，贷记本账户。

本账户期末借方余额，反映行政单位因尚未支付的应付账款和长期应付款而须相应冲减净资产的金额。

【例16-22】某行政单位购买办公设备一套，买价及相关税费共20 000元，设备已交付使用，款项尚未支付。应做会计分录：

借：固定资产——通用设备	20 000	
贷：资产基金——固定资产		20 000
借：待偿债净资产	20 000	
贷：应付账款		20 000

【例16-23】接【例16-22】，通过单位零余额账户偿付应付账款20 000元。应做会计分录：

借：应付账款	20 000	
贷：待偿债净资产		20 000

同时：

借：经费支出	20 000	
贷：零余额账户用款额度		20 000

本章小结

净资产是指行政单位资产扣除负债后的余额，包括财政拨款结转、财政拨款结余、其他资金结转结余、资产基金、待偿债净资产等。

财政拨款结转是指行政单位当年预算已执行但尚未完成，或因故未执行，下一年度需要按照原用途继续使用的财政拨款滚存资金。

财政拨款结余是指行政单位当年预算工作目标已实现，或因故终止，剩余的财政拨款滚存资金。

其他资金结转结余是指行政单位除财政拨款收支以外的各项收支相抵后剩余的滚存资金。

资产基金是指行政单位的非货币性资产在净资产中占用的金额。

待偿债净资产是指行政单位因发生应付账款和长期应付款而相应须在净资产中冲减的金额。

思考题

1. 什么是行政单位的净资产？行政单位的净资产包括哪些种类？

2. 什么是行政单位的财政拨款结转、财政拨款结余、其他资金结转结余？三者应如何核算？

3. 什么是行政单位的资产基金、待偿债净资产？二者应如何核算？

第十七章

行政单位财务报表

学习目标

通过本章的学习，掌握行政单位财务报表的概念及种类，理解行政单位财务报表的作用，了解行政单位财务报表格式及编制要求，掌握行政单位资产负债表、收入支出表、财政拨款收入支出表及会计报表附注的具体内容及财务报表的编制方法。

第一节 财务报表概述

一、财务报表及其作用

财务报表是反映行政单位财务状况和预算执行结果等的书面文件，由会计报表及其附注构成。会计报表包括资产负债表、收入支出表、财政拨款收入支出表等。

行政单位财务报表，是根据日常账簿提供的核算资料，通过整理、汇总而编制的用以反映会计主体一定时期的财务状况和预算执行结果的书面文件。它综合、系统、全面地反映了行政单位预算收支活动的情况，对于加强预算管理和单位财务管理具有重要作用。它提供行政单位资金供应者及行政单位管理层监督、管理所需的会计信息。其主要作用表现在：

（1）各单位利用财务报表及其他有关资料，可以分析和检查单位预算的执行情况，发现预算管理和财务管理工作中存在的问题，以便采取有效措施，改进预算管理工作，提高财务管理水平。

（2）各级主管部门利用下级单位的财务报表，可以考核各单位执行国家有关方针、政策的情况，督促各单位认真遵守财经制度与法规。主管部门对全系统的会计报表进行汇总后，还可以分析和检查全系统的预算执行情况，提高全系统的预算管理水平。

（3）财政机关利用行政单位上报的财务报表，可于掌握各单位的预算执行进度，正确地核算预算支出，还可以了解各单位执行预算的情况和存在的问题，指导各单位做好预算会计工作，提高预算管理质量。

二、财务报表的编报要求

（1）行政单位应当根据行政单位会计制度编制并提供真实、完整的财务报表。行政单位不得违反规定，随意改变本制度规定的会计报表格式、编制依据和方法，不得随意改变本制度规定的会计报表有关数据的会计口径。

（2）行政单位的财务报表应当根据登记完整、核对无误的账簿记录和其他有关资料编制，要做到数据真实、计算准确、内容完整、报送及时。

（3）行政单位财务报表应当由单位负责人和主管会计工作的负责人、会计机构负责人（会计主管人员）签名并盖章。

第二节 资产负债表

一、资产负债表及其格式

资产负债表是反映行政单位在某一特定日期财务状况的报表。行政单位资产负债表至少按照年度编制。行政单位资产负债表的平衡等式为："资产 =负债+净资产"。

行政单位的资产负债表应当按照资产、负债和净资产分类、分项列示。资产负债表分为左右两方：左方是资产各个项目，又称资产部类；右方是负债和净资产各个项目，又称负债部类。左右两方总额相等。资产负债表的参考格式见表17-1。

表17-1　　**资产负债表会**　　行政01表

编制单位：　　年　月　日　　单位：元

资产	期末余额	年初余额	负债和净资产	期末余额	年初余额
流动资产：			流动负债：		
库存现金			应缴财政款		
银行存款			应缴税费		
财政应返还额度			应付职工薪酬		
应收账款			应付账款		
预付账款			应付政府补贴款		
其他应收款			其他应付款		
存货			一年内到期的非流动负债		
流动资产合计			流动负债合计		
非流动资产：					
固定资产			非流动负债：		
固定资产原价			长期应付款		
减：固定资产累计折旧			受托代理负债		
在建工程			负债合计		
无形资产					
无形资产原价					
减：累计摊销					
待处理财产损溢			财政拨款结转		
政府储备物资			财政拨款结余		
公共基础设施			其他资金结转结余		
公共基础设施原价			其中：项目结转		
减：公共基础设施累计折旧			资产基金		
公共基础设施在建工程			待偿债净资产		
受托代理资产			净资产合计		
非流动资产合计					
资产总计			负债和净资产总计		

二、资产负债表的编制方法

资产负债表各项目均设有两栏，即“年初余额”和“期末余额”。其中，“年初余额”栏内各项数字，应当根据上年末资产负债表“期末余额”栏内数字填列。如果本年度资产负债表规定的各个项目的名称和内容同上年度不一致，应对上年末资产负债表各项目的名称和数字按照本年度的规定进行调整，填入本表“年初余额”栏内。“期末余额”应根据期末有关各账户的余额和其他有关资料填列。

本表“期末余额”栏各项目的内容和填列方法说明如下：

（一）资产类项目

（1）“库存现金”项目，反映行政单位期末库存现金的金额。本项目应当根据“库存现金”账户的期末余额填列；期末库存现金中有属于受托代理现金的，本项目应当根据“库存现金”账户的期末余额减去其中属于受托代理的现金金额后的余额填列。

（2）“银行存款”项目，反映行政单位期末银行存款的金额。本项目应当根据“银行存款”账户的期末余额填列；期末银行存款中有属于受托代理存款的，本项目应当根据“银行存款”账户的期末余额减去其中属于受托代理的存款金额后的余额填列。

（3）“财政应返还额度”项目，反映行政单位期末财政应返还额度的金额。本项目应当根据“财政应返还额度”账户的期末余额填列。

（4）“应收账款”项目，反映行政单位期末尚未收回的应收账款金额。本项目应当根据“应收账款”账户的期末余额填列。

（5）“预付账款”项目，反映行政单位预付物资或者服务提供者款项的金额。本项目应当根据“预付账款”账户的期末余额填列。

（6）“其他应收款”项目，反映行政单位期末尚未收回的其他应收款余额。本项目应当根据“其他应收款”账户的期末余额填列。

（7）“存货”项目，反映行政单位期末为开展业务活动耗用而储存的存货的实际成本。本项目应当根据“存货”账户的期末余额填列。

（8）“固定资产”项目，反映行政单位期末各项固定资产的账面价值。本项目应当根据“固定资产”账户的期末余额减去“累计折旧”账户中“固定资产累计折旧”明细账户的期末余额后的金额填列。

“固定资产原价”项目，反映行政单位期末各项固定资产的原价。本项目应当根据“固定资产”账户的期末余额填列。

“固定资产累计折旧”项目，反映行政单位期末各项固定资产的累计折旧金额。本项目应当根据“累计折旧”账户中“固定资产累计折旧”明细账户的期末余额填列。

（9）“在建工程”项目，反映行政单位期末除公共基础设施在建工程以外的尚未完工交付使用的在建工程的实际成本。本项目应当根据“在建工程”账户中属于非公共基础设施在建工程的期末余额填列。

(10)“无形资产”项目，反映行政单位期末各项无形资产的账面价值。本项目应当根据“无形资产”账户的期末余额减去“累计摊销”账户的期末余额后的金额填列。

“无形资产原价”项目，反映行政单位期末各项无形资产的原价。本项目应当根据“无形资产”账户的期末余额填列。

“累计摊销”项目，反映行政单位期末各项无形资产的累计摊销金额。本项目应当根据“累计摊销”账户的期末余额填列。

(11)“待处理财产损溢”项目，反映行政单位期末待处理财产的价值及处理损溢。本项目应当根据“待处理财产损溢”账户的期末借方余额填列。如“待处理财产损溢”账户期末为贷方余额，则以“-”号填列。

(12)“政府储备物资”项目，反映行政单位期末储存管理的各种政府储备物资的实际成本。本项目应当根据“政府储备物资”账户的期末余额填列。

(13)“公共基础设施”项目，反映行政单位期末占有并直接管理的公共基础设施的账面价值。本项目应当根据“公共基础设施”账户的期末余额减去“累计折旧”账户中“公共基础设施累计折旧”明细账户的期末余额后的金额填列。

“公共基础设施原价”项目，反映行政单位期末占有并直接管理的公共基础设施的原价。本项目应当根据“公共基础设施”账户的期末余额填列。

“公共基础设施累计折旧”项目，反映行政单位期末占有并直接管理的公共基础设施的累计折旧金额。本项目应当根据“累计折旧”账户中“公共基础设施累计折旧”明细账户的期末余额填列。

(14)“公共基础设施在建工程”项目，反映行政单位期末尚未完工交付使用的公共基础设施在建工程的实际成本。本项目应当根据“在建工程”账户中属于公共基础设施在建工程的期末余额填列。

(15)“受托代理资产”项目，反映行政单位期末受托代理资产的价值。本项目应当根据“受托代理资产”账户的期末余额（扣除其中受托储存管理物资的金额）加上“库存现金”“银行存款”账户中属于受托代理资产的现金余额和银行存款余额的合计数填列。

（二）负债类项目

(16)“应缴财政款”项目，反映行政单位期末按规定应当上缴财政的款项（应缴税费除外)。本项目应当根据“应缴财政款”账户的期末余额填列。

(17)“应缴税费”项目，反映行政单位期末应缴未缴的各种税费。本项目应当根据“应缴税费”账户的期末贷方余额填列。如“应缴税费”账户期末为借方余额，则以“-”号填列。

(18)“应付职工薪酬”项目，反映行政单位期末尚未支付给职工的各种薪酬。本项目应当根据“应付职工薪酬”账户的期末余额填列。

(19)“应付账款”项目，反映行政单位期末尚未支付的偿还期限在1年以内

（含1年）的应付账款的金额。本项目应当根据“应付账款”账户的期末余额填列。

（20）“应付政府补贴款”项目，反映行政单位期末尚未支付的应付政府补贴款的金额。本项目应当根据“应付政府补贴款”账户的期末余额填列。

（21）“其他应付款”项目，反映行政单位期末尚未支付的其他各项应付及暂收款项的金额。本项目应当根据“其他应付款”账户的期末余额填列。

（22）“一年内到期的非流动负债”项目，反映行政单位期末承担的1年以内（含1年）到偿还期的非流动负债。本项目应当根据“长期应付款”等账户的期末余额分析填列。

（23）“长期应付款”项目，反映行政单位期末承担的偿还期限超过1年的应付款项。本项目应当根据“长期应付款”账户的期末余额减去其中1年以内（含1年）到偿还期的长期应付款金额后的余额填列。

（24）“受托代理负债”项目，反映行政单位期末受托代理负债的金额。本项目应当根据“受托代理负债”账户的期末余额（扣除其中受托储存管理物资对应的金额）填列。

（三）净资产类项目

（25）“财政拨款结转”项目，反映行政单位期末滚存的财政拨款结转资金。本项目应当根据“财政拨款结转”账户的期末余额填列。

（26）“财政拨款结余”项目，反映行政单位期末滚存的财政拨款结余资金。本项目应当根据“财政拨款结余”账户的期末余额填列。

（27）“其他资金结转结余”项目，反映行政单位期末滚存的除财政拨款以外的其他资金结转结余的金额。本项目应当根据“其他资金结转结余”账户的期末余额填列。

“项目结转”项目，反映行政单位期末滚存的非财政拨款未完成项目结转资金。本项目应当根据“其他资金结转结余”账户中“项目结转”明细账户的期末余额填列。

（28）“资产基金”项目，反映行政单位期末预付账款、存货、固定资产、在建工程、无形资产、政府储备物资、公共基础设施等非货币性资产在净资产中占用的金额。本项目应当根据“资产基金”账户的期末余额填列。

（29）“待偿债净资产”项目，反映行政单位期末因应付账款和长期应付款等负债而相应须在净资产中冲减的金额。本项目应当根据“待偿债净资产”账户的期末借方余额以“-”号填列。

（四）行政单位按月编制资产负债表的，应当遵照以下规定

（1）月度资产负债表应在资产部分“银行存款”项目下增加“零余额账户用款额度”项目。

（2）“零余额账户用款额度”项目，反映行政单位期末零余额账户用款额度的金额。本项目应当根据“零余额账户用款额度”账户的期末余额填列。

（3）“财政拨款结转”项目。本项目应当根据“财政拨款结转”账户的期末余额，加上“财政拨款收入”账户本年累计发生额，减去“经费支出——财政拨款支出”账户本年累计发生额后的余额填列。

（4）“其他资金结转结余”项目。本项目应当根据“其他资金结转结余”账户的期末余额，加上“其他收入”账户本年累计发生额，减去“经费支出——其他资金支出”账户本年累计发生额，再减去“拨出经费”账户本年累计发生额后的余额填列。

“项目结转”项目。本项目应当根据“其他资金结转结余”账户中“项目结转”明细账户的期末余额，加上“其他收入”账户中项目收入的本年累计发生额，减去“经费支出——其他资金支出”账户中项目支出本年累计发生额，再减去“拨出经费”科目中项目支出本年累计发生额后的余额填列。

（5）月度资产负债表其他项目的填列方法与年度资产负债表的填列方法相同。

第三节　收入支出表

一、收入支出表及其格式

收入支出表是反映行政单位在某一会计期间全部预算收支执行结果的报表。

收入支出表应当按照收入、支出的构成和结转结余情况分类、分项列示。

收入支出表应当按照月度和年度编制。

收入支出表的参考格式见表17-2。

二、收入支出表的编制方法

收入支出表设“本月数”和“本年累计数”两栏。其中，“本月数”栏反映各项目的本月实际发生数。在编制年度收入支出表时，应当将本栏改为“上年数”，反映上年度各项目的实际发生数；如果本年度收入支出表规定的各个项目的名称和内容同上年度不一致，应对上年度收入支出表各项目的名称和数字按照本年度的规定进行调整，填入本年度收入支出表的“上年数”栏。

“本年累计数”栏反映各项目自年初起至报告期末止的累计实际发生数。编制年度收入支出表时，应当将本栏改为“本年数”。

本表“本月数”栏各项目的内容和填列方法如下：

（1）“年初各项资金结转结余”项目及其所属各明细项目，反映行政单位本年初所有资金结转结余的金额。各明细项目应当根据“财政拨款结转”“财政拨款结余”“其他资金结转结余”及其明细账户的年初余额填列。本项目及其所属各明细项目的数额，应当与上年度收入支出表中“年末各项资金结转结余”各明细项目的数额相等。

表17-2　　　　　　　　　　　　**收入支出表**　　　　　　　　　　　　会行政02表

编制单位:　　　　　　　　　　　年　　月　　日　　　　　　　　　　　单位：元

项　目	本月数	本年累计数
一、年初各项资金结转结余		
（一）年初财政拨款结转结余		
1.财政拨款结转		
2.财政拨款结余		
（二）年初其他资金结转结余		
二、各项资金结转结余调整及变动		
（一）财政拨款结转结余调整及变动		
（二）其他资金结转结余调整及变动		
三、收入合计		
（一）财政拨款收入		
1.基本支出拨款		
2.项目支出拨款		
（二）其他资金收入		
1.非项目收入		
2.项目收入		
四、支出合计		
（一）财政拨款支出		
1.基本支出		
2.项目支出		
（二）其他资金支出		
1.非项目支出		
2.项目支出		
五、本期收支差额		
（一）财政拨款收支差额		
（二）其他资金收支差额		
六、年末各项资金结转结余		
（一）年末财政拨款结转结余		
1.财政拨款结转		
2.财政拨款结余		
（二）年末其他资金结转结余		

（2）“各项资金结转结余调整及变动”项目及其所属各明细项目，反映行政单位因发生需要调整以前年度各项资金结转结余的事项，以及本年因调入、上缴或交回等导致各项资金结转结余变动的金额。

①“财政拨款结转结余调整及变动”项目，根据“财政拨款结转”“财政拨款结余”账户下的“年初余额调整”“归集上缴”“归集调入”明细账户的本期贷方发生额合计数减去本期借方发生额合计数的差额填列。如为负数，以“-”号填列。

②“其他资金结转结余调整及变动”项目，根据“其他资金结转结余”账户下的“年初余额调整”“结余调剂”明细账户的本期贷方发生额合计数减去本期借方发生额合计数的差额填列。如为负数，以“-”号填列。

（3）“收入合计”项目，反映行政单位本期取得的各项收入的金额。本项目应当根据“财政拨款收入”账户的本期发生额加上“其他收入”账户的本期发生额的合计数填列。

①“财政拨款收入”项目及其所属明细项目，反映行政单位本期从同级财政部门取得的各类财政拨款的金额。本项目应当根据“财政拨款收入”账户及其所属明细账户的本期发生额填列。

②“其他资金收入”项目及其所属明细项目，反映行政单位本期取得的各类非财政拨款的金额。本项目应当根据“其他收入”账户及其所属明细账户的本期发生额填列。

（4）“支出合计”项目，反映行政单位本期发生的各项资金支出金额。本项目应当根据“经费支出”和“拨出经费”账户的本期发生额的合计数填列。

①“财政拨款支出”项目及其所属明细项目，反映行政单位本期发生的财政拨款支出金额。本项目应当根据“经费支出——财政拨款支出”账户及其所属明细账户的本期发生额填列。

②“其他资金支出”项目及其所属明细项目，反映行政单位本期使用各类非财政拨款资金发生的支出金额。本项目应当根据“经费支出——其他资金支出”和“拨出经费”账户及其所属明细账户的本期发生额的合计数填列。

（5）“本期收支差额”项目及其所属各明细项目，反映行政单位本期发生的各项资金收入和支出相抵后的余额。

①“财政拨款收支差额”项目，反映行政单位本期发生的财政拨款资金收入和支出相抵后的余额。本项目应当根据本表中“财政拨款收入”项目金额减去“财政拨款支出”项目金额后的余额填列。如为负数，以“-”号填列。

②“其他资金收支差额”项目，反映行政单位本期发生的非财政拨款资金收入和支出相抵后的余额。本项目应当根据本表中“其他资金收入”项目金额减去“其他资金支出”项目金额后的余额填列。如为负数，以“-”号填列。

（6）“年末各项资金结转结余”项目及其所属各明细项目，反映行政单位截至本年末的各项资金结转结余金额。各明细项目应当根据“财政拨款结转”“财政拨款结余”“其他资金结转结余”账户的年末余额填列。

上述“年初各项资金结转结余”“年末各项资金结转结余”项目及其所属各明细项目，只在编制年度收入支出表时填列。

第四节 财政拨款收入支出表

一、财政拨款收入支出表及其格式

财政拨款收入支出表是反映行政单位在某一会计期间财政拨款收入、支出、结转及结余情况的报表。

行政单位的财政拨款收入支出表应当至少按照年度编制。

财政拨款收入支出表的“项目”栏内各项目，应当根据行政单位取得的财政拨款种类分项设置；其中“项目支出”下，根据每个项目设置；行政单位取得除公共财政预算拨款和政府性基金预算拨款以外的其他财政拨款的，应当按照财政拨款种类增加相应的资金项目及其明细项目。收入支出表的参考格式见表17-3。

表17-3　　　　财政拨款收入支出表　　　　会行政03表

编制单位：　　　　年度　　　　单位：元

项目	年初财政拨款结转结余		调整年初财政拨款结转结余	归集调入或上缴	单位内部调剂		本年财政拨款收入	本年财政拨款支出	年末财政拨款结转结余	
	结转	结余			结转	结余			结转	结余
一、公共财政预算资金										
(一) 基本支出										
1.人员经费										
2.日常公用经费										
(二) 项目支出										
1.××项目										
2.××项目										
……										
二、政府性基金预算资金										
(一) 基本支出										
1.人员经费										
2.日常公用经费										
(二) 项目支出										
1.××项目										
2.××项目										
……										
总计										

二、财政拨款收入支出表的编制

本表各栏及其对应项目的内容和填列方法如下：

（1）“年初财政拨款结转结余”栏中各项目，反映行政单位年初各项财政拨款结转和结余的金额。各项目应当根据“财政拨款结转”“财政拨款结余”及其明细账户的年初余额填列。本栏目中各项目的数额，应当与上年度财政拨款收入支出表中“年末财政拨款结转结余”栏中各项目的数额相等。

（2）“调整年初财政拨款结转结余”栏中各项目，反映行政单位对年初财政拨款结转结余的调整金额。各项目应当根据“财政拨款结转”“财政拨款结余”账户中“年初余额调整”账户及其所属明细账户的本年发生额填列。如调整减少年初财政拨款结转结余，以“-”号填列。

（3）“归集调入或上缴”栏中各项目，反映行政单位本年取得主管部门归集调入的财政拨款结转结余资金和按规定实际上缴的财政拨款结转结余资金金额。各项目应当根据“财政拨款结转”“财政拨款结余”账户中“归集上缴”和“归集调入”账户及其所属明细账户的本年发生额填列。对归集上缴的财政拨款结转结余资金，以“-”号填列。

（4）“单位内部调剂”栏中各项目，反映行政单位本年财政拨款结转结余资金在内部不同项目之间的调剂金额。各项目应当根据“财政拨款结转”和“财政拨款结余”账户中的“单位内部调剂”及其所属明细账户的本年发生额填列。对单位内部调剂减少的财政拨款结转结余项目，以“-”号填列。

（5）“本年财政拨款收入”栏中各项目，反映行政单位本年从同级财政部门取得的各类财政预算拨款金额。各项目应当根据“财政拨款收入”账户及其所属明细账户的本年发生额填列。

（6）“本年财政拨款支出”栏中各项目，反映行政单位本年发生的财政拨款支出金额。各项目应当根据“经费支出”账户及其所属明细账户的本年发生额填列。

（7）“年末财政拨款结转结余”栏中各项目，反映行政单位年末财政拨款结转结余的金额。各项目应当根据“财政拨款结转”“财政拨款结余”账户及其所属明细账户的年末余额填列。

第五节　会计报表附注

会计报表附注是指对在会计报表中列示项目的文字描述或明细资料，以及对未能在会计报表中列示项目的说明等。它是行政单位会计报表的重要组成部分。

会计报表附注应当至少按照年度编制。

行政单位的报表附注应当至少披露下列内容：

（1）遵循《行政单位会计制度》的声明。

（2）单位整体财务状况、预算执行情况的说明。

（3）会计报表中列示的重要项目的进一步说明，包括其主要构成、增减变动情况等。

（4）重要资产处置、资产重大损失情况的说明。

（5）以名义金额计量的资产名称、数量等情况，以及以名义金额计量理由的说明。

（6）或有负债情况的说明、1年以上到期负债预计偿还时间和数量的说明。

（7）以前年度结转结余调整情况的说明。

（8）有助于理解和分析会计报表的其他需要说明事项。

本章小结

行政单位财务报表是反映行政单位财务状况和预算执行结果等的书面文件，由会计报表及其附注构成。会计报表包括资产负债表、收入支出表、财政拨款收入支出表、会计报表附注等。

资产负债表是反映行政单位在某一特定日期财务状况的报表。

收入支出表是反映行政单位在某一会计期间全部预算收支执行结果的报表。

财政拨款收入支出表是反映行政单位在某一会计期间财政拨款收入、支出、结转及结余情况的报表。

会计报表附注是指对在会计报表中列示项目的文字描述或明细资料，以及对未能在会计报表中列示项目的说明等。

行政单位资产负债表、财政拨款收入支出表和会计报表附注应当至少按照年度编制，收入支出表应当按照月度和年度编制。

思考题

1.什么是行政单位的财务报表？行政单位的财务报表主要包括哪些种类？

2.什么是行政单位的资产负债表？如何编制？

3.什么是行政单位的收入支出表？如何编制？

4.什么是财政拨款收入支出表？如何编制？

5.什么是行政单位的会计报表附注？主要包括哪些内容？

第四篇　事业单位会计

第十八章

事业单位会计概述

学习目标

通过本章的学习，了解事业单位及其特征，掌握事业单位会计的概念及特点，熟知事业单位会计核算的一般原则及会计账户。

第一节 事业单位会计的概念与特点

一、事业单位及其特征

“非营利组织”的概念是从美国的会计理论中借鉴过来的。非营利组织有广义和狭义之分：广义的非营利组织包括政府组织；狭义的非营利组织是指不具有物质产品生产和国家行政管理职能，主要以精神产品和各种服务形式向社会公众提供产品、服务，不以营利为目的的各类组织机构，如科教文化、公益性、社会福利等事业单位，以及宗教、基金会等组织。

在我国，按照非营利组织的资金来源，可以将非营利组织划分为公立非营利组织和私立非营利组织。主要依靠国家财政拨款作为非营利组织业务活动资金来源的非营利组织，称为公立非营利组织，也称为国有事业单位；主要依靠民间投资作为非营利组织业务活动资金来源的非营利组织，称为私立非营利组织，也称为民间非营利组织。

本书以狭义非营利组织的事业单位为研究对象。

所谓事业单位是指受国家机关领导，不具有社会生产职能和国家管理职能，直接或间接地为上层建筑、经济建设和人民生活服务的单位，主要包括：教育事业单位、科学技术事业单位、文化事业单位、体育事业单位、广播电视事业单位、新闻出版事业单位、文物事业单位林业园林事业单位、气象事业单位、医疗卫生事业单位、环保环卫事业单位等。

以上事业单位尽管所属行业或部门不尽相同，各自所从事的业务活动也存在差异，但它们都不以营利为目的以及不具有社会管理职能，从而区别于企业和行政单位。

事业单位具备如下特征：

1.依法设立的社会组织

根据《事业单位登记管理暂行条例》的规定，事业单位经县级以上各级人民政府及有关主管部门批准成立后，应当依照规定登记或者备案。事业单位的设立应当具备法人条件，需要经审批机关批准，有规范的名称和组织机构，有稳定的场所，有明确的宗旨和业务范围，有与其业务范围相适应的从业人员，要求有一定数额的开办资金和经费来源渠道，能够独立承担民事责任。

2.从事公益服务

事业单位的目的是向社会提供各类公益性服务，其活动领域较为广泛，主要集中在教育、科技、文化、卫生等涉及人民群众公共利益的领域开展服务活动，一般不履行行政管理职能。

3.不以营利为目的

事业单位一般不从事生产经营活动，经费来源有的需要财政完全保证，有的是通过从事一些经批准的服务活动取得部分收入，但取得的收入只能用于事业单位的再发展。

据统计，目前中国有126万个事业单位，在3 000万名正式职工中，教育、卫生和农技服务从业人员三项相加，占总人数的3/4，其中教育系统人员达到一半左右。

因此，本篇只介绍通用的事业单位会计。

二、事业单位会计的概念

事业单位会计是核算和监督各级各类事业单位财务状况、事业成果及预算执行等有关会计信息及其受托责任履行情况的专业会计，是政府与非营利组织会计的重要组成部分。

我国《事业单位会计准则》规定，事业单位会计核算的目标是向会计信息使用者提供与事业单位财务状况、事业成果、预算执行等有关的会计信息，反映事业单位受托责任的履行情况，有助于会计信息使用者进行社会管理、作出经济决策。

事业单位会计信息使用者包括政府及其有关部门、举办（上级）单位、债权人、事业单位自身和其他利益相关者。

三、事业单位会计的特点

事业单位会计的特点主要体现在以下方面：

（1）事业单位存在多层次会计主体。根据行政隶属和经费申报关系，事业单位会计可分为二级或三级，相应地要进行二级或三级会计核算。

（2）事业单位会计核算一般采用收付实现制，但部分经济业务或者事项的核算应当按照《事业单位会计制度》的规定采用权责发生制。

（3）事业单位收入来源多渠道，支出使用多用途。收入来源有财政补助收入、上级补助收入、事业收入、经营收入、附属单位上缴收入、其他收入。支出用途有事业支出、经营支出、上缴上级支出、对附属单位补助支出、其他支出。

（4）事业单位的财政补助资金、财政补助资金以外的各专项资金及非专项资金均单独核算，并单独核算财政拨款结转。

第二节　事业单位会计核算原则

为了规范事业单位的会计核算，保证会计信息质量，促进公益事业健康发展，根据《会计法》等有关法律、行政法规，财政部制定了《事业单位会计准则》和《事业单位会计制度》。该准则分为总则、一般原则、资产、负债、净资产、收入、支出、会计报表、附则等九章，并分49项条款对有关问题进行规范，该准则适用于我国各级各类国有事业单位。《事业单位会计制度》分为总说明、事业单位通用会计科目、年终清理结算和结账、会计报表的编审、附件。上述准则和制度均于

2013年1月1日起在全国范围内统一实施。

事业单位在进行会计核算时，应当遵循如下一般原则：

1.客观性原则

事业单位应当以实际发生的经济业务或者事项为依据进行会计核算，如实反映各项会计要素的情况和结果，保证会计信息真实可靠。

2.全面性原则

事业单位应当将发生的各项经济业务或者事项统一纳入会计核算，确保会计信息能够全面反映事业单位的财务状况、事业成果、预算执行等情况。

3.专款专用原则

专款专用原则是指对于有指定用途的资金，应当按规定的用途使用，并单独核算反映。

4.及时性原则

事业单位对于已经发生的经济业务或者事项，应当及时进行会计核算，不得提前或者延后。

5.可比性原则

事业单位提供的会计信息应当具有可比性。同一事业单位不同时期发生的相同或者相似的经济业务或者事项，应当采用一致的会计政策，不得随意变更。确需变更的，应当将变更的内容、理由和对单位财务状况及事业成果的影响在附注中予以说明。同类事业单位中不同单位发生的相同或者相似的经济业务或者事项，应当采用统一的会计政策，确保同类单位会计信息口径一致，相互可比。

6.相关性原则

事业单位提供的会计信息应当与事业单位受托责任履行情况的反映、会计信息使用者的管理及决策需要有关，从而有助于会计信息使用者对事业单位过去、现在或者未来的情况作出评价或者预测。

7.明晰性原则

事业单位提供的会计信息应当清晰明了，便于会计信息使用者理解和使用。

第三节　事业单位会计要素与会计科目

事业单位会计根据其业务需要设置资产、负债、净资产、收入、支出五个会计要素。

按事业单位会计要素的类别，事业单位会计科目可分为资产、负债、净资产、收入、支出或费用五类。各会计要素的内涵和具体内容各具特点，因而在总账科目设置上，必须适应事业单位会计核算的特点，以满足事业单位资金管理的需要。各类事业单位统一适用的会计科目见表18-1。

为了规范事业单位会计核算，事业单位会计科目参照我国现行的《事业单位会计制度》。《事业单位会计制度》中规定的会计科目是各级各类事业单位的通用会计科目，是总账会计科目。由于事业单位包括的范围较广，不同类别的公立非营利组织的业务有其特殊性，因此，国家在通用会计制度的基础上，又根据教育、卫生、科研等事业单位，分别制定了高等学校会计制度、医院会计制度、科学事业单位会计制度等事业单位会计制度。各单位应根据其业务的内容和繁简程度，选择合适的总账账户，并据此设置总账。

表 18-1 **事业单位会计科目表**

编号	科目名称	编号	科目名称
	一、资产类		三、净资产类
1001	库存现金	3001	事业基金
1002	银行存款	3101	非流动资产基金
1011	零余额账户用款额度	30101	长期投资
1101	短期投资	30102	固定资产
1201	财政应返还额度	30103	在建工程
120101	财政直接支付	30104	无形资产
120102	财政授权支付	3201	专用基金
1211	应收票据	3301	财政补助结转
1212	应收账款	330101	基本支出结转
1213	预付账款	330102	项目支出结转
1215	其他应收款	3302	财政补助财政拨款结转
1301	存货	3401	非财政补助结转
1401	长期投资	3402	事业财政拨款结转
1501	固定资产	3403	经营财政拨款结转
1502	累计折旧	3404	非财政补助财政拨款结转分配
1511	在建工程		四、收入类
1601	无形资产	4001	财政补助收入
1602	累计摊销	4101	事业收入
1701	待处置资产损溢	4201	上级补助收入
	二、负债类	4301	附属单位上缴收入
2001	短期借项	4401	经营收入
2101	应缴税费	4501	其他收入
2102	应缴国库款		五、支出类
2103	应缴财政专户款	5001	事业支出
2201	应付职工薪酬	5101	上缴上级支出
2301	应付票据	5201	对附属单位补助支出
2302	应付账款	5301	经营支出
2303	预收账款	5401	其他支出
2305	其他应付款		
2401	长期借款		
2402	长期应付款		

表18-1所列会计科目是总账科目，它提供预算资金和经营资金活动的总括资料。为了满足预算管理需要以及会计核算要求，还应设置明细科目，以提供关于预算资金和经营资金活动详细具体的资料。

本章小结

在我国，按照非营利组织的资金来源，可以将非营利组织划分为公立非营利组织和私立非营利组织。公立非营利组织也称为国有事业单位；私立非营利组织也称为民间非营利组织。

事业单位会计是核算和监督各级各类事业单位财务状况、事业成果及预算执行等有关会计信息及受托责任履行情况的专业会计，是政府与非营利组织会计的重要组成部分。

事业单位会计的特点包括：事业单位存在多层次会计主体；事业单位会计核算一般采用收付实现制，但部分经济业务或者事项的核算采用权责发生制；事业单位收入来源多渠道，支出使用多用途；事业单位的各项资金均单独核算。

事业单位会计核算的一般原则包括：客观性原则、全面性原则、专款专用原则、可比性原则、相关性原则和明晰性原则。

事业单位会计设置资产、负债、净资产、收入、支出五个会计要素。按事业单位会计要素的类别，事业单位会计账户可分为资产、负债、净资产、收入、支出或费用五类。

思考题

1．如何理解事业单位及其特征？
2．什么是事业单位会计？
3．事业单位会计有哪些特征？
4．简述事业单位会计核算包括的一般原则。
5．事业单位会计核算均采用收付实现制会计基础吗？为什么？

第十九章

事业单位资产的核算

学习目标

通过本章的学习，掌握事业单位资产的概念，了解事业单位资产的管理及分类，掌握事业单位流动资产和非流动资产的具体内容及会计处理。

资产是指事业单位占有或者使用的能以货币计量的经济资源，包括各种财产、债权和其他权利。

事业单位应当建立健全单位资产管理制度，加强和规范资产配置、使用和处置管理，维护资产安全完整，保障事业健康发展。事业单位应当按照科学规范、从严控制、保障事业发展的原则合理配置资产。

事业单位的资产按照流动性，分为流动资产、长期投资、固定资产、无形资产。

第一节 流动资产

流动资产是指预计在1年内（含1年）变现或者耗用的资产，包括货币资金、短期投资、应收及预付款项、存货等。

一、货币资金

事业单位的货币资金包括库存现金、银行存款、零余额账户用款额度。

（一）库存现金

1.库存现金的概念与管理

库存现金是存放在事业单位会计部门的现金，包括库存人民币和库存外币。库存现金主要用于事业单位的日常零星开支。

库存现金是流动性最强的资产。事业单位办理各项现金收付业务，应严格遵守国家的现金管理制度和结算制度的规定，严格履行现金的收支手续，如实反映现金的收支和结存情况，保证现金的安全，具体管理要求如下：

（1）遵守现金的使用范围。事业单位应在《现金管理暂行条例》规定的范围内使用现金。事业单位不可在规定范围之外随意使用现金，其他开支必须通过银行转账支付。

（2）严格现金收付手续。事业单位办理任何现金收支，都必须以合法的原始凭证作依据。出纳员付出现金后，应当在原始单据上加盖“现金付讫”戳记。收到现金后，应当开给对方收款收据。

（3）遵守库存现金的限额。为了既满足各单位使用现金的需要，又防止积压现金和保障现金的安全，银行对各单位核定了库存现金限额。各单位超过库存现金核准的限额，应及时送存银行。

（4）不得坐支现金。坐支是指用收入的现金直接办理现金支出。各单位收入的现金，应于当日或在规定的时间内送存开户银行，需要支付现金时，从本单位的库存现金限额中支付，或者从银行提取，不得从本单位现金收入中直接支付。因特殊情况需坐支现金的，应当事先报经开户银行审查批准。

（5）如实反映现金库存情况。收付现金要及时记账，每天业务终了要结出余额，做到日清月结，账款相符。出纳人员在将账面库存与实际库存核对时，如发现长款或短款，应及时查明原因，作出处理。

2.库存现金的核算

为了核算库存现金的收支及结存情况，事业单位应设置“库存现金”账户。事业单位库存现金业务的主要账务处理如下：

（1）收到现金时，借记“库存现金”账户，贷记“零余额账户用款额度”“银行存款”“事业收入”“经营收入”“其他收入”等有关账户。

（2）支出现金时，借记“事业支出”“经营支出”等有关账户，贷记“库存现金”账户。

（3）每日账款核对时发现现金溢余或短缺的，应当及时进行处理。如发现现金溢余，属于应支付给有关人员或单位的部分，借记“库存现金”账户，贷记“其他应付款”账户；属于无法查明原因的部分，借记“库存现金”账户，贷记“其他收入”账户。如发现现金短缺，属于应由责任人赔偿的部分，借记“其他应收款”账户，贷记“库存现金”账户；属于无法查明原因的部分，报经批准后，借记“其他支出”账户，贷记“库存现金”账户。

本账户期末为借方余额，反映事业单位实际持有的库存现金。

【例19-1】某事业单位2016年2月5日从单位零余额账户中提取库存现金900元。应做会计分录：

借：库存现金	900	
贷：零余额账户用款额度		900

【例19-2】某事业单位职工王山预借差旅费2 000元。应做会计分录：

借：其他应收款——王山	2 000	
贷：库存现金		2 000

【例19-3】某事业单位职工王山报销差旅费1 600元（原借款2 000元）。应做会计分录：

借：事业支出	1 600	
库存现金	400	
贷：其他应收款——王山		2 000

【例19-4】某事业单位以现金580元购买办公用品，存入仓库。应做会计分录：

借：存货	580	
贷：库存现金		580

【例19-5】某事业单位收到零星杂项现金收入170元。应做会计分录：

借：库存现金	170	
贷：其他收入		170

【例19-6】某事业单位某日进行账款核对时发现现金溢余110元，经查实属于应支付给有关单位的资金。应做会计分录：

借：库存现金	110	
贷：其他应付款		110

现金收入业务较多、单独设有收款部门的事业单位，收款部门的收款员应当将

每天所收现金连同收款凭据等一并交财务部门核收记账；或者将每天所收现金直接送存开户银行后，将收款凭据及向银行送存现金的凭证等一并交财务部门核收记账。

事业单位应当设置“库存现金日记账”，有外币现金的，应当分别按照人民币、各种外币设置“库存现金日记账”进行明细核算。库存现金一般采用收付余三栏式日记账，由出纳人员根据收付款凭证，按照业务发生顺序逐笔登记。每日终了，应当计算当日的现金收入合计数、现金支出合计数和结余数，并将结余数与实际库存数核对，做到账款相符。月末终了，“库存现金日记账”的余额应与“库存现金”总账的余额相符。

（二）银行存款

1.银行存款的概念与管理

银行存款是指事业单位存入银行或其他金融机构的货币资金，包括人民币存款和外币存款。有关事业单位货币资金的收付，除国家规定可以用现金办理结算外，其余都必须通过银行办理转账结算。

按照中国人民银行《支付结算办法》的规定，事业单位应在银行开立账户，以办理存款、取款和转账等结算业务。凡是在银行开立存款账户的公立非营利组织，必须遵守中国人民银行颁布的《银行账户管理办法》的各项规定。银行存款账户应由会计部门统一在银行开立，避免多头开户，以保证事业单位收支统管工作的顺利进行。各事业单位在办理银行存款开户时，应按银行规定填写“开户申请表”，经上级主管部门或同级财政机关审查同意后，连同盖有单位公章和有权支配款项的个人名章的印鉴卡片一并送到开户银行，经银行审查同意后方可开户。

事业单位在银行开户后，应严格遵守银行的各项规章制度，接受银行的监督和管理：银行存款户只供本单位使用，不准出租、出借、套用或转让给其他单位或个人使用；不准签发空头支票和其他远期支付的凭证；各种收支款项的凭证，必须如实填明款项的来源或用途，不得弄虚作假、套取现金、套购物资，严禁利用账户搞非法活动。

中国人民银行总行发布的《支付结算办法》规定，现行结算方式有：支票、银行汇票、银行本票、商业汇票、汇兑、委托收款、托收承付7种结算方式。事业单位发生的大量资金收付业务，可根据《支付结算办法》的规定，通过上述7种结算方式进行结算。

2.银行存款的核算

为核算事业单位银行存款的收支和结存情况，事业单位会计应设置“银行存款”账户。事业单位收入银行存款时，借记“银行存款”账户，贷记“财政补助收入”“上级补助收入”“附属单位上缴收入”“事业收入”“经营收入”有关账户；事业单位支出银行存款时，借记“事业支出”“经营支出”有关账户，贷记“银行存款”账户。

本账户期末借方余额，反映事业单位实际存放在银行或其他金融机构的款项。

事业单位发生外币业务的，应当按照业务发生当日（或当期期初，下同）的即期汇率，将外币金额折算为人民币记账，并登记外币金额和汇率。

期末，各种外币账户的外币余额应当按照期末的即期汇率折算为人民币，作为外币账户期末人民币余额。调整后的各种外币账户人民币余额与原账面人民币余额的差额，作为汇兑损益计入相关支出。

【例 19-7】某事业单位尚未纳入财政国库单一账户制度的核算，2016年11月收到财政部门拨入事业经费100 000元，款项已通过银行收妥。应做会计分录：

借：银行存款　　100 000

　贷：财政补助收入　　100 000

【例 19-8】某事业单位收到非独立核算的经营业务收入10 000元，增值税1 700元，款项已通过银行收妥。应做会计分录：

借：银行存款　　11 700

　贷：经营收入　　10 000

　　　应缴税费——应缴增值税（销项税额）　　1 700

【例 19-9】某事业单位开展专业业务活动取得收入20 000元，款项已存入银行。应做会计分录：

借：银行存款　　20 000

　贷：事业收入　　20 000

【例 19-10】某事业单位开出转账支票一张，用银行存款支付事业活动业务支出16 000元。应做会计分录：

借：事业支出　　16 000

　贷：银行存款　　16 000

【例 19-11】某事业单位开出转账支票支付购买办公用品款13 000元。应做会计分录：

借：事业支出　　13 000

　贷：银行存款　　13 000

为了随时掌握银行存款的收支和结存情况，事业单位应当按开户银行或其他金融机构、存款种类及币种等，分别设置“银行存款日记账”，由出纳人员根据收付款凭证，按照业务的发生顺序逐笔登记，每日终了应结出余额。“银行存款日记账”应定期与“银行对账单”核对，至少每月核对一次。月度终了，事业单位银行存款账面余额与银行对账单余额之间如有差额，必须逐笔查明原因并进行处理，按月编制“银行存款余额调节表”并调节相符。

有外币存款的事业单位，应在“银行存款”账户下分别按人民币和各种外币设置“银行存款日记账”进行明细核算。事业单位发生外币存款业务时，按当日外汇汇率将外币金额折合为人民币记账，并登记外国货币金额和外汇汇率。年终（外币存款业务量大的单位可按季或月结算），按照期末外币余额和人民币外汇汇率进行调整，调整后的外币账户人民币余额与原账面余额的差额，作为汇兑损益，列入

“事业支出”账户。

（三）零余额账户用款额度

1.零余额账户用款额度的概念

实行财政国库单一账户的事业单位，财政部门为其在商业银行开设单位零余额账户。单位零余额账户用于财政部门授权支付。财政部门向某事业单位零余额账户的代理银行下达零余额账户用款额度时，该单位的单位零余额账户用款额度增加。事业单位可以根据经批准的单位预算和用款计划，自行向单位零余额账户的代理银行开具支付令，从单位零余额账户向收款人支付款项，或从单位零余额账户提取现金。代理银行在将事业单位开具的支付令与事业单位的单位预算和用款计划进行核对，并向收款人支付款项后，于当日通过事业单位的零余额账户与财政国库单一账户进行资金清算。资金清算后，事业单位零余额账户的余额为零，因此，该账户称为零余额账户。尽管如此，只要事业单位从单位零余额账户中支取的款项小于财政部门下达的单位零余额账户用款额度，事业单位零余额账户的用款额度仍然存放在代理银行。事业单位仍然可以继续通过单位零余额账户使用剩余的用款额度，实现支付。由此，零余额账户用款额度尽管只是一个用款额度，但它是事业单位可以随时使用的一项特殊的流动资产。

在财政国库单一账户制度下，财政部门在商业银行开设财政零余额账户。财政零余额账户用于财政直接支付。当事业单位根据经批准的部门预算和用款计划购买物品或服务时，其可向财政部门申请财政直接支付。财政部门经审核无误，向财政零余额账户的代理银行开具支付令，通过财政零余额账户将款项支付给收款人。每日终了，当代理银行与财政国库单一账户进行资金清算后，财政零余额账户的余额即为零。与单位零余额账户用款额度不同的是，事业单位不能自行向财政零余额账户开具支付令，只有财政部门才能向财政零余额账户开具支付令。因此，事业单位在财政零余额账户中的用款额度或预算指标不作为事业单位的资产反映。事业单位的零余额账户用款额度仅指单位零余额账户中的用款额度，即财政授权支付用款额度，不包括财政零余额账户中的用款额度，即财政直接支付用款额度。

在财政国库单一账户制度下，财政预算资金全部存放在国库单一账户中。事业单位不得自行在银行开设的银行存款账户中存放财政预算资金。

2.零余额账户用款额度的核算

为了核算实行国库集中支付的事业单位根据财政部门批复的用款计划收到和支用的零余额账户用款额度，事业单位应设置“零余额账户用款额度”总账账户。零余额账户用款额度的主要账务处理如下：

（1）在财政授权支付方式下，收到代理银行盖章的授权支付到账通知书时，根据通知书所列数额，借记“零余额账户用款额度”账户，贷记“财政补助收入”账户。

（2）按规定支用额度时，借记“事业支出”“存货”等有关账户，贷记“零余额账户用款额度”账户。

（3）从零余额账户提取现金时，借记“库存现金”账户，贷记“零余额账户用款额度”账户。

（4）因购货退回等发生国库授权支付额度退回的，属于以前年度支付的款项，按照退回金额，借记“零余额账户用款额度”账户，贷记“财政补助结转”“财政补助结余”“存货”等有关账户；属于本年度支付的款项，按照退回金额，借记“零余额账户用款额度”账户，贷记“事业支出”“存货”等有关账户。

下年初，事业单位依据代理银行提供的额度恢复到账通知书做恢复额度的相关账务处理，借记“零余额账户用款额度”账户，贷记“财政应返还额度——财政授权支付”账户。事业单位收到财政部门批复的上年末未下达零余额账户用款额度的，借记“零余额账户用款额度”账户，贷记“财政应返还额度——财政授权支付”账户。

本账户期末借方余额，反映事业单位尚未支用的零余额账户用款额度。本账户年末应无余额。

【例19-12】某事业单位实行国库单一账户制度。2016年7月6日收到单位零余额账户代理银行转来的财政授权支付到账通知书，获得财政授权支付额度390 000元。应做会计分录：

借：零余额账户用款额度　　390 000

　贷：财政补助收入　　390 000

【例19-13】从单位零余额账户提取库存现金900元备日常支出。应做会计分录：

借：库存现金　　900

　贷：零余额账户用款额度　　900

【例19-14】通过单位零余额账户购买一批办公用品，金额共计153 000元。该批办公用品已经验收入库。应做会计分录：

借：存货　　153 000

　贷：零余额账户用款额度　　153 000

【例19-15】收到财政零余额账户代理银行转来的财政直接支付入账通知书，反映财政部门通过财政零余额账户为事业单位支付了一笔劳务费用，金额共计58 000元。应做会计分录：

借：事业支出　　58 000

　贷：财政补助收入　　58 000

二、短期投资

短期投资是指事业单位依法取得的，持有时间不超过1年（含1年）的投资，主要是国债投资。事业单位应当严格遵守国家法律、行政法规以及财政部门、主管部门关于对外投资的有关规定，严格控制对外投资。在保证单位正常运转和事业发展的前提下，按照国家有关规定可以对外投资的，应当履行相关审批程序。事业单位不得使用财政拨款及其结余进行对外投资，不得从事股票、期货、基金、企业债券等投资，国家另有规定的除外。

为了核算事业单位依法取得的，持有时间不超过1年（含1年）的投资，事业单位应设置“短期投资”账户，该账户应当按照国债投资的种类等进行明细核算。短期投资的主要账务处理如下：

（1）取得短期投资时，应当将其实际成本（包括购买价款以及税金、手续费等相关税费）作为投资成本，借记“短期投资”账户，贷记“银行存款”等账户。

（2）短期投资持有期间收到利息时，按实际收到的金额，借记“银行存款”账户，贷记“其他收入——投资收益”账户。

（3）出售短期投资或到期收回短期国债本息，按照实际收到的金额，借记“银行存款”账户，按照出售或收回短期国债的成本，贷记“短期投资”账户，按其差额，贷记或借记“其他收入——投资收益”账户。

本账户期末借方余额，反映事业单位持有的短期投资成本。

【例19-16】事业单位2016年8月1日购入1年期国债，债券面值为100 000元，年利率为3.45%，债券到期支付利息，债券购买价款、税金及手续费合计101 000元。应做会计分录：

（1）购入时：

借：短期投资——债券投资	101 000	
贷：银行存款		101 000

（2）债券到期收到利息时：

借：银行存款	3 450	
贷：其他收入——投资收益		3 450

（利息额=100 000×3.45%×1=3 450（元））

（3）债券到期收回本金时：

借：银行存款	100 000	
其他收入——投资收益	1 000	
贷：短期投资——债券投资		101 000

三、应收及预付款项

应收及预付款项是指事业单位在开展业务活动中形成的各项债权，包括财政应返还额度、应收票据、应收账款、预付账款、其他应收款等。

（一）财政应返还额度的核算

实行国库集中支付的事业单位，为了核算财政应返还额度的业务，应设置“财政应返还额度”账户。本账户应当设置“财政直接支付”“财政授权支付”两个明细账户，进行明细核算。事业单位财政应返还额度业务的主要账务处理如下：

（1）财政直接支付下，年终，事业单位根据本年度财政直接支付预算指标数与当年财政直接支付实际支出数的差额，借记“财政应返还额度——财政直接支付”账户，贷记“财政补助收入——财政直接支付”账户。

下年度恢复财政直接支付额度后，事业单位以财政直接支付方式发生实际支出时，借记支出类账户，贷记“财政应返还额度——财政直接支付”账户。

（2）财政授权支付下，年终，事业单位依据代理银行提供的对账单做注销额度的相关账务处理，借记“财政应返还额度——财政授权支付”账户，贷记“零余额账户用款额度”账户；事业单位本年度财政授权支付预算指标数大于零余额账户用款额度下达数的，根据未下达的用款额度，借记“财政应返还额度——财政授权支付”账户，贷记“财政补助收入——财政授权支付”账户。

下年初，事业单位依据代理银行提供的额度恢复到账通知书做恢复额度的相关账务处理，借记“零余额账户用款额度”账户，贷记“财政应返还额度——财政授权支付”账户。事业单位收到财政部门批复的上年末未下达零余额账户用款额度时，借记“零余额账户用款额度”账户，贷记“财政应返还额度——财政授权支付”。

本账户期末借方余额，反映事业单位应收财政返还的资金额度。

【例19-17】年终，某事业单位本年度财政直接支付预算指标为1 295 000元，财政直接支付实际支出数为1 232 000元，两者差额为63 000元，即为事业单位尚未使用的财政直接支付用款额度。应做会计分录：

借：财政应返还额度——财政直接支付　　63 000
　贷：财政补助收入——财政直接支付　　63 000

【例19-18】年终，某事业单位本年度财政授权支付用款额度为1 250 000元，单位零余额账户代理银行收到的零余额账户用款额度为1 240 000元，本年度财政授权支付实际支出数为1 235 000元。事业单位存在尚未使用的财政授权支付用款额度为5 000元，存在尚未收到的财政授权支付用款额度10 000元。应做会计分录：

借：财政应返还额度——财政授权支付　　10 000
　贷：财政补助收入　　10 000

同时：

借：财政应返还额度——财政授权支付　　5 000
　贷：零余额账户用款额度　　5 000

【例19-19】接【例19-18】，次年初，该事业单位收到财政部门批复的上年终未下达的单位零余额账户用款额度10 000元。应做会计分录：

借：零余额账户用款额度　　10 000
　贷：财政应返还额度——财政授权支付　　10 000

【例19-20】接【例19-18】，次年初，该事业单位收到代理银行提供的额度恢复到账通知书，恢复财政授权支付额度5 000元。应做会计分录：

借：零余额账户用款额度　　5 000
　贷：财政应返还额度——财政授权支付　　5 000

【例19-21】接【例19-20】，次年初，该事业单位使用恢复的财政直接支付额度支付日常业务活动支出3 000元。应做会计分录：

借：事业支出　　3 000

　贷：财政应返还额度——财政授权支付　　3 000

（二）应收票据的核算

应收票据是指事业单位因开展经营活动销售产品、提供有偿服务等而收到的商业汇票，商业汇票是由出票人签发的、指定付款人在一定日期支付一定金额给收款人或持票人的票据。商业汇票通常涉及出票人、付款人和收款人三方。

商业汇票按承兑人不同，分为商业承兑汇票和银行承兑汇票；按其票面是否注明利息，可分为带息票据和不带息票据。

为了核算应收票据业务，事业单位应设置“应收票据”账户。本账户应当按照开出、承兑商业汇票的单位等进行明细核算。事业单位应收票据的主要账务处理如下：

（1）因销售产品、提供服务等收到商业汇票，按照商业汇票的票面金额，借记“应收票据”账户，按照确认的收入金额，贷记“经营收入”等账户，按照应缴增值税金额，贷记“应缴税费——应缴增值税”账户。

（2）持未到期的商业汇票向银行贴现，按照实际收到的金额（扣除贴现息后的净额），借记“银行存款”账户，按照贴现息，借记“经营支出”等账户，按照商业汇票的票面金额，贷记“应收票据”账户。

（3）将持有的商业汇票背书转让以取得所需物资时，按照取得物资的成本，借记有关账户，按照商业汇票的票面金额，贷记“应收票据”账户，如有差额，借记或贷记“银行存款”等账户。

（4）商业汇票到期时，收回应收票据，按照实际收到的商业汇票票面金额，借记“银行存款”账户，贷记“应收票据”账户。因付款人无力支付票款，收到银行退回的商业承兑汇票、委托收款凭证、未付票款通知书或拒付款证明等，按照商业汇票的票面金额，借记“应收账款”账户，贷记“应收票据”账户。

本账户期末借方余额，反映事业单位持有的商业汇票票面金额。

事业单位应当设置“应收票据备查簿”，逐笔登记每一应收票据的种类、号数、出票日期、到期日、票面金额、交易合同号和付款人、承兑人、背书人姓名或单位名称、背书转让日、贴现日期、贴现率和贴现净额、收款日期、收回金额和退票情况等资料。应收票据到期结清票款或退票后，应当在备查簿内逐笔注销。

【例 19-22】某事业单位因开展经营活动销售一批 M 产品给甲公司，货已发出，价款 10 000 元，增值税税款为 1 700 元。按合同约定两个月后付款，甲公司交给该事业单位一张两个月到期的商业承兑汇票，面值为 11 700 元。应做会计分录：

借：应收票据　　11 700

　贷：经营收入　　10 000

　　　应缴税费——应缴增值税（销项税额）　　1 700

【例 19-23】接【例 19-22】，上述票据在两个月后到期，收回款项 11 700 元，存入银行。应做会计分录：

借：银行存款　　11 700

　贷：应收票据　　11 700

【例19-24】某事业单位因开展经营活动而持有乙公司的一张90天到期的商业承兑汇票，面值为23 400元。该事业单位60天后持此票据到银行贴现，贴现率为10%。应做会计分录：

（1）收到票据时：

借：应收票据　　23 400

　贷：经营收入　　20 000

　　应缴税费——应缴增值税（销项税额）　　3 400

（2）办理贴现时：

贴现息=23 400×10%×30÷360=195（元）

贴现净额=23 400-195=23 205（元）

借：银行存款　　23 205

　经营支出　　195

　贷：应收票据　　23 400

（三）应收账款的核算

应收账款是指事业单位因开展经营活动销售产品、提供有偿服务等而应收取的款项。

为了核算应收账款的业务，事业单位应设置“应收账款”账户，本账户应当按照购货、接受劳务单位（或个人）进行明细核算。事业单位应收账款的主要账务处理如下：

（1）发生应收账款时，按照应收未收金额，借记“应收账款”账户，按照确认的收入金额，贷记“经营收入”等账户，按照应缴增值税金额，贷记“应缴税费——应缴增值税”账户。

（2）收回应收账款时，按照实际收到的金额，借记“银行存款”等账户，贷记本账户。

逾期3年或以上、有确凿证据表明确实无法收回的应收账款，按规定报经批准后予以核销。通过“待处置资产损溢”账户、“其他支出”账户、“其他收入”等账户核算。核销的应收账款应在备查簿中保留登记。

本账户期末借方余额，表示单位尚未收回的应收账款。

【例19-25】某事业单位向乙公司销售科研产品一批，货物已按合同发出，价款为20 000元，增值税税款为3 400元，货款尚未收到。应做会计分录：

借：应收账款　　23 400

　贷：经营收入　　20 000

　　应缴税费——应缴增值税（销项税额）　　3 400

【例19-26】某事业单位收到银行收款通知，收到乙公司前欠货款23 400元。应做会计分录：

借：银行存款　　23 400

　贷：应收账款　　23 400

（四）预付账款的核算

预付账款是指事业单位按照购货、劳务合同规定预付给供应单位的款项。

为了核算预付账款的业务，事业单位应设置“预付账款”账户，本账户应当按照供应单位（或个人）进行明细核算。事业单位预付账款的主要账务处理如下：

（1）发生预付账款时，按照实际预付的金额，借记“预付账款”账户，贷记“零余额账户用款额度”“财政补助收入”“银行存款”等账户。

（2）收到所购物资或劳务，按照购入物资或劳务的成本，借记有关账户，按照相应的预付账款金额，贷记“预付账款”账户，按照补付的款项，贷记“零余额账户用款额度”“财政补助收入”“银行存款”等账户。

收到所购固定资产、无形资产的，按照确定的资产成本，借记“固定资产”“无形资产”账户，贷记“非流动资产基金——固定资产”“非流动资产基金——无形资产”账户；同时，按资产购置支出，借记“事业支出”“经营支出”等账户，按照相应的预付账款金额，贷记本账户，按照补付的款项，贷记“零余额账户用款额度”“财政补助收入”“银行存款”等账户。

逾期3年或以上、有确凿证据表明因供货单位破产、撤销等原因已无望再收到所购物资，且确实无法收回的预付账款，按规定报经批准后予以核销，通过“待处置资产损溢”账户、“其他支出”账户、“其他收入”等账户核算。核销的预付账款应在备查簿中保留登记。

本账户期末借方余额，反映事业单位实际预付但尚未结算的款项。

【例19-27】某事业单位按合同规定向甲公司预付一批货物的货款3 000元，通过开户行付讫。应做会计分录：

借：预付账款　　3 000

　贷：银行存款　　3 000

【例19-28】该事业单位所订购的货物到货，发票账单同时到达，价款为10 000元，增值税税款为1 700元，通过开户行补付的货款为8 700元。应做会计分录：

借：存货　　10 000

　　应缴税费——应缴增值税（进项税额）　　1 700

　贷：预付账款　　11 700

借：预付账款　　8 700

　贷：银行存款　　8 700

（五）其他应收款的核算

其他应收款是指事业单位除财政应返还额度、应收票据、应收账款、预付账款以外的其他各项应收及暂付款项，如职工预借的差旅费、拨付给内部有关部门的备用金、应向职工收取的各种垫付款项等。

为了核算其他应收款的业务，事业单位应设置“其他应收款”账户，本账户应当按照其他应收款的类别以及债务单位（或个人）进行明细核算。事业单位其他应收款的主要账务处理如下：

（1）发生其他各种应收及暂付款项时，借记本账户，贷记“银行存款”“库存现金”等账户。

（2）收回或转销其他各种应收及暂付款项时，借记“库存现金”“银行存款”等账户，贷记本账户。

（3）事业单位内部实行备用金制度的，有关部门使用备用金以后应当及时到财务部门报销并补足备用金。财务部门核定并发放备用金时，借记本账户，贷记“库存现金”等账户。根据报销数用现金补足备用金定额时，借记有关账户，贷记“库存现金”等账户，报销数和拨补数都不再通过本账户核算。

逾期3年或以上、有确凿证据表明确实无法收回的其他应收款，按规定报经批准后予以核销，通过“待处置资产损溢”“其他支出”“其他收入”等账户核算。核销的其他应收款应在备查簿中保留登记。

本账户期末借方余额，反映事业单位尚未收回的其他应收款。

【例19-29】某事业单位职工李强借差旅费2 000元。应做会计分录：

借：其他应收款——李强	2 000	
贷：库存现金		2 000

【例19-30】职工李强出差回来报销差旅费1 850元，交回现金150元。应做会计分录：

借：事业支出	1 850	
库存现金	150	
贷：其他应收款——李强		2 000

【例19-31】某事业单位将逾期3年以上、有确凿证据表明确实无法收回的其他应收款2 300元，转入“待处置资产损溢”账户。应做会计分录：

借：待处置资产损溢	2 300	
贷：其他应收款		2 300

【例19-32】该事业单位将上述无法收回的其他应收款2 300元，按规定报经批准后予以核销，应做会计分录：

借：其他支出——保险公司	2 300	
贷：待处置资产损溢		2 300

四、存货

（一）存货的概念

存货是指事业单位在开展业务活动及其他活动中为耗用而储存的各种材料、燃料、包装物、低值易耗品及达不到固定资产标准的用具、装具、动植物等各种资产。一般事业单位存货的具体内容如下：

（1）原材料，指使用以后即消耗或改变原有形态的各种物资，如原料、燃料、实验材料、改装使用的元件、零配件等。

（2）低值易耗品，指因价值低、易损耗等原因而不作固定资产管理的劳动资料，如仪器、仪表、工具、量具、器皿、一般用品和劳动保护用品等。

（3）办公用品类，指事业单位在办公活动中使用的各种物料，如纸张、笔墨等。

（4）产成品类，指事业单位生产完工并已验收入库的产品。

由于事业单位的业务规模和性质不同，其对存货管理的方式和要求也有所不同：

存货品种多、数量大、价值较高的事业单位，应对存货进行详细划分，实行明细核算；存货品种少、数量小、价值较低的事业单位，实行综合核算，可以对存货不划分细类，也可以不使用核算存货的会计账户进行核算，在购入时直接列作事业支出或经营支出。

（二）存货的计价

事业单位的存货应当按照其实际成本计价。

购入的存货，其成本包括购买价款、相关税费、运输费、装卸费、保险费以及其他使存货达到目前场所和状态所发生的其他支出。事业单位按照税法规定属于增值税一般纳税人的，其购进非自用（如用于生产对外销售的产品）材料所支付的增值税税款不计入材料成本。

自行加工的存货，其成本包括耗用的直接材料费用、发生的直接人工费用和按照一定方法分配的与存货加工有关的间接费用。

接受捐赠、无偿调入的存货，其成本按照有关凭据上注明的金额加上相关税费、运输费等确定；没有相关凭据的，其成本比照同类或类似存货的市场价格加上相关税费、运输费等确定；没有相关凭据，同类或类似存货的市场价格也无法可靠取得的，该存货按照名义金额（人民币1元，下同）入账，相关财务制度仅要求进行实物管理的除外。

发出存货时，应当根据实际情况采用先进先出法、加权平均法或者个别计价法确定发出存货的实际成本。计价方法一经确定，不得随意变更。低值易耗品的成本于领用时一次摊销。

（三）存货的核算

为了核算存货的业务，事业单位应设置“存货”账户，本账户应当按照存货的种类、规格、保管地点等进行明细核算。

事业单位应当通过明细核算或辅助登记方式，登记取得存货成本的资金来源（区分财政补助资金、非财政专项资金和其他资金）。发生自行加工存货业务的事业单位，应当在本账户下设置“生产成本”明细账户，归集核算自行加工存货所发生的实际成本（包括耗用的直接材料费用、发生的直接人工费用和分配的间接费用）。事业单位存货的主要账务处理如下：

（1）属于一般纳税人的，购入的自用材料已验收入库时，按含税价格，借记

“存货”账户，贷记“银行存款”“应付账款”“零余额账户用款额度”等账户；购入的非自用材料已验收入库时，按照采购材料专用发票上注明的增值税税额，借记“应缴税费——应缴增值税（进项税额）”账户，按专用发票上记载的应计入采购成本的金额，借记“存货”账户，按实际支付的金额，贷记“银行存款”“应付账款”“零余额账户用款额度”等账户。

（2）自行加工的存货在加工过程中发生各种费用时，借记本账户（生产成本），贷记本账户（领用材料相关的明细账户）、“应付职工薪酬”“银行存款”等账户。

加工完成的存货验收入库，按照所发生的实际成本，借记本账户（相关明细账户），贷记本账户（生产成本）。

（3）接受捐赠、无偿调入的存货验收入库，按照确定的成本，借记本账户，按照发生的相关税费、运输费等，贷记“银行存款”等账户，按照其差额，贷记“其他收入”账户。

在按照名义金额入账的情况下，按照名义金额，借记本账户，贷记“其他收入”账户；按照发生的相关税费、运输费等，借记“其他支出”账户，贷记“银行存款”等账户。

（4）开展业务活动等领用、发出存货，按领用、发出存货的实际成本，借记“事业支出”“经营支出”等账户，贷记本账户。

对外捐赠、无偿调出存货，转入待处置资产时，按照存货的账面余额，借记“待处置资产损溢”账户，贷记本账户。

属于增值税一般纳税人的事业单位对外捐赠、无偿调出购进的非自用材料，转入待处置资产时，按照存货的账面余额与相关增值税进项税额转出金额的合计金额，借记“待处置资产损溢”账户，按存货的账面余额，贷记本账户，按转出的增值税进项税额，贷记“应缴税费——应缴增值税（进项税额转出）”账户。

实际捐出、调出存货时，按照“待处置资产损溢”账户的相应余额，借记“其他支出”账户，贷记“待处置资产损溢”账户。

对于事业单位存货的盘盈、盘亏或者报废、毁损，应在“待处置资产损溢”“其他收入”“其他支出”等账户核算。

本账户期末借方余额反映事业单位存货的实际成本。

事业单位随买随用的零星办公用品，可以在购进时直接列作支出，不通过本账户核算。

事业单位的存货应当定期进行清查盘点，每年至少盘点一次。对于发生的存货盘盈、盘亏或者报废、毁损，应当及时查明原因，按规定报经批准后进行账务处理。

【例19-33】某事业单位通过单位零余额账户购入一批自用甲材料1 000千克，单价20元，增值税税款为3 400元，价税合计23 400元，材料已验收入库。应做会计分录：

借：存货——甲材料　　23 400

　贷：零余额账户用款额度　　23 400

【例19-34】某事业单位通过单位零余额账户购入一批非自用乙材料1 000千克，单价10元，增值税税款为1 700元，价税合计11 700元，材料已验收入库。应做会计分录：

借：存货——乙材料　　10 000

　　应缴税费——应缴增值税（进项税额）　　1 700

　贷：零余额账户用款额度　　11 700

【例19-35】某事业单位接受民营企业家捐赠的一批材料，发票上注明的金额为23 000元，用现金支付500元运费，该批材料已验收入库。应做会计分录：

借：存货　　23 500

　贷：库存现金　　500

　　　其他收入　　23 000

【例19-36】某事业单位开展业务活动从仓库领用甲材料一批，成本为1 000元。应做会计分录：

借：事业支出　　1 000

　贷：存货　　1 000

【例19-37】某事业单位为一般纳税人年终清查时，发现自用甲材料盘盈100千克，单价20元，计2 000元；非自用乙材料盘亏100千克，单价10元，计1 000元，增值税的进项税额为170元。应做会计分录：

（1）自用甲材料盘盈：

借：存货　　2 000

　贷：其他收入　　2 000

（2）非自用乙材料盘亏，批准前：

借：待处置资产损溢　　1 170

　贷：存货　　1 000

　　　应缴税费——应缴增值税（进项税额转出）　　170

批准后：

借：其他支出　　1 170

　贷：待处置资产损溢　　1 170

第二节　长期投资

非流动资产是指流动资产以外的资产。事业单位的非流动资产包括长期投资、固定资产、无形资产等。

长期投资是指事业单位依法取得的，持有时间超过1年（不含1年）的各种股权和债权性质的投资。事业单位的长期投资主要按投资方式分为长期股权投资和长期债券投资。长期股权投资指事业单位以货币资金、固定资产、无形资产等方式的对外投资。长期债券投资指事业单位以货币资金认购的国债的对外投资。

事业单位应当严格遵守国家法律、行政法规以及财政部门、主管部门有关事业单位对外投资的规定。

为了核算长期投资的业务，事业单位应设置“长期投资”账户，本账户应当按照长期投资的种类和被投资单位等进行明细核算。

一、长期股权投资的核算

（一）长期股权投资取得时的核算

长期股权投资在取得时，应当将其实际成本作为投资成本。

（1）以货币资金取得的长期股权投资，将实际支付的全部价款（包括购买价款以及税金、手续费等相关税费）作为投资成本，借记“长期投资”账户，贷记“银行存款”等账户；同时，按照投资成本金额，借记“事业基金”账户，贷记“非流动资产基金——长期投资”账户。

（2）以固定资产取得的长期股权投资，将评估价值加上相关税费作为投资成本，借记“长期投资”账户，贷记“非流动资产基金——长期投资”账户，按发生的相关税费，借记“其他支出”账户，贷记“银行存款”“应缴税费”等账户；同时，按照投出固定资产对应的非流动资产基金，借记“非流动资产基金——固定资产”账户，按照投出固定资产已计提折旧，借记“累计折旧”账户，按投出固定资产的账面余额，贷记“固定资产”账户。

（3）以已入账无形资产取得的长期股权投资，将评估价值加上相关税费作为投资成本，借记“长期投资”账户，贷记“非流动资产基金——长期投资”账户，按发生的相关税费，借记“其他支出”账户，贷记“银行存款”“应缴税费”等账户；同时，按照投出无形资产对应的非流动资产基金，借记“非流动资产基金——无形资产”账户，按照投出无形资产已摊销金额，借记“累计摊销”账户，按照投出无形资产的账面余额，贷记“无形资产”账户。

以未入账无形资产取得的长期股权投资，将评估价值加上相关税费作为投资成本，借记“长期投资”账户，贷记“非流动资产基金——长期投资”账户，按发生的相关税费，借记“其他支出”账户，贷记“银行存款”“应缴税费”等账户。

（二）长期股权投资持有期间的核算

长期股权投资持有期间收到利润等投资收益时，按照实际收到的金额，借记“银行存款”等账户，贷记“其他收入——投资收益”账户。

（三）转让长期股权投资的核算

转让长期股权投资，转入待处置资产时，按照待转让长期股权投资的账面余额，借记“待处置资产损溢——处置资产价值”账户，贷记“长期投资”账户。实际转让时，按照所转让长期股权投资对应的非流动资产基金，借记“非流动资产基金——长期投资”账户，贷记“待处置资产损溢——处置资产价值”账户。

转让长期股权投资过程中取得的价款、发生的相关税费，以及转让价款扣除相关税费后的净收入的账务处理，参见“待处置资产损溢”账户。本账户期末借方余额，反映事业单位持有的长期股权投资成本。

【例19-38】某事业单位以货币资金300 000元对C单位投资。应做会计分录：

借：长期投资——长期股权投资　300 000

　贷：银行存款　300 000

同时：

借：事业基金　300 000

　贷：非流动资产基金——长期投资　300 000

【例19-39】某事业单位向A公司投资一台大型设备，设备评估价值为98 000元，以银行存款支付评估费7 000元，该设备账面价值为80 000元，已提折旧16 000元。应做会计分录：

借：长期投资——长期股权投资　105 000

　贷：非流动资产基金——长期投资　105 000

借：其他支出　7 000

　贷：银行存款　7 000

同时：

借：非流动资产基金——固定资产　64 000

　　累计折旧　16 000

　贷：固定资产　80 000

【例19-40】某事业单位以土地使用权方式对B公司进行投资，该土地使用权的评估价值为102 000元，账面价值为85 000元，已摊销金额为17 000元，并以银行存款支付评估费8 500元。办完手续后将场地交予B公司。应做会计分录：

借：长期投资——长期股权投资　110 500

　贷：非流动资产基金——长期投资　110 500

借：其他支出　8 500

　贷：银行存款　8 500

同时：

借：非流动资产基金——无形资产　68 000

　　累计摊销　17 000

　贷：无形资产　85 000

【例19-41】某事业单位收到开户银行的收款通知，其收到C单位支付的投资利润18 000元。应做会计分录：

借：银行存款　18 000

　贷：其他收入——投资收益　18 000

【例19-42】某事业单位将持有的A公司的长期股权投资以138 000元的价格转让给D公司，该长期股权投资的账面余额为98 000元，以银行存款支付评估费

3 000元。应做会计分录：

（1）转入待处置资产时：

借：待处置资产损溢——处置资产价值　　98 000

　贷：长期投资　　98 000

（2）实际转让时：

借：非流动资产基金——长期投资　　98 000

　贷：待处置资产损溢——处置资产价值　　98 000

（3）取得转让收入138 000元：

借：银行存款　　138 000

　贷：待处置资产损溢——处置净收入　　138 000

（4）支付评估费：

借：待处置资产损溢——处置净收入　　3 000

　贷：银行存款　　3 000

（5）处置完毕：

借：待处置资产损溢——处置净收入　　135 000

　贷：应缴国库款　　135 000

二、长期债券投资的核算

（1）长期债券投资在取得时，应当将其实际成本作为投资成本。以货币资金购入的长期债券投资，将实际支付的全部价款（包括购买价款以及税金、手续费等相关税费）作为投资成本，借记“长期投资”账户，贷记“银行存款”等账户；同时，按照投资成本金额，借记“事业基金”账户，贷记“非流动资产基金——长期投资”账户。

（2）长期债券投资持有期间收到利息时，按照实际收到的金额，借记“银行存款”等账户，贷记“其他收入——投资收益”账户。

（3）对外转让或到期收回长期债券投资本息，按照实际收到的金额，借记“银行存款”等账户，按照收回长期投资的成本，贷记“长期投资”账户，按照其差额，贷记或借记“其他收入——投资收益”账户；同时，按照收回长期投资对应的非流动资产基金，借记“非流动资产基金——长期投资”账户，贷记“事业基金”账户。

本账户期末借方余额反映事业单位持有的长期债券投资成本。

【例19-43】某事业单位2015年7月10日以面值100 000元购入国债，期限3年，年利率为6%，每年支付一次利息，以银行存款支付手续费500元。应做会计分录：

借：长期投资　　100 500

　贷：银行存款　　100 500

同时：

借：事业基金　　100 500

　贷：非流动资产基金——长期投资　　100 500

【例19-44】接【例19-43】，该事业单位2016年7月11日收到国债利息收入6 000元，款项存入银行。应做会计分录：

借：银行存款　　6 000

　贷：其他收入——投资收益　　6 000

第三节　固定资产

一、固定资产的概念与分类

固定资产是指事业单位持有的使用期限超过1年（不含1年）、单位价值在规定标准以上，并在使用过程中基本保持原有物质形态的资产。单位价值虽未达到规定标准，但使用期限超过1年（不含1年）的大批同类物资，作为固定资产核算和管理。

事业单位的固定资产一般分为六类：房屋及构筑物；专用设备；通用设备；文物和陈列品；图书、档案；家具、用具、装具及动植物。具体如下：

（1）房屋及建筑物，是指事业单位拥有占有权和使用权的房屋、建筑物及其附属设施。其中，房屋包括办公用房、业务用房、库房、职工宿舍用房、职工食堂、锅炉房等；建筑物包括道路、围墙、水塔等；附属设施包括房屋、建筑物内的电梯、通信线路、输电线路、水气管道等。

（2）专用设备，是指事业单位根据业务活动的实际需要购置的各种具有专门性能和专门用途的设备，如学校的教学仪器、科研单位的科研仪器、医院的医疗器械等。

（3）通用设备，是指事业单位用于业务工作的通用性设备，如办公用的家具、交通工具等。

（4）文物和陈列品，是指博物馆、展览馆、纪念馆等文化事业单位的各种文物或陈列品，如古物、字画、纪念品等。

（5）图书、档案，是指专业图书馆、文化馆贮藏的书籍，以及事业单位贮藏的统一管理的业务用书和档案。

（6）家具、用具、装具及动植物，是指事业单位拥有的家具、用具、装具及动植物等固定资产。

事业单位应当根据固定资产定义，结合本单位的具体情况，制定适合本单位的固定资产目录、具体分类方法，作为进行固定资产核算的依据。

二、固定资产的入账价值

固定资产应当按取得的实际成本入账。由于固定资产的来源渠道不同，其价值构成的具体内容也有所差异。

（1）购入的固定资产，其成本包括购买价款、相关税费以及固定资产交付使用前所发生的可归属于该项资产的运输费、装卸费、安装调试费和专业人员服务费等。

以一笔款项购入多项没有单独标价的固定资产，按照各项固定资产同类或类似资产市场价格的比例对总成本进行分配，分别确定各项固定资产的入账成本。

（2）自行建造的固定资产，其成本包括建造该项资产至交付使用前所发生的全部必要支出。

（3）在原有固定资产基础上进行改建、扩建、修缮的固定资产，其成本按照原固定资产账面价值加上改建、扩建、修缮发生的支出，再扣除固定资产拆除部分的账面价值后的金额确定。

（4）以融资租赁租入的固定资产，其成本按照租赁协议或者合同确定的租赁价款、相关税费以及固定资产交付使用前所发生的可归属于该项资产的运输费、途中保险费、安装调试费等确定。

（5）接受捐赠、无偿调入的固定资产，其成本按照有关凭据上注明的金额加上相关税费、运输费等确定；没有相关凭据的，其成本比照同类或类似固定资产的市场价格加上相关税费、运输费等确定；没有相关凭据，同类或类似固定资产的市场价格也无法可靠取得的，该固定资产按照名义金额入账。

（6）盘盈的固定资产，按照同类或类似固定资产的市场价格确定入账价值；同类或类似固定资产的市场价格无法可靠取得的，按照名义金额入账。

三、固定资产的核算

为了核算固定资产的业务，事业单位应设置“固定资产”“在建工程”“累计折旧”等账户。具体说明如下：

（1）“固定资产”账户核算事业单位固定资产的原价，本账户期末借方余额，反映事业单位固定资产的原价。

对于应用软件，如果其是相关硬件不可缺少的组成部分，应当将该软件价值包括在所属硬件价值中，一并作为固定资产进行核算；如果其不是相关硬件不可缺少的组成部分，应当将该软件作为无形资产核算。

事业单位以经营租赁租入的固定资产，不作为固定资产核算，应当另设备查簿进行登记。

（2）购入需要安装的固定资产，应当先通过“在建工程”账户核算，安装完毕交付使用时再转入本账户核算。

（3）“累计折旧”账户核算事业单位固定资产计提的累计折旧。

事业单位应当设置“固定资产登记簿”和“固定资产卡片”，按照固定资产类别、项目和使用部门等进行明细核算。出租、出借的固定资产，应当设置备查簿进行登记。

（一）固定资产增加的核算

1.购入固定资产

购入不需安装的固定资产，按照确定的固定资产成本，借记本账户，贷记“非流动资产基金——固定资产”账户；同时，按照实际支付的金额，借记“事业支出”“经营支出”“专用基金——修购基金”等账户，贷记“财政补助收入”“零余额账户用款额度”“银行存款”等账户。

购入需要安装的固定资产，先通过“在建工程”账户核算。安装完工交付使用时，借记本账户，贷记“非流动资产基金——固定资产”账户；同时，借记“非流动资产基金——在建工程”账户，贷记“在建工程”账户。

购入固定资产扣留质量保证金的，应当在取得固定资产时，按照确定的成本，借记本账户或“在建工程”账户，贷记“非流动资产基金——固定资产”“非流动资产基金——在建工程”账户。同时取得固定资产全款发票的，应当同时按照构成资产成本的全部支出金额，借记“事业支出”“经营支出”“专用基金——修购基金”等账户，按照实际支付金额，贷记“财政补助收入”“零余额账户用款额度”“银行存款”等账户，按照扣留的质量保证金，贷记“其他应付款”或“长期应付款”账户；取得的发票金额不包括质量保证金的，应当同时按照不包括质量保证金的支出金额，借记“事业支出”“经营支出”“专用基金——修购基金”等账户，贷记“财政补助收入”“零余额账户用款额度”“银行存款”等账户。质保期满支付质量保证金时，借记“其他应付款”“长期应付款”账户，或借记“事业支出”“经营支出”“专用基金——修购基金”等账户，贷记“财政补助收入”“零余额账户用款额度”“银行存款”等账户。

【例19-45】某事业单位按计划使用项目预算经费购入一台不需要安装的精密仪器，价款为18 500元，款项通过单位零余额账户支付。仪器经验收后列报支出。应做会计分录：

借：固定资产	18 500	
贷：非流动资产基金——固定资产		18 500
同时：		
借：事业支出	18 500	
贷：零余额账户用款额度		18 500

【例19-46】某事业单位采用财政直接支付方式购入一台不需要安装的设备，收到代理银行转来的财政直接支付入账通知书及原始凭证，通知书中的直接支付入账金额为35 000元。应做会计分录：

借：固定资产	35 000	
贷：非流动资产基金——固定资产		35 000
同时：		
借：事业支出	35 000	
贷：财政补助收入		35 000

【例19-47】某事业单位用修购基金购入一台需要安装的设备，价款为35 000

元，以银行存款支付。应做会计分录：

借：在建工程　35 000
　贷：非流动资产基金——在建工程　35 000

同时：

借：专用基金——修购基金　35 000
　贷：银行存款　35 000

【例19-48】接【例19-47】，该设备安装过程中消耗本单位材料500元，以银行存款支付安装调试费1 500元。设备安装完已交付使用。应做会计分录：

借：在建工程　2 000
　贷：存货　500
　　银行存款　1 500
借：专用基金——修购基金　2 000
　贷：非流动资产基金——在建工程　2 000

同时：

借：固定资产　37 000
　贷：非流动资产基金——固定资产　37 000
借：非流动资产基金——在建工程　37 000
　贷：在建工程　37 000

2.以融资租赁方式租入的固定资产

以融资租赁方式租入的固定资产，按照确定的成本，借记本账户或“在建工程”账户，按照租赁协议或者合同确定的租赁价款，贷记“长期应付款”账户，按照其差额，贷记“非流动资产基金——固定资产”“非流动资产基金——在建工程”账户。同时，按照实际支付的相关税费、运输费、途中保险费、安装调试费等，借记“事业支出”“经营支出”等账户，贷记“财政补助收入”“零余额账户用款额度”“银行存款”等账户。

定期支付租金时，按照支付的租金金额，借记“事业支出”“经营支出”等账户，贷记“财政补助收入”“零余额账户用款额度”“银行存款”等账户；同时，借记“长期应付款”账户，贷记“非流动资产基金——固定资产”账户。

【例19-49】某事业单位以融资租赁方式租入专用设备一台，按租赁协议规定，设备的价款为400 000元，分8年等额付清，即每年以银行存款支付租金50 000元。付清最后一笔租金后，该事业单位可以以4 000元的价格购买该专用设备。租用该设备发生的运输费、保险费、安装调试费共计3 500元。现已安装调试完毕并交付使用。应做会计分录：

（1）租入固定资产时：

借：固定资产——专用设备　403 500
　贷：长期应付款　400 000
　　非流动资产基金——固定资产　3 500

（2）支付运输费、保险费、安装调试费时：

借：事业支出 3 500

　贷：零余额账户用款额度 3 500

（3）每年支付租金时：

借：事业支出 50 000

　贷：零余额账户用款额度 50 000

同时：

借：长期应付款 50 000

　贷：非流动资产基金——固定资产 50 000

（4）付清最后一笔租金后，购买设备时：

借：事业支出 4 000

　贷：零余额账户用款额度 4 000

同时：

借：固定资产 4 000

　贷：非流动资产基金——固定资产 4 000

3.接受捐赠、无偿调入的固定资产

接受捐赠、无偿调入的固定资产，按照确定的固定资产成本，借记本账户或“在建工程”账户，贷记“非流动资产基金——固定资产”“非流动资产基金——在建工程”账户；按照发生的相关税费、运输费等，借记“其他支出”账户，贷记“银行存款”等账户。

【例19-50】某事业单位接受捐赠全新设备一台，根据其发票等单据确定其价值为50 000元。应做会计分录：

借：固定资产 50 000

　贷：非流动资产基金——固定资产 50 000

（二）计提固定资产折旧的核算

事业单位应当对除下列各项资产以外的其他固定资产计提折旧：（1）文物和陈列品；（2）动植物；（3）图书、档案；（4）以名义金额计量的固定资产。

折旧是指在固定资产使用寿命内，按照确定的方法对应折旧金额进行系统分摊。有关说明如下：

（1）事业单位应当根据固定资产的性质和实际使用情况，合理确定其折旧年限。省级以上财政部门、主管部门对事业单位固定资产折旧年限作出规定的，从其规定。

（2）事业单位一般应当采用年限平均法或工作量法计提固定资产折旧。

（3）事业单位固定资产的应折旧金额为其成本，计提固定资产折旧不考虑预计净残值。

（4）事业单位一般应当按月计提固定资产折旧。当月增加的固定资产，当月不计提折旧，从下月起计提折旧；当月减少的固定资产，当月照提折旧，从下月起不计提折旧。

（5）固定资产提足折旧后，无论能否继续使用，均不再计提折旧；提前报废的固定资产，也不再补提折旧。已提足折旧的固定资产，可以继续使用的，应当继续使用，规范管理。

（6）计提融资租入固定资产折旧时，应当采用与自有固定资产一致的折旧政策。能够合理确定租赁期届满时将会取得租入固定资产所有权的，应当在租入固定资产尚可使用年限内计提折旧；无法合理确定租赁期届满时能否取得租入固定资产所有权的，应当在租赁期与租入固定资产尚可使用年限两者中较短的期间内计提折旧。

（7）固定资产因改建、扩建或修缮等原因而延长其使用年限的，应当按照重新确定的固定资产的成本以及重新确定的折旧年限，重新计算折旧额。

事业单位累计折旧的主要账务处理如下：

按月计提固定资产折旧时，按照应计提折旧金额，借记“非流动资产基金——固定资产”账户，贷记“累计折旧”账户。

固定资产处置时，按照所处置固定资产的账面价值，借记“待处置资产损溢”账户，按照已计提折旧，借记本账户，按照固定资产的账面余额，贷记“固定资产”账户。

本账户期末贷方余额反映事业单位计提的固定资产折旧累计数。

【例 19-51】某事业单位计提本月固定资产折旧，应计提折旧金额为 30 000 元。应做会计分录：

借：非流动资产基金——固定资产	30 000	
贷：累计折旧		30 000

（三）与固定资产有关的后续支出的核算

与固定资产有关的后续支出，应分别以下情况处理：

（1）为增加固定资产使用效能或延长其使用年限而发生的改建、扩建或修缮等后续支出，应当计入固定资产成本，通过“在建工程”账户核算，完工交付使用时转入本账户。

（2）为维护固定资产的正常使用而发生的日常修理等后续支出，应当计入当期支出但不计入固定资产成本，借记“事业支出”“经营支出”等账户，贷记“财政补助收入”“零余额账户用款额度”“银行存款”等账户。

【例 19-52】某事业单位改建一栋办公楼，其账面价值为 1 300 000 元，已提折旧 510 000 元，通过单位零余额账户支付改建支出 250 000 元，该办公楼改建完工后已交付使用。应做会计分录：

（1）将固定资产转入改建时：

借：在建工程	790 000	
贷：非流动资产基金——在建工程		790 000
借：非流动资产基金——固定资产	790 000	
累计折旧	510 000	

贷：固定资产 1 300 000

（2）发生改扩建支出时：

借：在建工程 250 000

贷：非流动资产基金——在建工程 250 000

同时：

借：事业支出 250 000

贷：零余额账户用款额度 250 000

（3）改建结束交付使用时：

借：固定资产 1 040 000

贷：非流动资产基金——固定资产 1 040 000

借：非流动资产基金——在建工程 1 040 000

贷：在建工程 1 040 000

（四）固定资产减少的核算

报经批准出售、无偿调出、对外捐赠固定资产或以固定资产对外投资，应当分别以下情况处理：

（1）出售、无偿调出、对外捐赠固定资产，转入待处置资产时，按照待处置固定资产的账面价值，借记“待处置资产损溢”账户，按照已计提折旧，借记“累计折旧”账户，按照固定资产的账面余额，贷记本账户。

实际出售、调出、捐出时，按照处置固定资产对应的非流动资产基金，借记“非流动资产基金——固定资产”账户，贷记“待处置资产损溢”账户。

出售固定资产过程中取得的价款、发生的相关税费，以及出售价款扣除相关税费后的净收入的账务处理，参见相关业务处理。

（2）以固定资产对外投资，将评估价值加上相关税费作为投资成本，借记“长期投资”账户，贷记“非流动资产基金——长期投资”账户，按发生的相关税费，借记“其他支出”账户，贷记“银行存款”“应缴税费”等账户；同时，按照投出固定资产对应的非流动资产基金，借记“非流动资产基金——固定资产”账户，按照投出固定资产已计提折旧，借记“累计折旧”账户，按照投出固定资产的账面余额，贷记本账户。

事业单位的固定资产应当定期进行清查盘点，每年至少盘点一次。对于发生的固定资产盘盈、盘亏或者报废、毁损，应当及时查明原因，按规定报经批准后进行账务处理。

【例19-53】某事业单位有专用设备一台，原价为50 000元，已提折旧28 000元，因不再用，决定予以出售。出售价款27 000元存入银行。在清理过程中，以银行存款支付清理费用1 000元。应做会计分录：

（1）转入待处置资产时：

借：待处置资产损溢——处置资产价值 22 000

累计折旧 28 000

贷：固定资产 50 000

（2）实际出售时：

借：非流动资产基金——固定资产 22 000

贷：待处置资产损溢——处置资产价值 22 000

（3）收到价款时：

借：银行存款 27 000

贷：待处置资产损溢——处置净收入 27 000

（4）发生清理费用时：

借：待处置资产损溢——处置净收入 1 000

贷：银行存款 1 000

（5）处置完毕时：

借：待处置资产损溢——处置净收入 26 000

贷：应缴国库款 26 000

【例19-54】某事业单位年终进行财产清查时发现盘亏设备一台，该设备价值为15 000元，已提折旧6 000元。应做会计分录：

（1）审批前：

借：待处置资产损溢 9 000

累计折旧 6 000

贷：固定资产 15 000

（2）审批后：

借：非流动资产基金——固定资产 9 000

贷：待处置资产损溢 9 000

第四节　无形资产

无形资产是指事业单位持有的没有实物形态的可辨认非货币性资产，包括专利权、商标权、著作权、土地使用权、非专利技术等。

为了核算无形资产的业务，事业单位应设置“无形资产”“累计摊销”等账户。“无形资产”账户核算事业单位无形资产的原价。本账户期末借方余额，反映事业单位无形资产的原价。

事业单位购入的非相关硬件不可缺少组成部分的应用软件，应当作为无形资产核算。

本账户应当按照无形资产的类别、项目等进行明细核算。

一、无形资产增加的核算

无形资产在取得时，应当按照其实际成本入账。

（1）外购的无形资产，其成本包括购买价款、相关税费以及为使该项资产达到预定用途所发生的其他支出。

购入的无形资产，按照确定的无形资产成本，借记本账户，贷记“非流动资产基金——无形资产”账户；同时，按照实际支付的金额，借记“事业支出”等账户，贷记“财政补助收入”“零余额账户用款额度”“银行存款”等账户。

委托软件公司开发软件视同外购无形资产进行处理。

（2）自行开发并按法律程序申请取得的无形资产，按照依法取得时发生的注册费、聘请律师费等费用，借记本账户，贷记“非流动资产基金——无形资产”账户；同时，借记“事业支出”等账户，贷记“财政补助收入”“零余额账户用款额度”“银行存款”等账户。

依法取得前所发生的研究开发支出，应于发生时直接计入当期支出，借记“事业支出”等账户，贷记“银行存款”等账户。

（3）接受捐赠、无偿调入的无形资产，其成本按照有关凭据上注明的金额加上相关税费等确定；没有相关凭据的，其成本比照同类或类似无形资产的市场价格加上相关税费等确定；没有相关凭据，同类或类似无形资产的市场价格也无法可靠取得的，该资产按照名义金额入账。

接受捐赠、无偿调入的无形资产，按照确定的无形资产成本，借记本账户，贷记“非流动资产基金——无形资产”账户；按照发生的相关税费等，借记“其他支出”账户，贷记“银行存款”等账户。

【例19-55】某事业单位从某科研机构购入一项专利权，价值130 000元，通过零余额账户支付。应做会计分录：

借：无形资产——专利权	130 000	
贷：非流动资产基金——无形资产		130 000
同时：		
借：事业支出	130 000	
贷：零余额账户用款额度		130 000

二、无形资产摊销的核算

摊销是指在无形资产使用寿命内，按照确定的方法对应摊销金额进行系统分摊。有关说明如下：

（1）事业单位应当按照如下原则确定无形资产的摊销年限：法律规定了有效年限的，将法律规定的有效年限作为摊销年限；法律没有规定有效年限的，将相关合同或单位申请书中的受益年限作为摊销年限；法律没有规定有效年限，相关合同或单位申请书也没有规定受益年限的，按照不少于10年的期限摊销。

（2）事业单位应当采用年限平均法对无形资产进行摊销。

（3）事业单位无形资产的应摊销金额为其成本。

（4）事业单位应当自无形资产取得当月起，按月摊销无形资产。

（5）因发生后续支出而增加无形资产成本的，应当按照重新确定的无形资产成本，重新计算摊销额。

事业单位无形资产累计摊销的主要账务处理如下：

按月摊销无形资产时，按照应摊销金额，借记“非流动资产基金——无形资产”账户，贷记“累计摊销”账户。

【例19-56】某事业单位无形资产本月摊销额为10 000元。应做会计分录：

借：非流动资产基金——无形资产　　10 000

　贷：累计摊销　　10 000

三、与无形资产有关的后续支出核算

与无形资产有关的后续支出，应分别以下情况处理：

（1）为增加无形资产的使用效能而发生的后续支出，如对软件进行升级改造或扩展其功能等所发生的支出，应当计入无形资产的成本，借记本账户，贷记“非流动资产基金——无形资产”账户；同时，借记“事业支出”等账户，贷记“财政补助收入”“零余额账户用款额度”“银行存款”等账户。

（2）为维护无形资产的正常使用而发生的后续支出，如对软件进行漏洞修补、技术维护等所发生的支出，应当计入当期支出但不计入无形资产成本，借记“事业支出”等账户，贷记“财政补助收入”“零余额账户用款额度”“银行存款”等账户。

四、无形资产减少的核算

报经批准转让、无偿调出、对外捐赠无形资产或以无形资产对外投资，应当分别以下情况处理：

（1）转让、无偿调出、对外捐赠无形资产，转入待处置资产时，按照待处置无形资产的账面价值，借记“待处置资产损溢”账户，按照已摊销金额，借记“累计摊销”账户，按照无形资产的账面余额，贷记本账户。

实际转让、调出、捐出时，按照处置无形资产对应的非流动资产基金，借记“非流动资产基金——无形资产”账户，贷记“待处置资产损溢”账户。

转让无形资产过程中取得的价款、发生的相关税费，以及出售价款扣除相关税费后的净收入的账务处理，参见“待处置资产损溢”账户。

（2）以已入账无形资产对外投资，将评估价值加上相关税费作为投资成本，借记“长期投资”账户，贷记“非流动资产基金——长期投资”账户，按发生的相关税费，借记“其他支出”账户，贷记“银行存款”“应缴税费”等账户；同时，按照投出无形资产对应的非流动资产基金，借记“非流动资产基金——无形资产”账户，按照投出无形资产已摊销金额，借记“累计摊销”账户，按照投出无形资产的账面余额，贷记本账户。

无形资产预期不具有服务潜力或不能为某事业单位带来经济利益的，应当按规定报经批准后将该无形资产的账面价值予以核销，通过“待处置资产损溢”等账户核算。

【例19-57】某事业单位对外转让一项专利权，该专利权的账面价值为40 000元，累计摊销的金额为15 000元，转让价格为35 000元，以银行存款支付评估费3 500元。应做会计分录：

（1）转入“待处置资产损溢”账户时：

借：待处置资产损溢——处置资产价值	25 000	
累计摊销	15 000	
贷：无形资产		40 000

（2）实际转让时：

借：非流动资产基金——无形资产	25 000	
贷：待处置资产损溢——处置资产价值		25 000

（3）取得转让无形资产价款时：

借：银行存款	35 000	
贷：待处置资产损溢——处置净收入		35 000

（4）支付评估费时：

借：待处置资产损溢——处置净收入	3 500	
贷：银行存款		3 500

（5）处置完毕时：

借：待处置资产损溢——处置净收入	31 500	
贷：应缴国库款		31 500

本章小结

事业单位的资产是指事业单位占有或者使用的能以货币计量的经济资源，包括各种财产、债权和其他权利。事业单位的资产按照流动性，分为流动资产和非流动资产。

流动资产是指预计在1年内（含1年）变现或者耗用的资产，包括货币资金、短期投资、应收及预付款项、存货等。

非流动资产是指流动资产以外的资产。事业单位的非流动资产包括长期投资、固定资产、无形资产等。

事业单位应当按照科学规范、从严控制、保障事业发展的原则合理配置资产。

思考题

1.事业单位的资产包括哪些内容?
2.事业单位现金管理的要求是什么?
3.事业单位的零余额账户用款额度是否是一项流动资产?
4.事业单位的应收及预付款项包括哪些内容?
5.事业单位的存货应当如何计价?
6.事业单位的长期投资包括哪些种类?应当如何核算?
7.事业单位的固定资产包括哪些种类?取得时应当如何计价?
8.什么是事业单位的无形资产?应当如何进行摊销的核算?

第二十章

事业单位负债的核算

学习目标

通过本章的学习，掌握事业单位负债的概念，了解事业单位负债的管理及分类，掌握事业单位流动负债和非流动负债的具体内容及会计处理。

负债是指事业单位所承担的能以货币计量，需要以资产或者劳务偿还的债务。事业单位应当对不同性质的负债分类管理，及时清理并按照规定办理结算，保证各项负债在规定期限内归还。

事业单位应当建立健全财务风险控制机制，规范和加强借入款项管理，严格执行审批程序，不得违反规定举借债务和提供担保。

事业单位的负债按照流动性，分为流动负债和非流动负债。

第一节 流动负债

流动负债是指事业单位预计在1年内（含1年）偿还的负债。事业单位的流动负债包括短期借款、应缴款项、应付职工薪酬、应付及预收款项等。

一、短期借款的核算

短期借款是指事业单位借入的期限在1年内（含1年）的各种借款。

为了核算短期借款业务，事业单位应设置“短期借款”账户。该账户核算事业单位借入的期限在1年内（含1年）的各种借款。本账户应当按照贷款单位和贷款种类进行明细核算。短期借款的主要账务处理如下：

（1）借入各种短期借款时，按照实际借入的金额，借记“银行存款”账户，贷记本账户。

（2）银行承兑汇票到期，本单位无力支付票款的，按照银行承兑汇票的票面金额，借记“应付票据”账户，贷记本账户。

（3）支付短期借款利息时，借记“其他支出”账户，贷记“银行存款”账户。

（4）归还短期借款时，借记本账户，贷记“银行存款”账户。

本账户期末贷方余额反映事业单位尚未偿还的短期借款本金。

【例20-1】某事业单位2011年3月1日向银行借款100 000元，用于改善教学条件，借款期限为1年，借款年利率为5.4%，借款合同规定按季支付利息。根据借款凭证，应做会计分录：

（1）取得借款时：

借：银行存款	100 000	
贷：短期借款		100 000

（2）按季度支付利息时：

借：其他支出	1 350	
贷：银行存款		1 350

（3）到期归还借款本金及当季利息时：

借：短期借款	100 000	
其他支出	1 350	
贷：银行存款		101 350

二、应缴款项

应缴款项是指事业单位应缴未缴的各种款项，包括应当上缴国库或者财政专户的款项、应缴税费，以及按照国家有关规定应当上缴的其他款项。

（一）应缴国库款

1.应缴国库款的概念与管理

应缴国库款是指事业单位在业务活动中按规定向有关单位和个人收取的应上缴国库的各种款项（应缴税费除外）。应缴国库款主要包括以下几项：

（1）纳入财政预算管理的政府性基金，是指事业单位依据有关的法律法规向公民、法人和其他组织无偿收取的具有专门用途的财政资金。

（2）纳入财政预算管理的事业性收费，是指事业单位依据有关的法律法规向公民、法人和其他组织无偿收取的事业性费用，如事业单位为组织考试、评估鉴定等向有关单位和个人收取的考试考务费、评估评审费等。

（3）罚没款项，是指事业单位依据有关的法律法规，对公民、法人和其他组织实施经济处罚所取得的各项罚款、没收款、没收财物变价款等。

（4）其他应缴预算的资金，是指其他按预算管理规定应上缴预算的款项。

上述各项款项为国家预算的一个组成部分，由事业单位代收或暂收，不属于事业单位的收入。事业单位取得这些款项在未上缴前，其与国家之间有着债务关系。

应缴国库款的管理要求是：依法收取，及时、足额上缴财政国库。即事业单位的各种应缴预算款项，应当严格按照国家法律法规的规定收取，不能随意收取，也不可超越有关规定随意免收；事业单位收取的各种应缴预算款项应当按照财政部门规定的缴款方式和缴款期限，及时、足额上缴财政国库。每月月末，事业单位的应缴国库款均应清理结缴。每年年终，事业单位的应缴国库款应全部结清上缴国库。

2.应缴国库款的核算

为了核算应缴国库款业务，事业单位应设置“应缴国库款”账户。该账户核算事业单位按规定应缴入国库的款项（应缴税费除外）。本账户应当按照应缴国库的各款项类别进行明细核算，具体可以按《政府收支分类科目》中属于应缴国库款项的收入分类科目设置明细账。应缴国库款的主要账务处理如下：

（1）按规定计算确定或实际取得应缴国库的款项时，借记有关账户，贷记本账户。

（2）事业单位处置资产取得的应上缴国库的处置净收入的账务处理，参见“待处置资产损溢”账户。

（3）上缴款项时，借记本账户，贷记“银行存款”等账户。

本账户期末贷方余额，反映事业单位应缴入国库但尚未缴纳的款项。

应缴国库款的核算可以区分以下两种情况进行处理：

一种情况：对于尚未实行非税收入收缴制度改革且暂未取消收入过渡账户的事业单位，应通过“应缴国库款”总账账户核算。

【例20-2】某事业单位尚未实行财政国库单一账户制度改革，应缴国库款项的收入过渡账户暂未取消。某日收到一项应缴财政预算的行政事业性收费收入：“非税收入——行政事业性收费收入——卫生行政事业性收费收入”10 000元，款项已存入银行。应做会计分录：

借：银行存款　　10 000

　贷：应缴国库款——非税收入——行政事业性收费收入

　　——卫生行政事业性收费收入　　10 000

【例20-3】接【例20-2】，该事业单位将收到的应缴国库款10 000元通过开户银行上缴国库。应做会计分录：

借：应缴国库款——非税收入——行政事业性收费收入

　　——卫生行政事业性收费收入　　10 000

　贷：银行存款　　10 000

【例20-4】某事业单位收到罚没收入3 600元存入银行。应做会计分录：

借：银行存款　　3 600

　贷：应缴国库款　　3 600

另一种情况：对于已经实行非税收入收缴制度改革，并且已经取消了收入过渡账户的事业单位，开具非税收入一般缴款书或收到应缴预算款项并直接上缴国库时，可以同时借记和贷记“应缴国库款”总账账户；也可以通过设置“应缴国库款备查登记簿”进行登记和管理，不做会计分录。

（二）应缴财政专户款

1.应缴财政专户款的概念与管理

应缴财政专户款是指事业单位在业务活动中按规定向有关的单位或个人收取的应上缴财政资金专户的款项。教育收费、彩票发行和销售机构业务费用纳入财政专户管理，称为财政专户管理资金。

应缴财政专户款的管理要求如下：

（1）按规定收取。事业单位应当严格按照有关规定收取应缴财政专户款，不得随意收取。

（2）实行收支两条线管理。应缴财政专户款不是单位的自有资金，而是财政性资金，应将其纳入财政管理。事业单位取得应缴财政专户款时，必须按财政部门规定的时间将其及时缴入财政部门在商业银行统一开设的财政专户。应缴财政专户款的支出由财政部门按照应缴财政专户款收支计划，纳入事业单位的部门预算，从财政专户中核拨，实行收支两条线管理。

2.应缴财政专户款的核算

为了核算应缴财政专户款业务，事业单位应设置“应缴财政专户款”账户。该账户核算事业单位按规定应缴入财政专户的款项。该账户应当按照应缴财政专户的各款项类别进行明细核算，具体按《政府收支分类科目》中属于应缴财政专户款项的收入科目设置明细账。

应缴财政专户款的主要账务处理如下：

（1）取得应缴财政专户款项时，借记有关账户，贷记本账户。

（2）上缴款项时，借记本账户，贷记“银行存款”等账户。

本账户期末贷方余额，反映事业单位应缴入财政专户但尚未缴纳的款项。

应缴财政专户款的核算可以区分两种情况进行处理：

一种情况：未实行非税收入收缴制度改革、暂未取消收入过渡账户的事业单位，应通过“应缴财政专户款”总账账户核算。

【例20-5】某高校尚未实行非税收入制度改革，收入过渡账户暂未取消。该高校收到一笔学费850 000元，存入银行。

借：银行存款　　850 000

　贷：应缴财政专户款　　850 000

另一种情况：已经实行非税收入收缴制度改革、取消了收入过渡账户的事业单位在收到应缴财政专户的预算外资金并直接上缴财政预算外资金专户时，可以同时借记和贷记“应缴财政专户款”总账账户；也可以通过设置“应缴财政专户款备查登记簿”进行登记和管理，不做会计分录。

（三）应缴税费

1.应缴税费的内容

事业单位在其业务活动中发生应税行为，必须缴纳税金。应缴税费是指事业单位按税法等规定应缴纳的各种税费，主要包括：事业单位按照税法等规定计算应缴纳的各种税费，包括增值税、城市维护建设税、教育费附加、车船税、房产税、城镇土地使用税、企业所得税等。

2.应缴税费的核算

为了核算应缴税费业务，事业单位应设置“应缴税费”账户。本账户应当按照应缴纳的税费种类进行明细核算。属于增值税一般纳税人的事业单位，其应缴增值税明细账中应设置“进项税额”“已交税金”“销项税额”“进项税额转出”等。

事业单位代扣代缴的个人所得税，也通过本账户核算。事业单位应缴纳的印花税不需要预提应缴税费，直接通过支出等有关账户核算，不在本账户核算。

应缴税费的主要账务处理如下：

（1）发生增值税、城市维护建设税、教育费附加纳税义务的，按税法规定计算的应缴税费金额，借记“待处置资产损益”账户或有关支出账户，贷记本账户。实际缴纳时，借记本账户，贷记“银行存款”账户。

（2）属于增值税一般纳税人的事业单位购入非自用材料的，按确定的成本（不含增值税进项税额），借记“存货”账户，按增值税专用发票上注明的增值税税额，借记本账户（应缴增值税——进项税额），按实际支付或应付的金额，贷记“银行存款”“应付账款”等账户。

属于增值税一般纳税人的事业单位销售应税产品或提供应税服务，按包含增值税的价款总额，借记“银行存款”“应收账款”“应收票据”等账户，按扣除增值税销项税额后的价款金额，贷记“经营收入”等账户，按增值税专用发票上注明的增值税金额，贷记本账户（应缴增值税——销项税额）。

属于增值税一般纳税人的事业单位实际缴纳增值税时，借记本账户（应缴增值税——已交税金），贷记“银行存款”账户。

属于增值税小规模纳税人的事业单位销售应税产品或提供应税服务，按实际收到或应收的价款，借记“银行存款”“应收账款”“应收票据”等账户，按实际收到或应收价款扣除增值税税额后的金额，贷记“经营收入”等账户，按应缴增值税金额，贷记本账户（应缴增值税）。实际缴纳增值税时，借记本账户（应缴增值税），贷记“银行存款”账户。

（3）发生房产税、城镇土地使用税、车船税纳税义务的，按税法规定计算的应缴税费数额，借记有关账户，贷记本账户。实际缴纳时，借记本账户，贷记“银行存款”账户。

（4）代扣代缴个人所得税的，按税法规定计算应代扣代缴的个人所得税金额，借记“应付职工薪酬”账户，贷记本账户。实际缴纳时，借记本账户，贷记“银行存款”账户。

（5）发生企业所得税纳税义务的，按税法规定计算的应缴税费数额，借记“非财政补助结余分配”账户，贷记本账户。实际缴纳时，借记本账户，贷记“银行存款”账户。

（6）发生其他纳税义务的，按照应缴纳的税费金额，借记有关账户，贷记本账户。实际缴纳时，借记本账户，贷记“银行存款”等账户。

本账户期末借方余额，反映事业单位多缴纳的税费金额；本账户期末贷方余额，反映事业单位应缴未缴的税费金额。

三、应付职工薪酬

1.应付职工薪酬的内容

应付职工薪酬是指事业单位应付未付的职工工资、津贴补贴等，包括基本工资、绩效工资、国家统一规定的津贴补贴、社会保险费、住房公积金等。

2.应付职工薪酬的核算

为了核算应付职工薪酬业务，事业单位应设置“应付职工薪酬”账户。本账户应当根据国家有关规定按照“工资（离退休费）”“地方（部门）津贴补贴”“其他个人收入”“社会保险费”“住房公积金”等进行明细核算。

应付职工薪酬的主要账务处理如下：

（1）计算当期应付职工薪酬，借记“事业支出”“经营支出”等账户，贷记本账户。

（2）向职工支付工资、津贴、补贴等薪酬，借记本账户，贷记“财政补助收入”“零余额账户用款额度”“银行存款”等账户。

（3）按税法规定代扣代缴个人所得税，借记本账户，贷记“应缴税费——应缴个人所得税”账户。

（4）按照国家有关规定缴纳职工社会保险费和住房公积金，借记本账户，贷记“财政补助收入”“零余额账户用款额度”“银行存款”等账户。

（5）从应付职工薪酬中支付其他款项，借记本账户，贷记“财政补助收入”“零余额账户用款额度”“银行存款”等账户。

本账户期末贷方余额，反映事业单位应付未付的职工薪酬。

四、应付及预收款项的核算

应付及预收款项是指事业单位在开展业务活动中发生的各项债务，包括应付票据、应付账款、预收账款，其他应付款等。

1.应付票据的核算

应付票据是指事业单位因购买材料、物资等而开出、承兑的商业汇票，包括银行承兑汇票和商业承兑汇票。

为了核算应付票据业务，事业单位应设置“应付票据”账户。该账户核算事业单位因购买材料、物资等而开出、承兑的商业汇票，包括银行承兑汇票和商业承兑汇票。本账户应当按照债权单位进行明细核算。应付票据的主要账务处理如下：

（1）开出、承兑商业汇票时，借记“存货”等账户，贷记本账户。

以承兑商业汇票抵付应付账款时，借记“应付账款”账户，贷记本账户。

（2）支付银行承兑汇票的手续费时，借记“事业支出”“经营支出”等账户，贷记“银行存款”等账户。

（3）商业汇票到期时，应当分别以下情况处理：

收到银行支付到期票据的付款通知时，借记本账户，贷记“银行存款”账户。

银行承兑汇票到期，本单位无力支付票款的，按照汇票票面金额，借记本账户，贷记“短期借款”账户。

商业承兑汇票到期，本单位无力支付票款的，按照汇票票面金额，借记本账户，贷记“应付账款”账户。

本账户期末贷方余额，反映事业单位开出、承兑的尚未到期的商业汇票票面金额。

事业单位应当设置“应付票据备查簿”，详细登记每一应付票据的种类、号数、出票日期、到期日、票面金额、交易合同号、收款人姓名或单位名称，以及付款日期和金额等资料。应付票据到期结清票款后，应当在备查簿上逐笔注销。

【例20-6】某科研所开出商业汇票一张，抵付前欠M公司材料款，面额为26 000元。应做会计分录：

借：应付账款——M公司　　26 000

　贷：应付票据　　26 000

【例20-7】某高校购进实验用材料一批，价值15 000元，根据交易合同开出期限为3个月的带息商业汇票一张。应做会计分录：

借：存货 15 000

贷：应付票据 15 000

【例20-8】上述商业汇票到期，收到银行支付本息通知，共付本息15 200元，其中，利息200元。应做会计分录：

借：应付票据 15 000

事业支出 200

贷：银行存款 15 200

2.应付账款的核算

应付账款是指事业单位因购买材料、物资等而应付的款项。

为了核算应付账款业务，事业单位应设置“应付账款”账户。该账户核算事业单位因购买材料、物资等而应付的款项。本账户应当按照债权单位（或个人）进行明细核算。应付账款的主要账务处理如下：

（1）购入材料、物资等已验收入库但货款尚未支付的，按照应付未付金额，借记“存货”等账户，贷记本账户。

（2）偿付应付账款时，按照实际支付的款项金额，借记本账户，贷记“银行存款”等账户。

（3）开出、承兑商业汇票抵付应付账款的，借记本账户，贷记“应付票据”账户。

（4）无法偿付或债权人豁免偿还的应付账款，借记本账户，贷记“其他收入”账户。

本账户期末贷方余额反映事业单位尚未支付的应付账款。

【例20-9】某事业单位物资科向N公司购进材料一批，价值25 000元，货已运达并验收入库，货款未付。应做会计分录：

借：存货 25 000

贷：应付账款——N公司 25 000

【例20-10】通过单位零余额账户偿付N公司货款25 000元。应做会计分录：

借：应付账款——N公司 25 000

贷：零余额账户用款额度 25 000

【例20-11】某事业单位为开展经营活动购入材料一批，增值税专用发票上注明的材料价款为5 000元，增值税税额为850元。材料已验收入库，货款未付。应做会计分录：

借：存货 5 000

应缴税费——应缴增值税（进项税额） 850

贷：应付账款 5 850

3.预收账款的核算

预收账款是指买卖双方商定，由购货方预先支付一部分货款给供应方所发生的一项负债。预收账款账户核算事业单位按合同规定预收的款项。如果事业单位的预收货款业务不多，也可以不设置“预收账款”账户，而是将预收的货款直接记入“应收账款”账户。

4.其他应付款的核算

其他应付款是核算事业单位除应缴税费、应缴国库款、应缴财政专户款、应付职工薪酬、应付票据、应付账款、预收账款之外的偿还期限在1年内（含1年）的其他应付及暂收款项，如存入保证金等。

为了核算其他应付款业务，事业单位应设置“其他应付款”账户。本账户应当按照其他应付款的类别以及债权单位（或个人）进行明细核算。其他应付款的主要账务处理如下：

（1）发生其他各项应付及暂收款项时，借记“银行存款”等账户，贷记本账户。

（2）支付其他应付款项时，借记本账户，贷记“银行存款”等账户。

（3）无法偿付或债权人豁免偿还的其他应付款项，借记本账户，贷记“其他收入”账户。

本账户期末贷方余额反映事业单位尚未支付的其他应付款。

【例20-12】某事业单位为开展经营活动采用经营租赁方式租入一台设备，应支付租赁费2 000元。应做会计分录：

借：经营支出	2 000	
贷：其他应付款		2 000

【例20-13】接【例20-12】，该事业单位以银行存款支付上述租入设备的租赁费2 000元。应做会计分录：

借：其他应付款	2 000	
贷：银行存款		2 000

第二节　非流动负债

非流动负债是指流动负债以外的负债。事业单位的非流动负债包括长期借款、长期应付款等。

一、长期借款的核算

长期借款是指事业单位借入的期限超过1年（不含1年）的各种借款。

为了核算长期借款业务，事业单位应设置“长期借款”账户。该账户核算事业单位借入的期限超过1年（不含1年）的各种借款。本账户应当按照贷款单位和贷款种类进行明细核算。对于基建项目借款，还应按具体项目进行明细核算。

长期借款的主要账务处理如下：

（1）借入各项长期借款时，按照实际借入的金额，借记“银行存款”账户，贷记本账户。

（2）为购建固定资产支付的专门借款利息，分别以下情况处理：属于工程项目建设期间支付的，计入工程成本；属于工程项目完工交付使用后支付的，计入当期支出但不计入工程成本。

（3）其他长期借款利息，按照支付的利息金额，借记“其他支出”账户，贷记“银行存款”账户。

（4）归还长期借款时，借记本账户，贷记“银行存款”账户。

本账户期末贷方余额反映事业单位尚未偿还的长期借款本金。

【例20-14】某事业单位2016年11月30日向银行借款300 000元补充流动资金，借款期限为2年，借款年利率为6%，借款合同规定按年支付利息。根据借款凭证，应做会计分录：

（1）取得借款时：

借：银行存款	300 000	
贷：长期借款		300 000

（2）期末支付利息时：

借：其他支出	18 000	
贷：银行存款		18 000

（3）到期归还借款本金及当年利息时：

借：长期借款	300 000	
其他支出	18 000	
贷：银行存款		318 000

二、长期应付款的核算

长期应付款是指事业单位发生的偿还期限超过1年（不含1年）的应付款项，主要指事业单位融资租入固定资产发生的应付租赁款。

为了核算长期应付款业务，事业单位应设置“长期应付款”账户。该账户核算事业单位发生的偿还期限超过1年（不含1年）的应付款项，如以融资租赁方式租入固定资产的租赁费、跨年度分期付款购入固定资产的价款等。本账户应当按照长期应付款的类别以及债权单位（或个人）进行明细核算。

长期应付款的主要账务处理如下：

（1）发生长期应付款时，借记“固定资产”“在建工程”等账户，贷记本账户、“非流动资产基金”等账户。

（2）支付长期应付款时，借记“事业支出”“经营支出”等账户，贷记“银行存款”等账户；同时，借记本账户，贷记“非流动资产基金”账户。

（3）无法偿付或债权人豁免偿还的长期应付款，借记本账户，贷记“其他收入”账户。

本账户期末贷方余额反映事业单位尚未支付的长期应付款。

【例20-15】某事业单位以融资租赁方式租入一台设备，租赁协议规定设备的价款为300 000元，分5年等额付清，即每年支付租金60 000元。租用该设备发生的运输费、安装调试费共计4 500元。安装调试完毕并交付使用。应做会计分录：

（1）租入固定资产时：

借：固定资产　　304 500

　　贷：长期应付款　　300 000

　　　　非流动资产基金——固定资产　　4 500

（2）支付运输费、保险费、安装调试费时：

借：事业支出　　4 500

　　贷：零余额账户用款额度　　4 500

（3）每年支付租金时：

借：事业支出　　60 000

　　贷：零余额账户用款额度　　60 000

同时：

借：长期应付款　　60 000

　　贷：非流动资产基金——固定资产　　60 000

本章小结

事业单位的负债是指事业单位所承担的能以货币计量，需要以资产或者劳务偿还的债务。事业单位的负债按照流动性，分为流动负债和非流动负债。

流动负债是指事业单位预计在1年内（含1年）偿还的负债。事业单位的流动负债包括短期借款、应缴税费、应付职工薪酬、应付及预收款项等。

非流动负债是指流动负债以外的负债。事业单位的非流动负债包括长期借款、长期应付款等。

事业单位应当对不同性质的负债进行分类管理，及时清理并按照规定办理结算，保证各项负债在规定期限内归还。

事业单位应当建立健全财务风险控制机制，规范和加强借入款项管理，严格执行审批程序，不得违反规定举借债务和提供担保。

思考题

1.事业单位的负债包括哪些内容？

2. 什么是短期借款？应当如何核算？

3. 事业单位的应付及预收款项包括哪些内容？应当如何核算？

4. 事业单位的“应缴国库款”和“应缴财政专户款”有何区别？应当如何核算？

5. 什么是事业单位的应缴税费？应当如何核算？

6. 事业单位的“应付职工薪酬”和“其他应付款”总账账户分别核算什么内容？

7. 事业单位的非流动负债包括哪些内容？应当如何核算？

第二十一章

事业单位收入的核算

学习目标

通过本章的学习，掌握事业单位收入的概念，了解事业单位收入的管理及内容，掌握事业单位财政补助收入、事业收入、上级补助收入、附属单位上缴收入、经营收入和其他收入的具体内容及会计处理。

事业单位的收入是指事业单位开展业务及其他活动依法取得的非偿还性资金。事业单位的收入包括财政补助收入、事业收入、上级补助收入与附属单位上缴收入、经营收入和其他收入等。

第一节 财政补助收入

一、财政补助收入的概念和管理

财政补助收入是指事业单位从同级财政部门取得的各类财政拨款，包括基本支出补助和项目支出补助。它来源于政府财政预算，是政府对发展各项事业的投入，是事业单位开展业务活动的经常性资金来源。

事业单位财政补助收入的主要管理要求如下：

1.按部门预算和用款计划申请取得财政补助收入

事业单位应当严格按照经批准的年度部门预算和分月用款计划申请取得财政补助收入。如果由于事业计划发生变动而需要增加或减少财政补助收入，事业单位应编制追加或追减预算，经财政部门或上级单位审核批准后，按变更后的预算申请取得财政补助收入。

2.按规定的用途申请取得和使用财政补助收入

事业单位应当按照部门预算规定的资金用途申请取得和使用财政补助收入，未经财政部门同意，不可擅自改变财政补助收入的用途。按部门预算的规定，事业单位的事业支出分为基本支出和项目支出两大类。基本支出财政补助收入和项目支出财政补助收入应当分别核算，不能混淆。基本支出财政补助收入中的人员经费财政补助收入和日常公用经费财政补助收入也需要分别核算，不能混淆。

3.按预算级次申请取得财政补助收入

事业单位应当按照预算级次逐级申请取得财政补助收入，不可越级申请取得财政补助收入。同级主管会计单位之间不可发生财政补助收入的业务，没有预算管理关系的不同级别事业单位之间也不可发生财政补助收入的业务。

4.事业单位应当将各项收入全部纳入单位预算，统一核算，统一管理

事业单位对按照规定上缴国库或者财政专户的资金，应当按照国库集中收缴的有关规定及时足额上缴，不得隐瞒、滞留、截留、挪用和坐支。

二、财政补助收入的核算

事业单位的收入一般应当在收到款项时予以确认，并按照实际收到的金额进行计量。

采用权责发生制确认的收入，应当在提供服务或者发出存货，同时收讫价款或者取得索取价款的凭据时予以确认，并按照实际收到的金额或者有关凭据上注明的金额进行计量。

为了核算财政补助收入业务，事业单位应设置“财政补助收入”账户。该账户核算事业单位从同级财政部门取得的各类财政拨款，包括基本支出补助和项目支出补助。该账户平时的余额，反映事业单位年度预算的执行情况或执行进度。

本账户应当设置“基本支出”和“项目支出”两个明细账户；两个明细账户按照《政府收支分类科目》中“支出功能分类”的相关科目进行明细核算；同时在“基本支出”明细科目下按照“人员经费”和“日常公用经费”进行明细核算，在“项目支出”明细科目下按照具体项目进行明细核算。

财政补助收入的主要账务处理如下：

（1）财政直接支付方式下，对财政直接支付的支出，事业单位根据财政国库支付执行机构委托代理银行转来的财政直接支付入账通知书及原始凭证上列明的直接支付入账金额，借记有关账户，贷记本账户。

年度终了，根据本年度财政直接支付预算指标数与当年财政直接支付实际支出数的差额，借记“财政应返还额度——财政直接支付”账户，贷记本账户。

（2）财政授权支付方式下，事业单位根据代理银行转来的授权支付到账通知书中的授权支付额度，借记“零余额账户用款额度”账户，贷记本账户。

年度终了，事业单位本年度财政授权支付预算指标数大于零余额账户用款额度下达数的，根据未下达的用款额度，借记“财政应返还额度——财政授权支付”账户，贷记本账户。

（3）其他方式下，实际收到财政补助收入时，按照实际收到的金额，借记“银行存款”等账户，贷记本账户。

（4）因购货退回等发生国库直接支付款项退回的，属于以前年度支付的款项，按照退回金额，借记“财政应返还额度”账户，贷记“财政补助结转”“财政补助结余”“存货”等有关账户；属于本年度支付的款项，按照退回金额，借记本账户，贷记“事业支出”“存货”等有关账户。

（5）期末，将本账户本期发生额转入财政补助结转，借记本账户，贷记“财政补助结转”账户。

【例21-1】某市政府教育部门所属事业单位甲高等学校收到财政部门委托代理银行转来的财政直接支付入账通知书，通知书列示事业单位开展日常业务活动发生的事业活动经费“基本支出——日常公用经费”为35 000元。应做会计分录：

借：事业支出　　35 000

　贷：财政补助收入——基本支出——日常公用经费　　35 000

【例21-2】该市政府教育部门所属事业单位甲高等学校收到财政部门委托代理银行转来财政直接支付入账通知书，通知书列示事业单位开展某项专业业务活动发生的事业经费“项目支出——教学设备采购”为55 000元。应做会计分录：

借：事业支出　　55 000

　贷：财政补助收入——项目支出——教学设备采购　　55 000

同时：

借：固定资产　　55 000

　贷：非流动资产基金——固定资产　　55 000

【例21-3】某市政府直属事业单位市社科院收到代理银行转来的财政授权支付到账通知书，其收到财政授权支付额度，列示“基本支出——日常公用经费”为650 000元。应做会计分录：

借：零余额账户用款额度　　650 000

　贷：财政补助收入——基本支出——日常公用经费　　650 000

【例21-4】该市政府直属事业单位市社科院收到代理银行转来的财政授权支付到账通知书，其收到财政授权支付额度，列示“项目支出——教学设备采购”为364 000元。应做会计分录：

借：零余额账户用款额度　　364 000

　贷：财政补助收入——项目支出——教学设备采购　　364 000

【例21-5】某市政府文化部门所属事业单位市图书馆尚未实行财政国库单一账户制度。该图书馆收到开户银行转来的收款通知，其收到财政部门拨入的一笔日常事业活动预算经费，列示“基本支出——日常公用经费”为460 000元。应做会计分录：

借：银行存款　　460 000

　贷：财政补助收入——基本支出——日常公用经费　　460 000

【例21-6】该市政府文化部门所属事业单位市图书馆收到开户银行转来的收款通知，其收到财政部门拨入的一笔专项事业活动预算经费，列示“项目支出——专用图书采购”为256 000元。应做会计分录：

借：银行存款　　256 000

　贷：财政补助收入——项目支出——专用图书采购　　256 000

【例21-7】某事业单位期末结账，“财政补助收入”总账账户的贷方余额为375 000元，有关明细账户的贷方余额为：“基本支出——人员经费”186 000元；“基本支出——日常公用经费”113 000元；“项目支出——教学设备采购”76 000元。期末，将以上贷方余额转入“财政补助结转”账户。应做会计分录：

借：财政补助收入——基本支出——人员经费　　186 000

　　　　　　　——基本支出——日常公用经费　　113 000

　　　　　　　——项目支出——教学设备采购　　76 000

　贷：财政补助结转　　375 000

第二节　事业收入

一、事业收入的概念和管理

事业收入是指事业单位开展专业业务活动及其辅助活动取得的收入。专业业务活动，是指事业单位根据本单位专业特点所从事或开展的主要业务活动，如教育事业单位的教学活动、卫生事业单位的医疗保健活动等。辅助活动是指与专业业务活动相关、直接为专业业务活动服务的单位行政管理活动、后勤服务活动及其他有关活动。通过开展上述活动取得的收入，均作为事业收入处理。但是，按照国家有关规定应当上缴国库或者财政专户的资金，不计入事业收入；从财政专户核拨给事业单位的资金和经核准不上缴国库或者财政专户的资金，计入事业收入。

事业单位事业收入的主要管理要求如下：

（1）事业单位应当在国家政策允许的范围内，严格按照经国家批准的收费项目和收费标准进行收费，依法组织事业收入。

（2）事业单位应当使用财政部门和税务部门统一印制的发票，取得的事业收入，应当及时入账，并将各项事业收入全部纳入单位预算，统一核算，统一管理。

二、事业收入的核算

为了核算事业收入业务，事业单位应设置“事业收入”账户。该账户核算事业单位开展专业业务活动及其辅助活动取得的收入。本账户应当按照事业收入类别、项目、《政府收支分类科目》中“支出功能分类”相关科目等进行明细核算。事业收入中如有专项资金收入，还应按具体项目进行明细核算。

事业收入的主要账务处理如下：

1.采用财政专户返还方式管理的事业收入

（1）收到应上缴财政专户的事业收入时，按照收到的款项金额，借记“银行存款”“库存现金”等账户，贷记“应缴财政专户款”账户。

（2）向财政专户上缴款项时，按照实际上缴的款项金额，借记“应缴财政专户款”账户，贷记“银行存款”等账户。

（3）收到从财政专户返还的事业收入时，按照实际收到的返还金额，借记“银行存款”等账户，贷记本账户。

2.其他事业收入

（1）收到事业收入时，按照收到的款项金额，借记“银行存款”“库存现金”等账户，贷记本账户。

涉及增值税业务的，相关账务处理参照“经营收入”账户。

（2）期末，将本账户本期发生额中的专项资金收入结转到非财政补助结转，借记本账户下各专项资金收入明细账户，贷记“非财政补助结转”账户；将本账户本期发生额中的非专项资金收入结转到事业结余，借记本账户下各非专项资金收入明细账户，贷记“事业结余”账户。

期末结账后，本账户应无余额。

【例21-8】某市政府部门所属事业单位某金融职业学校尚未实行非税收入制度改革，且尚未取消应缴财政专户款项收入过渡账户。该学校收到一笔学费650 000元，存入银行。应做会计分录：

借：银行存款　650 000

　贷：应缴财政专户款　650 000

【例21-9】接【例21-8】，该金融职业学校将650 000元的应缴财政专户款上缴财政专户。应做会计分录：

借：应缴财政专户款　650 000

　贷：银行存款　650 000

【例21-10】接【例21-8】，该金融职业学校收到银行收款通知，其收到从财政专户返还的事业收入450 000元。应做会计分录：

借：银行存款　450 000

　贷：事业收入　450 000

【例21-11】某市政府部门所属事业单位蓝天医院从开展医疗业务活动中取得一笔事业收入，即"事业收入——医疗收入"56 000元，款项存入银行。应做会计分录：

借：银行存款　56 000

　贷：事业收入——医疗收入　56 000

【例21-12】该市政府部门所属事业单位蓝天医院开展医疗业务活动销售自制产品50件，每件600元，计30 000元，增值税税额为5 100元，款项已通过开户行收讫。应做会计分录：

借：银行存款　35 100

　贷：事业收入——医疗收入　30 000

　　　应缴税费——应缴增值税（销项税额）　5 100

【例21-13】某事业单位期末结账，"事业收入"总账账户的贷方余额为5 870 000元，其中，专项资金收入1 320 000元，非专项资金收入4 555 000元。应做会计分录：

借：事业收入　1 320 000

　贷：非财政补助结转　1 320 000

借：事业收入　4 550 000

　贷：事业结余　4 550 000

第三节　上级补助收入与附属单位上缴收入

一、上级补助收入的核算

上级补助收入是指事业单位从主管部门和上级单位取得的非财政补助收入，是事业单位经费不足弥补正常业务活动的开支时，向上级单位申请取得的非财政性补助款。

为核算上级补助收入业务，事业单位应设置"上级补助收入"账户。该账户核算事业单位从主管部门和上级单位取得的非财政补助收入。该账户平时贷方余额，反映上级补助收入累计数。本账户应当按照发放补助单位、补助项目、《政府收支分类科目》中“支出功能分类”相关科目等进行明细核算。上级补助收入中如有专项资金收入，还应按具体项目进行明细核算。

上级补助收入的主要账务处理如下：

（1）收到上级补助收入时，按照实际收到的金额，借记“银行存款”等账户，贷记本账户。

（2）期末，将本账户本期发生额中的专项资金收入结转到非财政补助结转，借记本账户下各专项资金收入明细账户，贷记“非财政补助结转”账户；将本账户本期发生额中的非专项资金收到结转到事业结余，借记本账户下各非专项资金收入明细账户，贷记“事业结余”账户。

期末结账后，本账户应无余额。

【例21-14】某师范大学附属高中收到银行收款通知，其收到上级单位拨来的一笔非财政性的补助款项478 000元，其中，“基本支出——人员经费”365 000元，“基本支出——日常公用经费”113 000元。应做会计分录：

借：银行存款	478 000	
贷：上级补助收入——基本支出——人员经费		365 000
——基本支出——日常公用经费		113 000

【例21-15】某师范大学附属高中收到银行收款通知，其收到上级单位拨来的一笔非财政性的补助款项，即“项目支出——教学设备采购”73 000元。应做会计分录：

借：银行存款	73 000	
贷：上级补助收入——项目支出——教学设备采购		73 000

【例21-16】某事业单位期末结账，“上级补助收入”总账账户的贷方余额为1 880 000元，其中，专项资金收入650 000元，非专项资金收入1 230 000元。应做会计分录：

借：上级补助收入	650 000	
贷：非财政补助结转		650 000
借：上级补助收入	1 230 000	
贷：事业结余		1 230 000

二、附属单位上缴收入的核算

附属单位上缴收入是指事业单位附属独立核算单位按照有关规定上缴的收入，包括附属的单位上缴的收入和利润等。附属独立核算的单位，一般是指有独立资格的单位，包括附属的事业单位和附属的企业或公司。附属单位上缴收入是对事业单位开展事业活动所需资金的必要补充，事业单位应当对其附属单位的业务活动和上缴款项实行计划管理，并加强调控和监督。

为了核算附属单位上缴收入业务，事业单位应设置“附属单位上缴收入”账户。本账户核算事业单位附属独立核算单位按照有关规定上缴的收入。该账户平时贷方余额，反映附属单位缴款的累计数。本账户应当按照附属单位、缴款项目、《政府收支分类科目》中“支出功能分类”相关科目等进行明细核算。附属单位上缴收入中如有专项资金收入，还应按具体项目进行明细核算。

附属单位上缴收入的主要账务处理如下：

（1）收到附属单位缴来款项时，按照实际收到金额，借记“银行存款”等账户，贷记本账户。

（2）期末，将本账户本期发生额中的专项资金收入结转到非财政补助结转，借记本账户下各专项资金收入明细账户，贷记“非财政补助结转”账户；将本账户本期发生额中的非专项资金收入结转到事业结余，借记本账户下各非专项资金收入明细账户，贷记“事业结余”账户。

期末结账后，本账户应无余额。

【例 21-17】某市政府部门所属事业单位某高校收到银行收款通知，其收到附属独立核算单位上缴的一笔款项 250 000 元，附属单位缴款按该高校基本支出预算安排：“基本支出——人员经费” 150 000 元，“基本支出——日常公用经费” 100 000 元。应做会计分录：

借：银行存款	250 000	
贷：附属单位上缴收入——基本支出——人员经费		150 000
——基本支出——日常公用经费		100 000

【例 21-18】期末，某事业单位“附属单位上缴收入——基本支出——日常公用经费”账户的贷方余额为 86 000 元，均为非专项资金收入，应结转至“事业结余”账户。应做会计分录：

借：附属单位上缴收入——基本支出——日常公用经费	86 000	
贷：事业结余		86 000

第四节 经营收入

经营收入是指事业单位在专业业务活动及其辅助活动之外开展非独立核算经营活动取得的收入。事业单位的经营收入必须是经营活动取得的收入，而不是专业业务活动及其辅助活动取得的收入，必须是非独立核算的经营活动取得的收入，而不是独立核算的经营活动取得的收入。

事业单位经营收入的种类主要有：事业单位非独立核算部门销售商品取得的销售收入；事业单位非独立核算部门对外提供经营服务取得的经营服务收入；事业单位出租房屋、场地和设备等取得的租赁收入；事业单位在专业业务活动及其辅助活动之外取得的除上述各项收入以外的其他经营收入。

为了核算经营收入业务，事业单位应设置“经营收入”账户。本账户核算事业单位在专业业务活动及其辅助活动之外开展非独立核算经营活动取得的收入。该账户平时余额在贷方，反映经营收入累计数。本账户应当按照经营活动类别、项目、《政府收支分类账户》中“支出功能分类”相关账户等进行明细核算。

经营收入的主要账务处理如下：

（1）经营收入应当在提供服务或发出存货，同时收讫价款或者取得索取价款的凭据时，按照实际收到或应收的金额确认收入。

实现经营收入时，按照确定的收入金额，借记“银行存款”“应收账款”“应收票据”等账户，贷记本账户。

属于增值税小规模纳税人的事业单位实现经营收入，按实际出售价款，借记“银行存款”“应收账款”“应收票据”等账户，按出售价款扣除增值税税额后的金额，贷记本账户，按应缴增值税金额，贷记“应缴税费——应缴增值税”账户。

属于增值税一般纳税人的事业单位实现经营收入，按包含增值税的价款总额，借记“银行存款”“应收账款”“应收票据”等账户，按扣除增值税销项税额后的价款金额，贷记本账户，按增值税专用发票上注明的增值税金额，贷记“应缴税费——应缴增值税（销项税额）”账户。

（2）期末，将本账户本期发生额转入经营结余，借记本账户，贷记“经营结余”账户。

期末结账后，本账户应无余额。

【例21-19】某市政府文化部门所属事业单位某美术馆开展经营活动取得一笔经营收入，具体为“经营收入——纪念品销售收入”3 600元，款项存入银行。应做会计分录：

借：银行存款	3 600	
贷：经营收入——纪念品销售收入		3 600

【例21-20】某事业单位收到银行收款通知，其收到非独立核算的车队对外提供运输劳务收入2 500元。应做会计分录：

借：银行存款	2 500	
贷：经营收入——车队运输收入		2 500

【例21-21】某事业单位非独立核算的招待所交来住宿、餐饮等收入，共计6 500元。应做会计分录：

借：库存现金	6 500	
贷：经营收入——招待所住宿收入		6 500

【例21-22】期末，某事业单位将“经营收入”账户的贷方余额56 000元结转至“经营结余”账户。应做会计分录：

借：经营收入	56 000	
贷：经营结余		56 000

第五节　其他收入

其他收入是指事业单位财政补助收入、事业收入、上级补助收入、附属单位上缴收入和经营收入以外的各项收入，包括投资收益、利息收入、捐赠收入、现金盘盈收入、存货盘盈收入、收回已核销应收及预付款项、无法偿付的应付及预收款项等。

为核算其他收入业务，事业单位应设置“其他收入”账户。该账户平时贷方余额，表示其他收入的累计余额。本账户应当按照其他收入的类别、《政府收支分类科目》中“支出功能分类”相关科目等进行明细核算。对于事业单位对外投资实现的投资净损益，应单设“投资收益”明细科目进行核算；其他收入中如有专项资金收入（如限定用途的捐赠收入），还应按具体项目进行明细核算。

其他收入的主要账务处理如下：

（1）投资收益。对外投资持有期间收到利息、利润等时，按实际收到的金额，借记“银行存款”等账户，贷记本账户。出售或到期收回国债投资本息时，按照实际收到的金额，借记“银行存款”等账户，按照出售或收回国债投资的成本，贷记“短期投资”“长期投资”账户，按其差额，贷记或借记本账户。

（2）银行存款利息收入、租金收入。收到银行存款利息、资产承租人支付的租金时，按照实际收到的金额，借记“银行存款”等账户，贷记本账户。

（3）捐赠收入。接受捐赠现金资产，按照实际收到的金额，借记“银行存款”等账户，贷记本账户。接受捐赠的存货验收入库时，按照确定的成本，借记“存货”账户，按照发生的相关税费、运输费等，贷记“银行存款”等账户，按照其差额，贷记本账户。

接受固定资产、无形资产等非流动资产捐赠，不通过本账户核算。

（4）现金盘盈收入。每日现金账款核对中如发现现金溢余，属于无法查明原因的部分，借记“库存现金”账户，贷记本账户。

（5）存货盘盈收入。盘盈的存货，按照确定的入账价值，借记“存货”账户，贷记本账户。

（6）收回已核销应收及预付款项。已核销应收账款、预付账款、其他应收款在以后期间收回的，按照实际收回的金额，借记“银行存款”等账户，贷记本账户。

（7）无法偿付的应付及预收款项。无法偿付或债权人豁免偿还的应付账款、预收账款、其他应付款及长期应付款，借记“应付账款”“预收账款”“其他应付款”“长期应付款”等账户，贷记本账户。

期末，将本账户本期发生额中的专项资金收入结转进至非财政补助结转，借记本账户下各专项资金收入明细账户，贷记“非财政补助结转”账户；将本账户本期发生额中的非专项资金收入结转进至事业结余，借记本账户下各非专项资金收入明细账户，贷记“事业结余”账户。

期末结账后，本账户应无余额。

【例21-23】某事业单位收到到期兑付的两年期国债投资本息，共计51 800元，其中利息为1 800元。应做会计分录：

借：银行存款　　51 800
　贷：长期投资——长期债券投资　　50 000
　　其他收入——投资收益　　1 800

同时：

借：非流动资产基金——长期投资　　50 000
　贷：事业基金　　50 000

【例21-24】某事业单位开展收到其他单位的捐赠收入为50 000元，款项存入银行。应做会计分录：

借：银行存款　　50 000
　贷：其他收入——捐赠收入　　50 000

【例21-25】某事业单位开展质量监督所取得租金收入为15 000元，款项存入银行。应做会计分录：

借：银行存款　　15 000
　贷：其他收入——租金收入　　15 000

【例21-26】某事业单位将一笔无法偿付的应付账款13 500元转销。应做会计分录：

借：应付账款　　13 500
　贷：其他收入　　13 500

【例21-27】期末，某事业单位“其他收入”账户的贷方余额为57 600元，均为非专项资金收入，应结转至“事业结余”账户。应做会计分录：

借：其他收入　　57 600
　贷：事业结余　　57 600

本章小结

事业单位的收入是指事业单位开展业务及其他活动依法取得的非偿还性资金。事业单位的收入包括财政补助收入、事业收入、上级补助收入、附属单位上缴收入、经营收入和其他收入等。

财政补助收入是指事业单位从同级财政部门取得的各类财政拨款，包括基本支出补助和项目支出补助。

事业收入是指事业单位开展专业业务活动及其辅助活动取得的收入。

上级补助收入是指事业单位从主管部门和上级单位取得的非财政补助收入。

附属单位上缴收入是指事业单位附属独立核算单位按照有关规定上缴的收入，包括附属的事业单位上缴的收入和利润等。

经营收入是指事业单位在专业业务活动及其辅助活动之外开展非独立核算经营活动取得的收入。

其他收入包括投资收益、利息收入、捐赠收入、现金盘盈收入、存货盘盈收入、收回已核销应收及预付款项、无法偿付的应付及预收款项等。

事业单位应当在国家政策允许的范围内，严格按照经国家批准的收费项目和收费标准进行收费，依法组织事业收入；各项事业收入全部纳入单位预算，统一核算，统一管理。

思考题

1. 什么是事业单位收入？事业单位的收入主要包括哪些内容？

2. 事业单位的“财政补助收入”总账账户应当设置哪两个明细账户？为什么？

3. 什么是事业单位的事业收入？如何对其进行管理？

4. 什么是事业单位的经营收入？它具有哪些基本特征？

5. 什么是事业单位的上级补助收入？上级补助收入与财政补助收入有什么不同？

6. 什么是事业单位的附属单位上缴收入？附属单位上缴收入与经营收入有什么不同？

7. 事业单位的其他收入主要包括哪些内容？

第二十二章

事业单位支出的核算

学习目标

通过本章的学习，掌握事业单位支出的概念，了解事业单位支出的分类，掌握事业单位事业支出、上缴上级支出和对附属单位补助支出、经营支出和其他支出的具体内容及会计处理。

事业单位支出是指事业单位开展业务及其他活动发生的资金耗费和损失。事业单位支出包括事业支出、上缴上级支出和对附属单位补助支出、经营支出和其他支出。

第一节 事业支出

一、事业支出的概念

事业支出是事业单位开展专业业务活动及辅助活动发生的支出。事业单位的专业业务活动及辅助活动是事业单位的主要业务活动，且专业业务活动属于公益性的业务活动，其业务活动收入通常不足以弥补业务活动支出。因此，事业单位应当根据财政补助收入、事业收入、上级补助收入、附属单位上缴收入、经营收入和其他收入等收入情况统筹安排事业支出。

事业支出是事业单位支出中最主要的支出类别，事业单位专业业务活动及辅助活动的种类视不同行业的事业单位而定。

二、事业支出的分类

（一）按照政府收支分类科目的要求进行分类

事业单位的事业支出应当按照《政府收支分类科目》中的“支出经济分类科目”进行分类。《政府收支分类科目》中的支出经济分类科目分设类级和款级两级科目。具体分类情况如下：

1.工资福利支出

工资福利支出反映事业单位开支的在职职工和临时聘用人员的各类劳动报酬，以及为上述人员缴纳的各项社会保险费等。该科目分设如下款级科目：

（1）基本工资，反映按规定发放的基本工资，包括事业单位工作人员的岗位工资、薪级工资。

（2）津贴补贴，反映事业单位在基本工资之外按规定开支的事业单位职工艰苦边远地区津贴、地区附加津贴、岗位津贴和其他各种补贴等。

（3）社会保障缴费，反映事业单位为职工缴纳的基本养老、基本医疗、失业、工伤、生育等社会保险费，残疾人就业保障金。

（4）伙食补助费，反映事业单位发给职工的伙食补助费，如午餐补助等。

（5）绩效工资，反映事业单位工作人员的绩效工资。

（6）其他工资福利支出，反映上述项目未包括的人员支出，如各种加班工资，病假两个月以上人员的工资，编制外长期聘用人员、长期临时工工资等。

以上事业单位工资福利支出类级科目下的款级科目与行政单位的相应科目基本相同，但两者也有一些差别。例如，行政单位有奖金科目，没有绩效工资科目；事业单位有绩效工资科目，没有奖金科目。这些具体的差别与行政单位和事业单位的工资福利制度直接相关。

2.商品和服务支出

商品和服务支出反映事业单位购买商品和服务的支出（不包括用于购置固定资产的支出）。该科目分设如下款级科目：

（1）办公费，反映事业单位购买按财务会计制度规定不符合固定资产确认标准的日常办公用品、书报杂志等支出。

（2）印刷费，反映事业单位的印刷费支出。

（3）咨询费，反映事业单位咨询方面的支出。

（4）手续费，反映事业单位支付的各类手续费支出。

（5）水费，反映事业单位支付的水费、污水处理费等支出。

（6）电费，反映事业单位的电费支出。

（7）邮电费，反映事业单位开支的信函、包裹、货物等物品的邮寄费及电话费、电报费、传真费、网络通信费等。

（8）取暖费，反映事业单位取暖用燃料费、热力费、炉具购置费、锅炉临时工的工资、节煤奖以及由事业单位支付的在职职工和离退休人员宿舍取暖费等。

（9）物业管理费，反映事业单位开支的办公用房、职工及离退休人员宿舍等的物业管理费，包括综合治理、绿化、卫生等方面的支出。

（10）交通费，反映事业单位车船等各类交通工具的租用费、燃料费、维修费、过桥过路费、保险费、安全奖励费等。

（11）差旅费，反映事业单位工作人员出差的住宿费、旅费、伙食补助费、杂费，干部及大中专学生调遣费，调干家属旅费补助等。

（12）出国费，反映事业单位工作人员出国的住宿费、旅费、伙食费、杂费等支出。

（13）维修（护）费，反映事业单位日常开支的固定资产（不包括车船等交通工具）修理和维护费用，网络信息系统运行与维护费用，以及按规定提取的修购基金。

（14）租赁费，反映事业单位租赁办公用房、宿舍、专用通信网以及其他设备等的费用。

（15）会议费，反映事业单位会议中按规定开支的房租费、伙食补助费以及文件资料的印刷费、会议场地租用费等。

（16）培训费，反映事业单位各类培训支出，按标准提取的“职工教育经费”也在本科目反映。

（17）招待费，反映事业单位按规定开支的各类接待（含外宾接待）费用。

（18）专用材料费，反映事业单位购买日常专用材料的支出，具体包括药品及医疗耗材，实验室用品，专用服装，消耗性体育用品，专用工具和仪器，专用材料和用品，广播电视台发射台和发射机的电力、材料等方面的支出。

（19）劳务费，反映支付给单位和个人的劳务费用，如临时聘用人员、钟点工工资，稿费、翻译费、评审费等。

（20）委托业务费，反映事业单位因委托外单位办理业务而支付的委托业务费。

（21）工会经费，反映事业单位按规定提取的工会经费。

（22）福利费，反映事业单位按规定提取的福利费。

（23）其他商品和服务支出，反映上述科目未包括的日常公用支出，如会员费、来访费、广告宣传、其他劳务费及离休人员特需费、公用经费等。

3.对个人和家庭的补助

对个人和家庭的补助反映事业单位用于个人和家庭的补助支出。该科目分设如下款级科目：

（1）离休费，反映事业单位移交政府安置的离休人员的离休费、护理费和其他补贴。

（2）退休费，反映事业单位移交政府安置的退休人员的退休费和其他补贴。

（3）退职（役）费，反映事业单位退职人员的生活补贴，一次性支付给职工、运动员的退职补助。

（4）抚恤金，反映事业单位按规定开支的烈士遗属、牺牲病故人员遗属的一次性和定期抚恤金，伤残人员的抚恤金，离退休人员等其他人员的各项抚恤金。

（5）生活补助，反映事业单位按规定开支的优抚对象定期定量生活补助费，单位职工和遗属生活补助，因公负伤等住院治疗、住疗养院期间的伙食补助费等。

（6）救济费，反映事业单位按规定开支的城乡贫困人员、灾民、归侨、外侨及其他人员的生活救济费。实物形式的救济也在此科目反映。

（7）医疗费，反映事业单位在职职工、离退休人员的医疗费，学生医疗费，优抚对象医疗补助，以及按国家规定资助农民参加新型农村合作医疗的支出和对城乡贫困家庭的医疗救助支出。

（8）助学金，反映各类学校学生助学金、奖学金、学生贷款、出国留学（实习）人员生活费，青少年业余体校学员伙食补助费和生活费补贴，按照协议由我方负担或享受我方奖学金的来华留学生、进修生生活费等。

（9）奖励金，反映事业单位的奖励支出，如对独生子女父母的奖励等。

（10）生产补贴，反映事业单位对个人发放的生产补贴支出，如国家对农民发放的农机具购置补贴、良种补贴、粮食直补以及发放给残疾人的各种生活补贴等。

（11）住房公积金，反映事业单位按职工工资总额的一定比例为职工缴纳的住房公积金。

（12）提租补贴，反映按房改政策的标准，事业单位向职工（含离退休人员）发放的租金补贴。

（13）购房补贴，反映事业单位按规定向符合条件职工（含离退休人员）发放的用于购买住房的补贴。

（14）其他对个人和家庭的补助支出，反映未包括在上述科目中的对个人和家庭的补助支出，如婴幼儿补贴、职工探亲旅费、退职人员及随行家属路费等。

4.基本建设支出

基本建设支出反映事业单位由各级发展与改革部门集中安排的用于购置固定资产、土地和无形资产，以及大型修缮所发生的支出。该科目分设如下款级科目：

（1）房屋建筑物购建，反映用于购买、自行建造办公用房、仓库、职工生活用房、教学科研用房、学生宿舍、食堂等建筑物（含附属设施，如电梯、通信线路、水气管道等）的支出。

（2）办公设备购置，反映用于购置并按财务会计制度规定纳入固定资产核算范围的办公家具和办公设备的支出。

（3）专用设备购置，反映用于购置具有专门用途，并按财务会计制度规定纳入固定资产核算范围的各类专用设备的支出，如通信设备、发电设备、交通监控设备、卫星转发器、气象设备、进出口监管设备等。

（4）交通工具购置，反映用于购置各类交通工具（如小汽车、摩托车等）的支出（含车辆购置税）。

（5）大型修缮，反映按财务会计制度规定允许资本化的各类设备、建筑物、公共基础设施的大型修缮支出。

（6）信息网络购建，反映用于信息网络方面的支出，如计算机硬件、软件购置支出，开发、应用支出等。如果购建的计算机硬件、软件等不符合财务会计制度的固定资产确认标准，则不在此科目反映。

（7）其他基本建设支出，反映著作权、商标权、专利权等无形资产购置支出，以及其他上述科目中未包括的资本性支出，如娱乐、文化和艺术原作的使用权，购买国内外影片播映权，购置图书等。

5.其他资本性支出

其他资本性支出反映事业单位由非各级发展与改革部门集中安排的用于购置固定资产、土地和无形资产，以及进行大型修缮所发生的支出。其款级科目的分设与上述基本建设支出相同。

6.其他支出

其他支出反映不能划分到上述经济科目的其他支出。

上述科目分类，是事业单位按照《政府收支分类科目》中的“支出经济分类”构建的一个完整的事业支出科目体系。它与《政府收支分类科目》中的“支出功能分类”科目是相互配套的两套支出科目体系。

（二）按照部门预算的要求进行分类

事业单位的事业支出应当按照部门预算的要求进行分类。按照部门预算的要求，事业单位的事业支出可分为基本支出和项目支出两大类。

1.基本支出

这是指事业单位为维持正常运转和完成日常工作任务而发生的各项支出。如事业单位按规定支付给工作人员的基本工资、津贴等；事业单位为完成日常工作需要所发生的办公费、水电费、差旅费等办公经费支出。基本支出是事业单位的基本资金消耗，具有常规性和稳定性的特点。按照部门预算管理的要求，事业单位的基本支出再分成人员经费支出和日常公用经费支出两大类。其中，人员经费支出的具体科目包括《政府收支分类科目》中的“工资福利支出”科目以及“对个人和家庭的补助支出”科目；日常公用经费支出的具体科目包括《政府收支分类科目》中的“商品和服务支出”科目，以及“基本建设支出”科目和“其他资本性支出”科目中的“办公设备购置”“专用设备购置”“交通工具购置”科目。事业单位购置办公设备、专用设备和交通工具的支出，视情况也可以作为项目支出预算的内容。

2.项目支出

这是指事业单位为完成专项工作或特定任务而发生的各项支出。事业单位的项目支出一般包括房屋建筑物购建支出、专项大型修缮支出、专项事业任务支出等。与基本支出相比，项目支出具有非常规性、不稳定的特点。事业单位的项目支出一般都有专项资金来源。如果没有专项资金来源，一般即作为基本支出。事业单位项目支出的具体科目可以同时包括《政府收支分类科目》的“商品和服务支出”“基本建设支出”“其他资本性支出”科目中的相关明细科目。

（三）按不同经费性质分类

按照不同经费的性质，事业单位的事业支出可以分为财政补助支出、非财政专项资金支出和其他资金支出三类。

1.财政补助支出

财政补助支出是指事业单位因从财政部门取得各类财政补助，包括基本支出补助和项目支出补助而发生的事业支出。

2.非财政专项资金支出

非财政专项资金支出是指事业单位因从主管部门和上级单位等取得非财政专项资金补助收入而发生的事业支出。

3.其他资金支出

其他资金支出是指事业单位因从主管部门和上级单位等取得非专项资金补助收入而发生的支出。

三、事业支出的管理要求

事业单位事业支出的管理要求主要是：

（1）严格按照部门预算规定的用途和数额使用。事业单位的事业支出必须严格按照部门预算规定的用途和数额使用，不可办理无预算、超预算范围的事业支出。对于违反财经纪律的开支，事业单位一律不得办理报销支付。

（2）保证基本支出的需要。事业单位的事业支出应当保证单位基本支出的需要，包括人员经费和日常公用经费的需要。对于单位的基本支出，应当实行优先保障、优先安排的管理原则。只有在基本支出安排得到保证后，才可以安排项目支出。事业单位的基本支出一般采用定员、定额的管理办法。基本支出的定额项目包括人员经费和日常公用经费两部分。

（3）严格项目支出的管理。事业单位的项目支出应当实行区分轻重缓急进行科学论证、合理排序申报、立项后专款专用、追踪问效的管理制度。事业单位应当为每项项目支出单独建账，独立反映其资金来源和使用情况以及项目进度和完成情况，并及时对资金使用的效益作出评价。

（4）实行综合预算管理方法。事业单位应当对事业单位的各项收入进行综合安排，事业支出包括基本支出和项目支出。事业单位在安排基本支出时，需要综合地安排、使用各项收入；在安排项目支出时，也需要综合地安排、使用各项收入。

（5）划清事业支出与经营支出的界线。事业单位不可将应列入经营支出的项目列入事业支出，也不可将应列入事业支出的项目列入经营支出。

四、事业支出的核算

为核算事业支出业务，事业单位应设置“事业支出”账户。平时本账户的借方余额反映实际事业支出累计数。该账户应当按照“基本支出”和“项目支出”，“财政补助支出”、“非财政专项资金支出”和“其他资金支出”等层级进行明细核算，并按照《政府收支分类科目》中“支出功能分类”相关科目进行明细核算；“基本支出”和“项目支出”明细科目下应当按照《政府收支分类科目》中“支出经济分类”的款级科目进行明细核算；同时在“项目支出”明细科目下按照具体项目进行明细核算。

事业支出的主要账务处理如下：

（1）为从事专业业务活动及其辅助活动人员计提的薪酬等，借记本账户，贷记“应付职工薪酬”等账户。

（2）为开展专业业务活动及其辅助活动领用的存货，按领用存货的实际成本，借记本账户，贷记“存货”账户。

（3）开展专业业务活动及其辅助活动中发生的其他各项支出，借记本账户，贷记“库存现金”“银行存款”“零余额账户用款额度”“财政补助收入”等账户。

期末，将本账户（财政补助支出）本期发生额结转至“财政补助结转”账户，借记“财政补助结转——基本支出结转”“财政补助结转——项目支出结转”账户，贷记本账户（财政补助支出——基本支出、财政补助支出——项目支出）或本账户（基本支出——财政补助支出、项目支出——财政补助支出）；将本账户（非财政专项资金支出）本期发生额结转至“非财政补助结转”账户，借记“非财政补助结转”账户，贷记本账户（非财政专项资金支出）或本账户（项目支出——非财政专项资金支出）；将本账户（其他资金支出）本期发生额结转入“事业结余”账户，借记“事业结余”账户，贷记本账户（其他资金支出）或本账户（基本支出——其他资金支出、项目支出——其他资金支出）。

期末结账后，本账户应无余额。

【例22-1】某市政府教育部门所属事业单位某科研院所收到财政国库支付执行机构委托其代理银行转来的财政直接支付入账通知书，财政国库支付执行机构通过财政零余额账户为事业单位支付了一笔事业支出，具体为："事业支出——财政补助支出——基本支出——人员经费"56 000元；"事业支出——财政补助支出——基本支出——日常公用经费"23 700元。应做会计分录：

借：事业支出——财政补助支出——基本支出——人员经费　　56 000
　　　　　　——财政补助支出——基本支出——日常公用经费 23 700
　贷：财政补助收入　　79 700

【例22-2】某市政府教育部门所属事业单位某科研院所收到财政国库支付执行机构委托其代理银行转来的财政直接支付入账通知书，财政国库支付执行机构通过财政零余额账户为事业单位支付了一笔事业支出，具体为："事业支出——财政补助支出——项目支出——专用设备购置"13 000元。应做会计分录：

借：事业支出——财政补助支出——项目支出——专用设备购置 13 000
　贷：财政补助收入　　13 000

同时：

借：固定资产　　13 000
　贷：非流动资产基金——固定资产　　13 000

【例22-3】某市政府教育部门所属事业单位某科研院所用非财政专项资金支付一笔实验室项目支出，具体为："事业支出——非财政专项资金支出——项目支出"50 000元。应做会计分录：

借：事业支出——非财政专项资金支出——项目支出　　50 000
　贷：银行存款　　50 000

【例22-4】某市政府教育部门所属事业单位某科研院所通过银行存款账户支付一笔事业支出，具体为："事业支出——其他资金支出——基本支出——人员经费"12 500元。应做会计分录：

借：事业支出——其他资金支出——基本支出——人员经费　　12 500
　贷：银行存款　　12 500

【例22-5】期末，该科研院所将上述"事业支出"账户的借方余额全数转至"财政补助结转"、"非财政补助结转"和"事业结余"账户。应做会计分录：

借：财政补助结转——基本支出结转　　79 700
　　　　　　　　——项目支出结转　　13 000
　贷：事业支出——财政补助支出——基本支出——人员经费　　56 000
　　　　　　——财政补助支出——基本支出——日常公用经费　　23 700
　　　　　　——财政补助支出——项目支出——专用设备购置　　13 000

同时：

借：非财政补助结转　　50 000
　贷：事业支出——非财政专项资金支出——项目支出　　50 000

同时：

借：事业结余　12 500

　贷：事业支出——其他资金支出——基本支出——人员经费　12 500

第二节　上缴上级支出和对附属单位补助支出

一、上缴上级支出的核算

上缴上级支出是事业单位按照财政部门和主管部门的规定上缴上级单位的支出。它与上级单位的“附属单位上缴收入”相对应。

为核算上缴上级支出业务，事业单位应设置“上缴上级支出”账户。该账户平时为借方余额，反映上缴上级支出的累计数。本账户应当按照收缴款项单位、缴款项目、《政府收支分类科目》中“支出功能分类”相关科目等进行明细核算。

上缴上级支出的主要账务处理如下：

（1）按规定将款项上缴上级单位的，按照实际上缴的金额，借记本账户，贷记“银行存款”等账户。

（2）期末，将本账户本期发生额转入事业结余，借记“事业结余”账户，贷记本账户。

期末结账后，本账户应无余额。

【例22-6】某高等学校附属的某大学出版社（事业单位）按规定的定额上缴上级单位款项450 000元，款项已通过银行支付。应做会计分录：

借：上缴上级支出　450 000

　贷：银行存款　450 000

【例22-7】接【例22-6】，期末，该大学出版社将“上缴上级支出”账户借方余额450 000元结转至“事业结余”账户。应做会计分录：

借：事业结余　450 000

　贷：上缴上级支出　450 000

二、对附属单位补助支出的核算

对附属单位补助支出是事业单位用财政补助收入之外的收入补助附属单位发生的支出。它与附属单位的“上级补助收入”相对应。

为了核算对附属单位补助业务，事业单位应设置“对附属单位补助支出”账户。该账户平时为借方余额，反映对附属单位补助支出的累计数。本账户应当按照接受补助单位、补助项目、《政府收支分类科目》中“支出功能分类”相关科目等进行明细核算。

对附属单位补助支出的主要账务处理如下：

（1）发生对附属单位补助支出的，按照实际支出的金额，借记本账户，贷记

“银行存款”等账户。

(2) 期末，将本账户本期发生额转入事业结余，借记“事业结余”账户，贷记本账户。

期末结账后，本账户应无余额。

【例22-8】某高等师范学校用自有资金对附属中学拨付一次性补助款50 000元。该补助属于基本支出业务补助，并规定用于日常公用经费开支。补助款已通过银行付讫。应做会计分录：

借：对附属单位补助支出——基本支出——日常公用经费——附属中学 50 000

贷：银行存款 50 000

【例22-9】接【例22-8】，期末，该高等师范学校将“对附属单位补助支出”账户借方余额50 000元结转至“事业结余”账户。应做会计分录：

借：事业结余 50 000

贷：对附属单位补助——基本支出——日常公用经费——附属中学 50 000

第三节 经营支出

一、经营支出的概念

经营支出是事业单位在专业业务活动及其辅助活动之外开展非独立核算经营活动发生的各项支出。

事业单位开展非独立核算经营活动的，应当正确归集开展经营活动发生的各项费用；无法直接归集的，应当按照规定的标准或比例合理分摊；事业单位的经营支出应当与经营收入相配比。

事业单位开展非独立核算经营活动的目的是充分利用事业单位的现有资源，通过向社会提供经营性服务筹集更多的资金，以支持事业的发展。但是事业单位应严格区分事业支出和经营支出，事业单位不可将应当用于事业支出的各项收入用于经营支出。

二、经营支出的核算

为了核算和监督经营支出业务，事业单位应设置“经营支出”账户。该账户平时为借方余额，反映单位经营支出累计数。本账户应当按照经营活动类别、项目、《政府收支分类科目》中“支出功能分类”相关科目等进行明细核算。

经营支出的主要账务处理如下：

(1) 为在专业业务活动及其辅助活动之外开展非独立核算经营活动的人员计提的薪酬等，借记本账户，贷记“应付职工薪酬”等账户。

(2) 在专业业务活动及其辅助活动之外开展非独立核算经营活动领用、发出的存货，按领用、发出存货的实际成本，借记本账户，贷记“存货”账户。

（3）在专业业务活动及其辅助活动之外开展非独立核算经营活动发生的其他各项支出，借记本账户，贷记“库存现金”“银行存款”“应缴税费”等账户。

期末，将本账户本期发生额转入经营结余，借记“经营结余”账户，贷记本账户。

期末结账后，本账户应无余额。

【例22-10】某事业单位开展非独立核算的经营活动购买一批经营活动使用的日常办公用品，价款为700元，直接交有关经营部门使用，款项以银行存款支付。应做会计分录：

借：经营支出　　700

　贷：银行存款　　700

【例22-11】某科研单位非独立核算的经营活动部门领用材料一批，价值为1 700元。应做会计分录：

借：经营支出　　1 700

　贷：存货　　1 700

【例22-12】某事业单位在非独立核算的经营活动中销售产品一批，实现销售收入5 000元，该产品的适用税率为17%，该批产品实际成本为3 400元。根据有关凭证，应做会计分录：

借：银行存款　　5 850

　贷：经营收入　　5 000

　　　应缴税费——应缴增值税（销项税额）　　850

同时：

借：经营支出　　3 400

　贷：存货　　3 400

【例22-13】某事业单位为开展非独立核算的经营活动支付本月水费5 000元。根据有关凭证，应做会计分录：

借：经营支出　　5 000

　贷：银行存款　　5 000

【例22-14】某事业单位为开展非独立核算的经营活动的人员计提薪酬5 600元。应做会计分录：

借：经营支出　　5 600

　贷：应付职工薪酬　　5 600

【例22-15】期末，某事业单位将“经营支出”账户借方余额67 000元结转至“经营结余”账户。应做会计分录：

借：经营结余　　67 000

　贷：经营支出　　67 000

第四节　其他支出

其他支出是事业单位除事业支出、上缴上级支出、对附属单位补助支出、经营支出以外的各项支出，包括利息支出、捐赠支出、现金盘亏损失、资产处置损失、接受捐赠（调入）非流动资产发生的税费支出等。

为了核算其他支出业务，事业单位应设置“其他支出”账户。该账户平时为借方余额，反映单位其他支出累计数。本账户应当按照其他支出的类别、《政府收支分类科目》中“支出功能分类”相关科目等进行明细核算。其他支出中如有专项资金支出的，还应按具体项目进行明细核算。

其他支出的主要账务处理如下：

（1）利息支出 。支付银行借款利息时，借记本账户，贷记“银行存款”账户。

（2）捐赠支出。对外捐赠现金资产，借记本账户，贷记“银行存款”等账户；对外捐出存货，借记本账户，贷记“待处置资产损溢”账户；对外捐赠固定资产、无形资产等非流动资产，不通过本账户核算。

（3）现金盘亏损失。每日现金账款核对中如发现现金短缺，属于无法查明原因的部分，报经批准后，借记本账户，贷记“库存现金”账户。

（4）资产处置损失。报经批准核销应收及预付款项、处置存货时，借记本账户，贷记“待处置资产损溢”账户。

（5）接受捐赠（调入）非流动资产发生的税费支出。接受捐赠、无偿调入非流动资产发生的相关税费、运输费等，借记本账户，贷记“银行存款”等账户；以固定资产、无形资产取得长期股权投资，所发生的相关税费计入本账户。具体账务处理参见“长期投资”账户。

期末，将本账户本期发生额中的专项资金支出结转至非财政补助结转，借记“非财政补助结转”账户，贷记本账户下各专项资金支出明细账户；将本账户本期发生额中的非专项资金支出结转至事业结余，借记“事业结余”账户，贷记本账户下各非专项资金支出明细账户。

期末结账后，本账户应无余额。

【例 22-16】某事业单位通过开户银行支付商业银行短期借款利息 30 000 元。应做会计分录：

借：其他支出——利息支出　　30 000

　贷：银行存款　　30 000

【例 22-17】某事业单位通过开户银行向一希望小学捐款 20 000 元。应做会计分录：

借：其他支出——捐赠支出　　20 000

　贷：银行存款　　20 000

【例 22-18】某事业单位在库存现金账款核对中发现无法查明原因的库存现金

短缺300元，报经批准后转销。应做会计分录：

借：其他支出　300

　贷：库存现金　300

【例22-19】期末，某事业单位“其他支出”账户的借方余额为35 600元，均为非专项资金支出，应结转至“事业结余”账户。应做会计分录：

借：其他支出　35 600

　贷：事业结余　35 600

本章小结

事业单位支出是指事业单位开展业务及其他活动发生的资金耗费和损失。事业单位支出包括事业支出、经营支出、对附属单位补助支出、上缴上级支出和其他支出。

事业支出是指事业单位开展专业业务活动及辅助活动发生的基本支出和项目支出。

对附属单位补助支出是指事业单位用财政补助收入之外的收入对附属单位补助发生的支出。

上缴上级支出是指事业单位按照财政部门和主管部门的规定上缴上级单位的支出。

经营支出是指事业单位在专业业务活动及辅助活动之外开展非独立核算经营活动发生的支出。

其他支出是指事业支出、对附属单位补助支出、上缴上级支出和经营支出以外的各项支出，包括利息支出、捐赠支出等。

事业单位事业支出的管理要求：严格按照部门预算规定的用途和数额使用，保证基本支出的需要，严格项目支出的管理，实行综合预算管理方法，划清事业支出与经营支出的界线。

思考题

1.事业单位的支出包括哪些内容？

2.什么是事业支出？可以分成哪些类别？其管理要求是什么？

3.什么是事业单位的上缴上级支出？什么是事业单位的对附属单位补助支出？

4.事业单位的其他支出包括哪些内容？

5.年终，事业单位的各项支出如何结转？

第二十三章

事业单位净资产的核算

学习目标

通过本章的学习，掌握事业单位净资产的概念，了解事业单位净资产的类别，掌握事业单位事业基金、非流动资产基金、专用基金、财政补助结转和结余、非财政补助结转和结余的具体内容及会计处理。

净资产是指事业单位资产扣除负债后的余额。事业单位的净资产包括事业基金、非流动资产基金、专用基金、财政补助结转和结余、非财政补助结转和结余等。

第一节 事业基金

一、事业基金的概念与管理

事业基金是指事业单位拥有的非限定用途的净资产，其来源主要为非财政补助结余扣除结余分配后滚存的金额。

事业单位应当加强事业基金的管理，遵循收支平衡的原则，统筹安排、合理使用，支出不得超出基金规模。

二、事业基金的核算

为了核算事业基金业务，事业单位应设置“事业基金”账户。该账户核算事业单位拥有的非限定用途的净资产，主要为非财政补助结余扣除结余分配后滚存的金额。事业单位如发生需要调整以前年度非财政补助结余的事项，通过本账户核算。

事业基金的主要账务处理如下：

（1）年末，将“非财政补助结余分配”账户余额转入事业基金，借记或贷记“非财政补助结余分配”账户，贷记或借记本账户。

（2）年末，将留归本单位使用的非财政补助专项（项目已完成）剩余资金转入事业基金，借记“非财政补助结转——××项目”账户，贷记本账户。

（3）以货币资金取得长期股权投资、长期债券投资，将实际支付的全部价款（包括购买价款以及税金、手续费等相关税费）作为投资成本，借记“长期投资”账户，贷记“银行存款”等账户；同时，按照投资成本金额，借记本账户，贷记“非流动资产基金——长期投资”账户。

（4）对外转让或到期收回长期债券投资本息时，按照实际收到的金额，借记“银行存款”等账户，按照收回长期投资的成本，贷记“长期投资”账户，按照其差额，贷记或借记“其他收入——投资收益”账户；同时，按照收回长期投资对应的非流动资产基金，借记“非流动资产基金——长期投资”账户，贷记本账户。

本账户期末贷方余额，反映事业单位历年积存的非限定用途净资产的金额。

【例23-1】某事业单位购买国库券35 000元，并支付手续费300元。应做会计分录：

借：长期投资——长期债券投资	35 300	
贷：银行存款		35 300
同时：		
借：事业基金	35 300	
贷：非流动资产基金——长期投资		35 300

【例23-2】某事业单位由上级补助收入提供专项业务完工后，按照有关规定将项目支出结余21 000元留归本单位使用。应做会计分录：

借：非财政补助结转——某项目 21 000

　贷：事业基金 21 000

【例23-3】某事业单位收到到期兑付的3年期国债投资本息，共计52 700元，其中利息为2 700元。应做会计分录：

借：银行存款 52 700

　贷：长期投资——长期债券投资 50 000

　　其他收入——投资收益 2 700

同时：

借：非流动资产基金——长期投资 50 000

　贷：事业基金 50 000

【例23-4】接【例23-3】，年终，某事业单位将“非财政补助结余分配”账户的贷方余额55 000元结转至“事业基金”账户，应做会计分录：

借：非财政补助结余分配 55 000

　贷：事业基金 55 000

第二节 非流动资产基金

非流动资产基金是指事业单位非流动资产占用的金额。

为了核算非流动资产基金业务，事业单位应设置“非流动资产基金”账户。本账户核算事业单位长期投资、固定资产、在建工程、无形资产等非流动资产占用的金额。本账户应当设置“长期投资”“固定资产”“在建工程”“无形资产”等明细账户，进行明细核算。

非流动资产基金的主要账务处理如下：

（1）非流动资产基金应当在取得长期投资、固定资产、在建工程、无形资产等非流动资产或发生相关支出时予以确认。

取得相关资产或发生相关支出时，借记“长期投资”“固定资产”“在建工程”“无形资产”等账户，贷记本账户等有关账户；同时或待以后发生相关支出时，借记“事业支出”等有关账户，贷记“财政补助收入”“零余额账户用款额度”“银行存款”等账户。

（2）计提固定资产折旧、无形资产摊销时，应当冲减非流动资产基金。

计提固定资产折旧、摊销无形资产时，按照计提的折旧、摊销金额，借记本账户（固定资产、无形资产），贷记“累计折旧”“累计摊销”账户。

（3）处置长期投资、固定资产、无形资产，以及以固定资产、无形资产对外投资时，应当冲销该资产对应的非流动资产基金。

以固定资产、无形资产对外投资时，将评估价值加上相关税费作为投资成本，借记“长期投资”账户，贷记本账户（长期投资），按发生的相关税费，借记“其他支出”账户，贷记“银行存款”等账户；同时，按照投出固定资产、无形资产对应的非流动资产基金，借记本账户（固定资产、无形资产），按照投出资产已提折旧、摊销，借记“累计折旧”、“累计摊销”账户，按照投出资产的账面余额，贷记“固定资产”“无形资产”账户。

出售或以其他方式处置长期投资、固定资产、无形资产，转入待处置资产时，借记“待处置资产损溢”、“累计折旧”或“累计摊销”账户，贷记“长期投资”“固定资产”“无形资产”等账户。实际处置时，借记本账户（有关资产明细账户），贷记“待处置资产损溢”账户。

本账户期末贷方余额，反映事业单位非流动资产占用的金额。

【例23-5】某事业单位向B公司投资一台专用设备，该设备发票价格为65 000元，为评估价格。应做会计分录：

借：长期投资——长期股权投资　　65 000
　贷：非流动资产基金——长期投资　　65 000

同时：

借：非流动资产基金——固定资产　　65 000
　贷：固定资产　　65 000

【例23-6】某事业单位2016年3月10日以面值200 000元购入国债，期限3年，年利率为5.75%，每年支付一次利息，以银行存款支付手续费1 000元。应做会计分录：

借：长期投资　　201 000
　贷：银行存款　　201 000

同时：

借：事业基金　　201 000
　贷：非流动资产基金——长期投资　　201 000

【例23-7】某事业单位按计划使用项目预算经费购入一台不需要安装的仪器，价款为38 500元，款项通过财政零余额账户支付。仪器经验收后列报支出。应做会计分录：

借：固定资产　　38 500
　贷：非流动资产基金——固定资产　　38 500

同时：

借：事业支出　　38 500
　贷：财政补助收入　　38 500

【例23-8】某事业单位接受一台捐赠的新设备，根据其发票等单据确定其价值为25 300元。应做会计分录：

借：固定资产　　25 300
　贷：非流动资产基金——固定资产　　25 300

【例23-9】某事业单位从某科研机构购入一项专利权，价值11 000元，通过零余额账户支付。应做会计分录：

借：无形资产——专利权　　11 000
　贷：非流动资产基金——无形资产　　11 000

同时：

借：事业支出　　11 000
　贷：零余额账户用款额度　　11 000

【例23-10】某事业单位计提本月固定资产折旧，应计提的折旧金额为25 000元。应做会计分录：

借：非流动资产基金——固定资产　　25 000
　贷：累计折旧　　25 000

【例23-11】某事业单位本月摊销无形资产，价值20 000元。应做会计分录：

借：非流动资产基金——无形资产　　20 000
　贷：累计摊销　　20 000

【例23-12】某事业单位年终进行财产清查时发现盘亏一台仪器，该仪器价值13 000元，已提折旧7 000元。应做会计分录：

审批前：

借：待处置资产损溢　　6 000
　　累计折旧　　7 000
　贷：固定资产　　13 000

审批后：

借：非流动资产基金——固定资产　　6 000
　贷：待处置资产损溢　　6 000

第三节　专用基金

一、专用基金的概念与管理

专用基金是指事业单位按规定提取或者设置的具有专门用途的净资产。专用基金包括：

（1）修购基金，即按照事业收入和经营收入的一定比例提取，并按照规定在相应的购置和修缮账户中列支（各列50%），以及按照其他规定转入，用于事业单位固定资产维修和购置的资金。事业收入和经营收入较少的事业单位可以不提取修购基金，计提固定资产折旧的事业单位不提取修购基金。

（2）职工福利基金，即按照非财政拨款结余的一定比例提取以及按照其他规定提取转入，用于单位职工的集体福利设施、集体福利待遇等的资金。

（3）其他基金，即按照其他有关规定提取或者设置的专用资金。

各项基金的提取比例和管理办法，国家有统一规定的，按照统一规定执行；没有统一规定的，由主管部门会同同级财政部门确定。

专用基金管理应当遵循先提后用、收支平衡、专款专用的原则，支出不得超出基金规模。

二、专用基金的核算

为了核算专用基金业务，事业单位应设置“专用基金”账户。本账户应当按照专用基金的类别进行明细核算。

专用基金的主要账务处理如下：

（1）按规定提取修购基金的，按照提取金额，借记“事业支出”“经营支出”账户，贷记本账户（修购基金）。

（2）年末，按规定从本年度非财政补助结余中提取职工福利基金的，按照提取金额，借记“非财政补助结余分配”账户，贷记本账户（职工福利基金）。

（3）若有按规定提取的其他专用基金，按照提取金额，借记有关支出账户或“非财政补助结余分配”等账户，贷记本账户。

若有按规定设置的其他专用基金，按照实际收到的基金金额，借记“银行存款”等账户，贷记本账户。

（4）按规定使用专用基金时，借记本账户，贷记“银行存款”等账户；使用专用基金形成固定资产的，还应借记“固定资产”账户，贷记“非流动资产基金——固定资产”账户。

本账户期末贷方余额，反映事业单位专用基金余额。

【例23-13】年末，某事业单位年度事业收入为500万元，经营收入为90万元，提取修购基金比例为10%，则修购基金提取额为59万元。应做会计分录：

借：事业支出	500 000	
经营支出	90 000	
贷：专用基金——修购基金		590 000

【例23-14】年末，某事业单位按规定从本年度非财政补助结余中提取职工福利基金150 000元。应做会计分录：

借：非财政补助结余分配	150 000	
贷：专用基金——职工福利基金		150 000

【例23-15】某事业单位2016年10月份按职工工资总额1 000 000元的12%提取住房基金。应做会计分录：

借：事业支出——社会保障费	120 000	
贷：专用基金——住房基金		120 000

【例23-16】某事业单位用修购基金52 000元购置一台设备，货款已通过银行付讫，设备已投入使用。应做会计分录：

借：专用基金——修购基金	52 000	

贷：银行存款 52 000

同时：

借：固定资产 52 000

贷：非流动资产基金——固定资产 52 000

【例23-17】某事业单位以修购基金支付房屋大修理费用35 000元，以存款支付。应做会计分录：

借：专用基金——修购基金 35 000

贷：银行存款 35 000

【例23-18】某事业单位从职工福利基金中开支3 700元用于职工集体福利项目。应做会计分录：

借：专用基金——职工福利基金 3 700

贷：银行存款 3 700

第四节 财政补助结转和结余

结转和结余是指事业单位年度收入与支出相抵后的余额。结转资金是指当年预算已执行但未完成，或者因故未执行，下一年度需要按照原用途继续使用的资金。结余资金是指当年预算工作目标已完成，或者因故终止，当年剩余的资金。

财政补助结转和结余是指事业单位各项财政补助收入与其相关支出相抵后剩余滚存的、须按规定管理和使用的结转和结余资金。

财政补助结转和结余的管理，应当按照同级财政部门的规定执行。

一、财政补助结转的核算

为了核算财政补助结转业务，事业单位应设置“财政补助结转”账户。本账户核算事业单位滚存的财政补助结转资金，包括基本支出结转和项目支出结转。事业单位如发生需要调整以前年度财政补助结转的事项，通过本账户核算。

本账户应当设置“基本支出结转”“项目支出结转”两个明细账户，并在“基本支出结转”明细账户下按照“人员经费”“日常公用经费”进行明细核算，在“项目支出结转”明细账户下按照具体项目进行明细核算；本账户还应按照《政府收支分类科目》中“支出功能分类科目”的相关科目进行明细核算。

财政补助结转的主要账务处理如下：

（1）期末，将财政补助收入本期发生额结转至本账户，借记“财政补助收入——基本支出”“财政补助收入——项目支出”账户，贷记本账户（基本支出结转、项目支出结转）；将事业支出（财政补助支出）本期发生额结转至本账户，借记本账户（基本支出结转、项目支出结转），贷记“事业支出——财政补助支出（基本支出、项目支出）”或“事业支出——基本支出（财政补助支出）”“事业支出——项目支出（财政补助支出）”账户。

（2）年末，完成上述（1）的结转后，应当对财政补助各明细项目执行情况进行分析，按照有关规定将符合财政补助结余性质的项目余额转入财政补助结余，借记或贷记本账户（项目支出结转——××项目），贷记或借记“财政补助结余”账户。

（3）按规定上缴财政补助结转资金或注销财政补助结转额度的，按照实际上缴资金数额或注销的资金额度数额，借记本账户，贷记“财政应返还额度”“零余额账户用款额度”“银行存款”等账户。取得主管部门归集调入财政补助结转资金或额度的，做相反会计分录。

本账户期末贷方余额，反映事业单位财政补助结转资金数额。

二、财政补助结余的核算

为了核算财政补助结余业务，事业单位应设置“财政补助结余”账户。本账户核算事业单位滚存的财政补助项目支出结余资金。事业单位发生需要调整以前年度财政补助结余的事项，通过本账户核算。本账户应当按照《政府收支分类科目》中“支出功能分类科目”的相关科目进行明细核算。

财政补助结余的主要账务处理如下：

（1）年末，对财政补助各明细项目的执行情况进行分析，按照有关规定将符合财政补助结余性质的项目余额转入财政补助结余，借记或贷记“财政补助结转——项目支出结转（××项目）”账户，贷记或借记本账户。

（2）按规定上缴财政补助结余资金或注销财政补助结余额度的，按照实际上缴资金数额或注销的资金额度数额，借记本账户，贷记“财政应返还额度”“零余额账户用款额度”“银行存款”等账户。取得主管部门归集调入财政补助结余资金或额度的，做相反会计分录。

本账户期末贷方余额反映事业单位财政补助结余资金数额。

【例 23-19】某市政府教育部门所属事业单位某高校 2016 年末“财政补助收入”“事业支出”（财政补助支出）账户及其明细账户的余额如下：

账户名称		贷方余额
财政补助收入	基本支出——人员经费	345 000元
	基本支出——日常公用经费	75 000元
	项目支出——专用设备经费	130 000元
	合计	550 000元

账户名称		借方余额
事业支出	基本支出——人员经费	368 000元
	基本支出——日常公用经费	73 000元
	项目支出——专用设备经费	125 000元
	合计	566 000元

（1）将财政补助收入账户的余额转入财政补助结转账户。应做会计分录：

借：财政补助收入——基本支出——人员经费 345 000
——基本支出——日常公用经费 75 000
——项目支出——专用设备经费 130 000
贷：财政补助结转——基本支出结转——人员经费 345 000
——基本支出结转——日常公用经费 75 000
——项目支出结转——专用设备购置 130 000

（2）将事业支出账户的余额转入财政补助结转账户。应做会计分录：

借：财政补助结转——基本支出结转——人员经费 368 000
——基本支出结转——日常公用经费 73 000
——项目支出结转——专用设备购置 125 000
贷：事业支出——财政补助支出——基本支出——人员经费 368 000
——财政补助支出——基本支出——日常公用经费 73 000
——财政补助支出——项目支出——专用设备经费 125 000

（3）本例中，完成上述结转后，“财政补助结转”账户的借方余额为16 000元（566 000-550 000）。具体情况如下：

“财政补助结转——基本支出结转”明细账借方余额为21 000元（345 000+75 000-368 000-73 000）。

“财政补助结转——项目支出结转——专用设备购置”明细账贷方余额为5 000元（130 000-125 000）。

经协调“基本支出”明细账借方余额为21 000元，取得主管部门归集调入的财政补助资金额度，应做会计分录：

借：财政应返还额度 21 000
贷：财政补助结转——基本支出结转 21 000

经查，“项目支出——专用设备购置”的专项购置任务已经完成，资金节约数额按规定留归事业单位所有。应做会计分录：

借：财政补助结转——项目支出结转——××项目 5 000
贷：财政补助结余 5 000

第五节 非财政补助结转

非财政补助结转和结余是指事业单位除财政补助收支以外的各项收入与各项支出相抵后的余额。其中，非财政补助结转是指事业单位除财政补助收支以外的各专项资金收入与其相关支出相抵后剩余滚存的、须按规定用途使用的结转资金；非财政补助结余是指事业单位除财政补助收支以外的各非专项资金收入与各非专项资金支出相抵后的余额。

非财政拨款结转按照规定结转下一年度继续使用。非财政拨款结余可以按照国家有关规定提取职工福利基金，剩余部分作为事业基金用于弥补以后年度单位收支差额；国家另有规定的，从其规定。

为了核算非财政补助结转业务，事业单位应设置“非财政补助结转”账户。

本账户核算事业单位除财政补助收支以外的各专项资金收入与其相关支出相抵后剩余滚存的、须按规定用途使用的结转资金。事业单位发生需要调整以前年度非财政补助结转的事项，通过本账户核算。本账户应当按照非财政专项资金的具体项目进行明细核算。

非财政补助结转的主要账务处理如下：

（1）期末，将事业收入、上级补助收入、附属单位上缴收入、其他收入本期发生额中的专项资金收入结转至本账户，借记“事业收入”“上级补助入”“附属单位上缴收入”“其他收入”账户下各专项资金收入明细账户，贷记本账户；将事业支出、其他支出本期发生额中的非财政专项资金支出结转至本账户，借记本账户，贷记“事业支出——非财政专项资金支出”或“事业支出——项目支出（非财政专项资金支出）”、“其他支出”账户下各专项资金支出明细账户。

（2）年末，完成上述（1）的结转后，应当对非财政补助专项结转资金各项目情况进行分析，将已完成项目的项目剩余资金区分以下情况处理：缴回原专项资金拨入单位的，借记本账户（××项目），贷记“银行存款”等账户；留归本单位使用的，借记本账户（××项目），贷记“事业基金”账户。

本账户期末贷方余额，反映事业单位非财政补助专项结转资金数额。

【例23-20】某市政府教育部门所属事业单位某高校，2016年末除财政补助收支以外的各专项资金收入与其相关支出账户及其明细账户的余额如下：

账户名称	贷方余额
事业收入	530 000元
上级补助收入	160 000元
附属单位上缴收入	130 000元
合计	820 000元
账户名称	借方余额
事业支出——非财政专项资金支出——某项目	550 000元
其他支出——非财政专项资金支出——某项目	120 000元
合计	670 000元

（1）将事业收入等账户的余额转入非财政补助结转账户。应做会计分录：

借：事业收入	530 000	
上级补助收入	160 000	
附属单位上缴收入	130 000	
贷：非财政补助结转		820 000

（2）将事业支出等账户的余额转入非财政补助结转账户。应做会计分录：

借：非财政补助结转	670 000	
贷：事业支出——非财政专项资金支出——某项目		550 000

其他支出——非财政专项资金支出——某项目　　120 000

（3）本例中，完成上述结转后，“非财政补助结转”账户的贷方余额为150 000元（820 000-670 000）。

经过对非财政补助专项结转资金各项目情况进行分析，将已完成项目的项目剩余资金20 000元留归本单位使用。应做会计分录：

借：非财政补助结转——某项目　　20 000

　贷：事业基金　　20 000

第六节　非财政补助结余

非财政补助结余是指事业单位除财政补助收支以外的各非专项资金收入与各非专项资金支出相抵后的余额，包括事业结余和经营结余。事业单位本年度非财政补助结余应按规定的程序进行分配。

一、事业结余的核算

事业结余是指事业单位一定期间除财政补助收支、非财政专项资金收支和经营收支以外各项收支相抵后的余额。

为了核算事业结余业务，事业单位应设置“事业结余”账户。

事业结余的主要账务处理如下：

（1）期末，将事业收入、上级补助收入、附属单位上缴收入、其他收入本期发生额中的非专项资金收入结转至本账户，借记“事业收入”“上级补助收入”“附属单位上缴收入”“其他收入”账户下各非专项资金收入明细账户，贷记本账户；将事业支出、其他支出本期发生额中的非财政、非专项资金支出，以及对附属单位的补助支出、上缴上级支出的本期发生额结转至本账户，借记本账户，贷记“事业支出——其他资金支出”或“事业支出——基本支出——其他资金支出、项目支出——其他资金支出”账户、“其他支出”账户下各非专项资金支出明细账户、“对附属单位补助支出”“上缴上级支出”账户。

（2）年末，完成上述（1）的结转后，将本账户余额结转入“非财政补助结余分配”账户，借记或贷记本账户，贷记或借记“非财政补助结余分配”账户。

本账户期末如为贷方余额，反映事业单位自年初至报告期末累计实现的事业结余；如为借方余额，反映事业单位自年初至报告期末累计发生的事业亏损。年末结账后，本账户应无余额。

【例23-21】某事业单位2016年年终结账前除财政补助收支、非财政专项资金收支和经营收支以外各项收支有关账户的余额如下：

（1）“事业收入”760 000元，“上级补助收入”336 000元，“附属单位上缴收入”150 000元，“其他收入”63 000元；“事业支出——其他资金支出”380 000元，“上缴上级支出”334 000元，“对附属单位补助支出”130 000元，“其他支出”75 000元。

将以上收支账户的余额转入“事业结余”账户。应做会计分录：

借：事业收入　　760 000

　上级补助收入　　336 000

　附属单位上缴收入　　150 000

　其他收入　　63 000

贷：事业结余　　1 309 000

同时：

借：事业结余　　919 000

贷：事业支出——其他资金支出　　380 000

　上缴上级支出　　334 000

　对附属单位补助支出　　130 000

　其他支出　　75 000

（2）将事业结余中的基本支出结余390 000元转入“非财政补助结余分配”账户。应做会计分录：

借：事业结余　　390 000

贷：非财政补助结余分配　　390 000

二、经营结余的核算

经营结余是指事业单位一定期间各项经营收支相抵后余额弥补以前年度经营亏损后的余额。

为了核算经营结余业务，事业单位应设置“经营结余”账户。

经营结余的主要账务处理如下：

（1）期末，将经营收入本期发生额结转至本账户，借记“经营收入”账户，贷记本账户；将经营支出本期发生额结转至本账户，借记本账户，贷记“经营支出”账户。

（2）年末，完成上述（1）的结转后，如本账户为贷方余额，将本账户余额结转至“非财政补助结余分配”账户，借记本账户，贷记“非财政补助结余分配”账户；如本账户为借方余额，为经营亏损，不予结转。

本账户期末如为贷方余额，反映事业单位自年初至报告期末累计实现的经营结余弥补以前年度经营亏损后的经营结余；如为借方余额，反映事业单位截至报告期末累计发生的经营亏损。

年末结账后，本账户一般无余额；如为借方结余，反映事业单位累计发生的经营亏损。

【例23-22】某事业单位2011年年终结账前“经营收入”账户贷方余额为893 000元，“经营支出”账户借方余额为553 000元。

（1）将事业单位收支账户的余额转至“经营结余”账户。应做会计分录：

借：经营收入　　893 000

贷：经营结余 893 000

同时：

借：经营结余 553 000

贷：经营支出 553 000

（2）年末，完成上述结转后，将本账户贷方余额340 000元（893 000-553 000）转至“非财政补助结余分配”账户。应做会计分录：

借：经营结余 340 000

贷：非财政补助结余分配 340 000

三、非财政补助结余分配的核算

为了核算事业单位本年度非财政补助结余分配的情况和结果，事业单位应设置“非财政补助结余分配”账户。

非财政补助结余分配的主要账务处理如下：

（1）年末，将“事业结余”账户余额结转至本账户，借记或贷记“事业结余”账户，贷记或借记本账户；将“经营结余”账户贷方余额结转至本账户，借记“经营结余”账户，贷记本账户。

（2）有企业所得税缴纳义务的事业单位计算出应缴纳的企业所得税时，借记本账户，贷记“应缴税费——应缴企业所得税”账户。

（3）按照有关规定提取职工福利基金的，按提取的金额，借记本账户，贷记“专用基金——职工福利基金”账户。

（4）年末，按规定完成上述（1）至（3）的处理后，将本账户余额结转至事业基金，借记或贷记本账户，贷记或借记“事业基金”账户。

年末结账后，本账户应无余额。

【例23-23】年终，某事业单位当年实现“事业结余”390 000元、“经营结余”340 000元。

（1）年终，将事业单位当年实现的“事业结余”“经营结余”转至“非财政补助结余分配”账户。应做会计分录：

借：事业结余 390 000

贷：非财政补助结余分配 390 000

借：经营结余 340 000

贷：非财政补助结余分配 340 000

（2）年终，按25%的税率计算结转应纳的所得税，应做会计分录：

应缴所得税税额=340 000×25%=85 000（元）

借：非财政补助结余分配——应缴所得税 85 000

贷：应缴税费——应缴所得税 85 000

（3）年终，按15%的比例计提职工福利基金，应做会计分录：

职工福利基金提取额=［390 000+（340 000-85 000）］×15%=96 750（元）

借：非财政补助结余分配——提取专用基金　　96 750

　贷：专用基金——职工福利基金　　96 750

（4）年终，将“非财政补助结余分配”贷方余额548 250元转至“事业基金”账户，应做会计分录：

借：非财政补助结余分配　　548 250

　贷：事业基金　　548 250

本章小结

事业单位的净资产是指事业单位资产扣除负债后的余额。事业单位的净资产包括事业基金、非流动资产基金、专用基金、财政补助结转和结余、非财政补助结转和结余等。

事业基金是指事业单位拥有的非限定用途的净资产，其来源主要为非财政补助结余扣除结余分配后滚存的金额。

事业基金是指事业单位拥有的非限定用途的净资产，其来源主要为非财政补助结余扣除结余分配后滚存的金额。

非流动资产基金是指事业单位非流动资产占用的金额。

专用基金是指事业单位按规定提取或者设置的具有专门用途的净资产。

财政补助结转结余是指事业单位各项财政补助收入与其相关支出相抵后剩余滚存的、须按规定管理和使用的结转和结余资金。

非财政补助结转和结余是指事业单位除财政补助收支以外的各项收入与各项支出相抵后的余额。其中，非财政补助结转是指事业单位除财政补助收支以外的各专项资金收入与其相关支出相抵后剩余滚存的、须按规定用途使用的结转资金；非财政补助结余是指事业单位除财政补助收支以外的各非专项资金收入与各非专项资金支出相抵后的余额。

思考题

1. 什么是事业单位的净资产？具体包括哪些内容？
2. 什么是事业单位的事业基金？其来源于哪些途径？
3. 什么是事业单位的非流动资产基金？其如何核算？
4. 什么是事业单位的专用基金？具体包括哪些内容？
5. 什么是事业单位的财政补助结转结余？其如何核算？
6. 什么是事业单位的非财政补助结转结余？其如何核算？

第二十四章

事业单位财务报表

学习目标

通过本章的学习，掌握事业单位会计报表的概念及种类，理解事业单位会计报表的作用，了解事业单位会计报表格式及内容，掌握事业单位资产负债表、收入支出表、财政补助收入支出表及会计报表附注的具体内容及会计报表的编制。

事业单位会计报表是反映事业单位财务状况和收支预算执行情况的书面文件，主要包括资产负债表、收入支出表、财政补助收入支出表及会计报表附注。

第一节　资产负债表

一、资产负债表及其格式

事业单位的资产负债表是反映事业单位在某一特定日期财务状况的会计报表。通过资产负债表可以了解事业单位的财务实力、短期偿债能力和支付能力及财务状况。

事业单位的资产负债表按照编报时间，可以分为月报和年报。

事业单位的资产负债表应当按照资产、负债和净资产分类列示。资产和负债应当分别按流动资产和非流动资产、流动负债和非流动负债列示。

事业单位资产负债表的格式见表24-1。

二、资产负债表的编制方法

资产负债表各项目都设有两栏，即“年初余额”和“期末余额”。其中，“年初余额”栏内各项数字，应当根据上年年末资产负债表“期末余额”栏内数字填列。如果本年度资产负债表规定的各个项目的名称和内容同上年度不一致，应对上年年末资产负债表各项目的名称和数字按照本年度的规定进行调整，填入本表“年初余额”栏内。“期末余额”应根据期末有关各账户的余额和其他有关资料填列。由于事业单位到年末才结账，平时不结账，因此，资产负债表月报的有关数据应当在对有关账户余额的数据进行计算整理后填列。

本表“期末余额”栏各项目的内容和填列方法如下：

1.资产类项目

（1）“货币资金”项目，反映事业单位期末库存现金、银行存款和零余额账户用款额度的合计数。本项目应当根据“库存现金”“银行存款”“零余额账户用款额度”账户的期末余额合计填列。

（2）“短期投资”项目，反映事业单位期末持有的短期投资成本。本项目应当根据“短期投资”账户的期末余额填列。

（3）“财政应返还额度”项目，反映事业单位期末财政应返还额度的金额。本项目应当根据“财政应返还额度”账户的期末余额填列。

（4）“应收票据”项目，反映事业单位期末持有的应收票据的票面金额。本项目应当根据“应收票据”账户的期末余额填列。

（5）“应收账款”项目，反映事业单位期末尚未收回的应收账款余额。本项目应当根据“应收账款”账户的期末余额填列。

表24-1 **资产负债表** 会事业01表

编制单位： 年 月 日 单位：元

资产	期末余额	年初余额	负债和净资产	期末余额	年初余额
流动资产：			流动负债：		
货币资金			短期借款		
短期投资			应缴税费		
财政应返还额度			应缴国库款		
应收票据			应缴财政专户款		
应收账款			应付职工薪酬		
预付账款			应付票据		
其他应收款			应付账款		
存货			预收账款		
其他流动资产			其他应付款		
流动资产合计			其他流动负债		
			流动负债合计		
			非流动负债：		
非流动资产：			长期借款		
长期投资			长期应付款		
固定资产			非流动负债合计		
固定资产原价			负债总计		
减：累计折旧			净资产：		
在建工程			事业基金		
无形资产			非流动资产基金		
无形资产原价			专用基金		
减：累计摊销			财政补助结转		
			财政补助结余		
待处置资产损溢			非财政补助结转		
非流动资产合计			非财政补助结余		
			1.事业结余		
			2.经营结余		
			净资产合计		
资产总计			负债和净资产总计		

（6）“预付账款”项目，反映事业单位预付商品或者劳务供应单位的款项。本项目应当根据“预付账款”账户的期末余额填列。

（7）“其他应收款”项目，反映事业单位期末尚未收回的其他应收款余额。本项目应当根据“其他应收款”账户的期末余额填列。

（8）“存货”项目，反映事业单位期末为开展业务活动及其他活动耗用而储存的各种材料、燃料、包装物、低值易耗品及达不到固定资产标准的用具、装具、动植物等的实际成本。本项目应当根据“存货”账户的期末余额填列。

（9）“其他流动资产”项目，反映事业单位除上述各项之外的其他流动资产，如将在1年内（含1年）到期的长期债券投资。本项目应当根据“长期投资”等账户的期末余额分析填列。

（10）“长期投资”项目，反映事业单位持有时间超过1年（不含1年）的股权和债权性质的投资。本项目应当根据“长期投资”账户期末余额减去其中将于1年内（含1年）到期的长期债券投资余额后的金额填列。

（11）“固定资产”项目，反映事业单位期末各项固定资产的账面价值。本项目应当根据“固定资产”账户期末余额减去“累计折旧”账户期末余额后的金额填列。

“固定资产原价”项目，反映事业单位期末各项固定资产的原价。本项目应当根据“固定资产”账户的期末余额填列。

“累计折旧”项目，反映事业单位期末各项固定资产的累计折旧。本项目应当根据“累计折旧”账户的期末余额填列。

（12）“在建工程”项目，反映事业单位期末尚未完工交付使用的在建工程发生的实际成本。本项目应当根据“在建工程”账户的期末余额填列。

（13）“无形资产”项目，反映事业单位期末持有的各项无形资产的账面价值。本项目应当根据“无形资产”账户期末余额减去“累计摊销”账户期末余额后的金额填列。

“无形资产原价”项目，反映事业单位期末持有的各项无形资产的原价。本项目应当根据“无形资产”账户的期末余额填列。

“累计摊销”项目，反映事业单位期末各项无形资产的累计摊销。本项目应当根据“累计摊销”账户的期末余额填列。

（14）“待处置资产损溢”项目，反映事业单位期末待处置资产的价值及处置损溢。本项目应当根据“待处置资产损溢”账户的期末借方余额填列；如“待处置资产损溢”账户期末为贷方余额，则以“-”号填列。

2.负债类项目

（15）“短期借款”项目，反映事业单位借入的期限在1年内（含1年）的各种借款。本项目应当根据“短期借款”账户的期末余额填列。

（16）“应缴税费”项目，反映事业单位应交未交的各种税费。本项目应当根据“应缴税费”账户的期末贷方余额填列；如“应缴税费”账户期末为借方余额，则以“-”号填列。

（17）“应缴国库款”项目，反映事业单位按规定应缴入国库的款项（应缴税费除外）。本项目应当根据“应缴国库款”账户的期末余额填列。

（18）“应缴财政专户款”项目，反映事业单位按规定应缴入财政专户的款项。本项目应当根据“应缴财政专户款”账户的期末余额填列。

（19）“应付职工薪酬”项目，反映事业单位按有关规定应付职工及为职工支付的各种薪酬。本项目应当根据“应付职工薪酬”账户的期末余额填列。

（20）“应付票据”项目，反映事业单位期末应付票据的金额。本项目应当根据“应付票据”账户的期末余额填列。

（21）“应付账款”项目，反映事业单位期末尚未支付的应付账款的金额。本项目应当根据“应付账款”账户的期末余额填列。

（22）“预收账款”项目，反映事业单位期末按合同规定预收但尚未实际结算的款项。本项目应当根据“预收账款”账户的期末余额填列。

（23）“其他应付款”项目，反映事业单位期末应付未付的其他各项应付及暂收款项。本项目应当根据“其他应付款”账户的期末余额填列。

（24）“其他流动负债”项目，反映事业单位除上述各项之外的其他流动负债，如承担的将于1年内（含1年）偿还的长期负债。本项目应当根据“长期借款”“长期应付款”等账户的期末余额分析填列。

（25）“长期借款”项目，反映事业单位借入的期限超过1年（不含1年）的各项借款本金。本项目应当根据“长期借款”账户的期末余额减去其中将于1年内（含1年）到期的长期借款余额后的金额填列。

（26）“长期应付款”项目，反映事业单位发生的偿还期限超过1年（不含1年）的各种应付款项。本项目应当根据“长期应付款”账户的期末余额减去其中将于1年内（含1年）到期的长期应付款余额后的金额填列。

3.净资产类项目

（27）“事业基金”项目，反映事业单位期末拥有的非限定用途的净资产。本项目应当根据“事业基金”账户的期末余额填列。

（28）“非流动资产基金”项目，反映事业单位期末非流动资产占用的金额。本项目应当根据“非流动资产基金”账户的期末余额填列。

（29）“专用基金”项目，反映事业单位按规定设置或提取的具有专门用途的净资产。本项目应当根据“专用基金”账户的期末余额填列。

（30）“财政补助结转”项目，反映事业单位滚存的财政补助结转资金。本项目应当根据“财政补助结转”账户的期末余额填列。

（31）“财政补助结余”项目，反映事业单位滚存的财政补助项目支出结余资金。本项目应当根据“财政补助结余”账户的期末余额填列。

（32）“非财政补助结转”项目，反映事业单位滚存的非财政补助专项结转资金。本项目应当根据“非财政补助结转”账户的期末余额填列。

（33）“非财政补助结余”项目，反映事业单位自年初至报告期末累计实现的非财政补助结余弥补以前年度经营亏损后的余额。本项目应当根据“事业结余”“经营结余”账户的期末余额合计填列；如“事业结余”“经营结余”账户的期末余额合计为亏损数，则以“-”号填列。在编制年度资产负债表时，本项目金额一般应为“0”；若不为“0”，本项目金额应为“经营结余”账户的期末借方余额（以“-”号填列）。

“事业结余”项目，反映事业单位自年初至报告期末累计实现的事业结余。本项目应当根据“事业结余”账户的期末余额填列；如“事业结余”账户的期末余额为亏损数，则以“-”号填列。在编制年度资产负债表时，本项目金额应为“0”。

“经营结余”项目，反映事业单位自年初至报告期末累计实现的经营结余弥补以前年度经营亏损后的余额。本项目应当根据“经营结余”账户的期末余额填列；如“经营结余”账户的期末余额为亏损数，则以“-”号填列。在编制年度资产负债表时，本项目金额一般应为“0”；若不为“0”，本项目金额应为“经营结余”账户的期末借方余额（以“-”号填列）。

第二节　收入支出表

一、收入支出表及其格式

事业单位的收入支出表是反映事业单位在某一会计期间内各项收入、支出结转结余情况，以及年末非财政补助结余的分配情况的会计报表。收入支出表可以综合地反映事业单位在一定期间内收入的来源、支出的用途以及结余的形成与分配情况等。

事业单位收入支出表按照编报时间，可分为月报和年报。

收入支出表或者收入费用表应当按照收入、支出或者费用的构成和非财政补助结余分配情况分项列示。收入支出表的格式见表24-2。

二、收入支出表的编制方法

收入支出表设“本月数”和“本年累计数”两栏。其中，“本月数”栏反映各项目的本月实际发生数。在编制年度收入支出表时，应当将本栏改为“上年数”，反映上年度各项目的实际发生数；如果本年度收入支出表规定的各个项目的名称和内容同上年度不一致，应对上年度收入支出表各项目的名称和数字按照本年度的规定进行调整，填入本年度收入支出表的“上年数”栏。

“本年累计数”栏反映各项目自年初起至报告期末止的累计实际发生数。编制年度收入支出表时，应当将本栏改为“本年数”。

表 24-2　　　　**收入支出表**　　　　会事业 02 表

编表单位：　　　　年　　月　　　　单位：元

项　目	本月数	本年累计数
一、本期财政补助结转和结余		
财政补助收入		
减：事业支出（财政补助支出）		
二、本期事业结转和结余		
（一）事业类收入		
1.事业收入		
2.上级补助收入		
3.附属单位上缴收入		
4.其他收入		
其中：捐赠收入		
减：（二）事业类支出		
1.事业支出（非财政补助支出）		
2.上缴上级支出		
3.对附属单位补助支出		
4.其他支出		
三、本期经营结余		
经营收入		
减：经营支出		
四、弥补以前年度亏损后的经营结余		
五、本年非财政补助结转和结余		
减：非财政补助结转		
六、本年非财政补助结余		
减：应缴企业所得税		
减：提取专用基金		
七、转入事业基金		

本表“本月数”栏各项目的内容和填列方法如下：

1.本期财政补助结转和结余

（1）“本期财政补助结转和结余”项目，反映事业单位本期财政补助收入与财政补助支出相抵后的余额。本项目应当按照本表中“财政补助收入”项目金额减去“事业支出（财政补助支出）”项目金额后的余额填列。

（2）“财政补助收入”项目，反映事业单位本期从同级财政部门取得的各类财政拨款。本项目应当根据“财政补助收入”账户的本期发生额填列。

（3）“事业支出（财政补助支出）”项目，反映事业单位本期使用财政补助发生的各项事业支出。本项目应当根据“事业支出——财政补助支出”账户的本期发生额填列，或者根据“事业支出——基本支出（财政补助支出）”“事业支出——项目支出（财政补助支出）”账户的本期发生额合计填列。

2.本期事业结转和结余

（4）“本期事业结转和结余”项目，反映事业单位本期除财政补助收支、经营收支以外的各项收支相抵后的余额。本项目应当按照本表中“事业类收入”项目金额减去“事业类支出”项目金额后的余额填列；如为负数，以“-”号填列。

（5）“事业类收入”项目，反映事业单位本期事业收入、上级补助收入、附属单位上缴收入、其他收入的合计数。本项目应当按照本表中“事业收入”“上级补助收入”“附属单位上缴收入”“其他收入”项目金额的合计数填列。

“事业收入”项目，反映事业单位开展专业业务活动及其辅助活动取得的收入。本项目应当根据“事业收入”账户的本期发生额填列。

“上级补助收入”项目，反映事业单位从主管部门和上级单位取得的非财政补助收入。本项目应当根据“上级补助收入”账户的本期发生额填列。

“附属单位上缴收入”项目，反映事业单位附属独立核算单位按照有关规定上缴的收入。本项目应当根据“附属单位上缴收入”账户的本期发生额填列。

“其他收入”项目，反映事业单位除财政补助收入、事业收入、上级补助收入、附属单位上缴收入、经营收入以外的其他收入。本项目应当根据“其他收入”账户的本期发生额填列。

“捐赠收入”项目，反映事业单位接受现金、存货捐赠取得的收入。本项目应当根据“其他收入”账户所属相关明细账户的本期发生额填列。

（6）“事业类支出”项目，反映事业单位本期事业支出（非财政补助支出）、上缴上级支出、对附属单位补助支出、其他支出的合计数。本项目应当按照本表中“事业支出（非财政补助支出）”“上缴上级支出”“对附属单位补助支出”“其他支出”项目金额的合计数填列。

“事业支出（非财政补助支出）”项目，反映事业单位使用财政补助以外的资金发生的各项事业支出。本项目应当根据“事业支出——非财政专项资金支出”“事业支出——其他资金支出”账户的本期发生额合计填列，或者根据“事业支出

——基本支出（其他资金支出）”“事业支出——项目支出（非财政专项资金支出、其他资金支出）”账户的本期发生额合计填列。

“上缴上级支出”项目，反映事业单位按照财政部门和主管部门的规定上缴上级单位的支出。本项目应当根据“上缴上级支出”账户的本期发生额填列。

“对附属单位补助支出”项目，反映事业单位用财政补助收入之外的收入对附属单位补助发生的支出。本项目应当根据“对附属单位补助支出”账户的本期发生额填列。

“其他支出”项目，反映事业单位除事业支出、上缴上级支出、对附属单位补助支出、经营支出以外的其他支出。本项目应当根据“其他支出”账户的本期发生额填列。

3.本期经营结余

（7）“本期经营结余”项目，反映事业单位本期经营收支相抵后的余额。本项目应当按照本表中“经营收入”项目金额减去“经营支出”项目金额后的余额填列；如为负数，以“-”号填列。

（8）“经营收入”项目，反映事业单位在专业业务活动及其辅助活动之外开展非独立核算经营活动取得的收入。本项目应当根据“经营收入”账户的本期发生额填列。

（9）“经营支出”项目，反映事业单位在专业业务活动及其辅助活动之外开展非独立核算经营活动发生的支出。本项目应当根据“经营支出”账户的本期发生额填列。

4.弥补以前年度亏损后的经营结余

（10）“弥补以前年度亏损后的经营结余”项目，反映事业单位本年度实现的经营结余扣除本年初未弥补经营亏损后的余额。本项目应当根据“经营结余”账户年末转入“非财政补助结余分配”账户前的余额填列；如该项目年末余额为借方余额，以“-”号填列。

5.本年非财政补助结转和结余

（11）“本年非财政补助结转和结余”项目，反映事业单位本年除财政补助结转和结余之外的结转和结余金额。如本表中“弥补以前年度亏损后的经营结余”项目为正数，本项目应当按照本表中“本期事业结转结余”“弥补以前年度亏损后的经营结余”项目金额的合计数填列；如为负数，以“-”号填列。如本表中“弥补以前年度亏损后的经营结余”项目为负数，本项目应当按照本表中“本期事业结转和结余”项目金额填列；如为负数，以“-”号填列。

（12）“非财政补助结转”项目，反映事业单位本年除财政补助收支外的各专项资金收入减去各专项资金支出后的余额。本项目应当根据“非财政补助结转”账户本年贷方发生额中专项资金收入转入金额合计数减去本年借方发生额中专项资金支出转入金额合计数后的余额填列。

6.本年非财政补助结余

(13)“本年非财政补助结余”项目，反映事业单位本年除财政补助之外的其他结余金额。本项目应当按照本表中“本年非财政补助结转和结余”项目金额减去“非财政补助结转”项目金额后的金额填列；如为负数，以“-”号填列。

(14)“应缴企业所得税”项目，反映事业单位按照税法规定应缴纳的企业所得税金额。本项目应当根据“非财政补助结余分配”账户的本年发生额分析填列。

(15)“提取专用基金”项目，反映事业单位本年按规定提取的专用基金金额。本项目应当根据“非财政补助结余分配”账户的本年发生额分析填列。

7.转入事业基金

(16)“转入事业基金”项目，反映事业单位本年按规定转入事业基金的非财政补助结余资金。本项目应当按照本表中“本年非财政补助结余”项目金额减去“应缴企业所得税”“提取专用基金”项目金额后的余额填列；如为负数，以“-”号填列。

上述(10)至(16)项目，只有在编制年度收入支出表时才填列；编制月度收入支出表时，可以不设置这7个项目。

第三节　财政补助收入支出表

一、财政补助收入支出表及其格式

事业单位财政补助收入支出表是反映事业单位某一会计年度财政补助收入、支出的结转及结余情况的会计报表。财政补助收入支出表可以综合地反映事业单位在一定期间内运用财政补助收入安排基本支出和项目支出情况及结转结余结果的信息。

事业单位财政补助收入支出表为年报。

事业单位的财政补助收入支出表正表部分由项目、本年数和上年数组成，其中，“项目”栏包括年初财政补助结转和结余、调整年初财政补助结转和结余、本年归集调入财政补助结转和结余、本年上缴财政补助结转和结余、本年财政补助收入、年财政补助支出和年末财政补助结转和结余7部分。

财政补助收入支出表的格式见表24-3。

二、财政补助收入支出表的编制方法

财政补助收入支出表设有“本年数”和“上年数”两栏。其中，本表“上年数”栏内各项数字，应当根据上年度财政补助收入支出表“本年数”栏内数字填列。

表24-3 **财政补助收入支出表** 会事业03表

编表单位： 年度 单位：元

项　目	本年数	上年数
一、年初财政补助结转和结余		
（一）基本支出结转		
1.人员经费		
2.日常公用经费		
（二）项目支出结转		
××项目		
（三）项目支出结余		
二、调整年初财政补助结转和结余		
（一）基本支出结转		
1.人员经费		
2.日常公用经费		
（二）项目支出结转		
××项目		
（三）项目支出结余		
三、本年归集调入财政补助结转和结余		
（一）基本支出结转		
1.人员经费		
2.日常公用经费		
（二）项目支出结转		
××项目		
（三）项目支出结余		
四、本年上缴财政补助结转和结余		
（一）基本支出结转		

续表

项　目	本月数	上年数
1.人员经费		
2.日常公用经费		
（二）项目支出结转		
××项目		
（三）项目支出结余		
五、本年财政补助收入		
（一）基本支出		
1.人员经费		
2.日常公用经费		
（二）项目支出		
××项目		
六、本年财政补助支出		
（一）基本支出		
1.人员经费		
2.日常公用费用		
（二）项目支出		
××项目		
七、年末财政补助结转和结余		
（一）基本支出结转		
1.人员经费		
2.日常公用经费		
（二）项目支出结转		
××项目		
（三）项目支出结余		

本表“本年数”栏各项目的内容和填列方法如下：

（1）“年初财政补助结转和结余”项目及其所属各明细项目，反映事业单位本年初财政补助结转和结余余额。各项目应当根据上年度财政补助收入支出表中“年末财政补助结转和结余”项目及其所属各明细项目“本年数”栏的数字填列。

（2）“调整年初财政补助结转和结余”项目及其所属各明细项目，反映事业单位因本年发生需要调整以前年度财政补助结转和结余的事项，而对年初财政补助结转和结余的调整金额。各项目应当根据“财政补助结转”“财政补助结余”账户及其所属明细账户的本年发生额分析填列。如调整减少年初财政补助结转和结余，以“-”号填列。

（3）“本年归集调入财政补助结转和结余”项目及其所属各明细项目，反映事业单位本年度取得主管部门归集调入的财政补助结转和结余资金或额度金额。各项目应当根据“财政补助结转”“财政补助结余”账户及其所属明细账户的本年发生额分析填列。

（4）“本年上缴财政补助结转和结余”项目及其所属各明细项目，反映事业单位本年度按规定实际上缴的财政补助结转和结余资金或额度金额。各项目应当根据“财政补助结转”“财政补助结余”账户及其所属明细账户的本年发生额分析填列。

（5）“本年财政补助收入”项目及其所属各明细项目，反映事业单位本年度从同级财政部门取得的各类财政拨款金额。各项目应当根据“财政补助收入”账户及其所属明细账户的本年发生额填列。

（6）“本年财政补助支出”项目及其所属各明细项目，反映事业单位本年度发生的财政补助支出金额。各项目应当根据“事业支出”账户所属明细账户本年发生额中的财政补助支出数填列。

（7）“年末财政补助结转和结余”项目及其所属各明细项目，反映事业单位截至本年末的财政补助结转和结余余额。各项目应当根据“财政补助结转”“财政补助结余”账户及其所属明细账户的年末余额填列。

第四节 会计报表附注

会计报表附注是为了帮助理解会计报表的内容而对报表有关项目等所作的补充说明和详细解释。它是事业单位会计报表的重要组成部分。

事业单位的会计报表附注至少应当披露下列内容：

（1）遵循《事业单位会计准则》《事业单位会计制度》的声明。

（2）单位整体财务状况、业务活动情况的说明。

（3）会计报表中列示的重要项目的进一步说明，包括其主要构成、增减变动情况等。

（4）重要资产处置情况的说明。

（5）重大投资、借款活动的说明。

（6）以名义金额计量的资产名称、数量等情况，以及以名义金额计量理由的说明。

（7）以前年度结转和结余调整情况的说明。

（8）有助于理解和分析会计报表需要说明的其他事项。

本章小结

事业单位会计报表是反映事业单位财务状况和收支预算执行情况的书面文件，主要包括资产负债表、收入支出表、财政补助收入支出表及会计报表附注。

事业单位的资产负债表是反映事业单位在某一特定日期财务状况的会计报表。资产负债表按照编报时间，可以分为月报和年报。

事业单位的收入支出表反映事业单位在某一会计期间内各项收入、支出结转和结余情况，以及年末非财政补助结余的分配情况。收入支出表按照编报时间，可分为月报和年报。

事业单位财政补助收入支出表是反映事业单位某一会计年度财政补助收入、支出的结转及结余情况的会计报表。财政补助收入支出表为年报。

会计报表附注是为了帮助理解会计报表的内容而对报表有关项目等所作的补充说明和详细解释。它是事业单位会计报表的重要组成部分。

思考题

1.什么是事业单位会计报表？事业单位的会计报表主要包括哪些种类？

2.什么是事业单位的资产负债表？

3.什么是事业单位的收入支出表？

4.什么是事业单位的财政补助收入支出表？

5.什么是事业单位的会计报表附注？它主要包括哪些内容？

参考文献

［1］赵建勇.政府与非营利组织会计［M］.北京：中国人民大学出版社，2010.

［2］王彦，王建英.政府会计［M］.北京：中国人民大学出版社，2012.

［3］邢俊英.政府会计［M］.大连：东北财经大学出版社，2016.

［4］谷福云，王树玲，于明奎.政府与非营利组织会计［M］.北京：清华大学出版社，2014.

［5］李定清.我国政府会计理论基本问题研究［J］.会计之友，2013（11）.

［6］财政部.财政总预算会计制度［EB/OL］.（2015-10-23）.http：//kjs.mof.gov.cn.

［7］财政部.行政单位会计制度［EB/OL］.（2013-12-18）.http：//kjs.mof.gov.cn.

［8］财政部.事业单位会计制度［EB/OL］.（2012-12-28）.http：//kjs.mof.gov.cn.

［9］财政部.政府会计准则——基本准则［EB/OL］.（2015-10-23）.http：//kjs.mof.gov.cn.

［10］财政部.政府会计准则——具体准则［EB/OL］.（2016-07-14）.http：//kjs.mof.gov.cn.